FLENSBURGER HEFTE

Abgründe und Chancen in Zeiten des Egoismus

Aus dem Inhalt

Zu den Steiner-Zitatangaben in den FLENSBURGER HEFTEN: Die GA-Nummern beziehen sich auf die jeweilige Bibliographie-Nummer der Rudolf Steiner Gesamtausgabe im Rudolf Steiner Verlag, Dornach/Schweiz. Danach sind in der Regel das Erscheinungsjahr der benutzten Ausgabe, das Vortragsdatum bzw. Kapitel und die Seitenzahl angegeben, von der Autor-, Titel- und Ortsnennung wird abgesehen.

Liebe Leserinnen und Leser!

Wir arbeiteten gerade an der Fertigstellung dieses FLENSBURGER HEFTES zum Thema Egoismus, als der barbarische Anschlag auf das World Trade Center die Welt erschütterte. Die Welt war geschockt. Entsetzen, Trauer, Wut sowie Ängste und Unsicherheit breiteten sich aus. Stehen wir vor eskalierenden kriegerischen Auseinandersetzungen? Gelingt es den Terroristen, die Welt in einen großen Krieg zu reißen? Verfügen Terroristen bereits über Massenvernichtungswaffen? Pechschwarze Wolken zogen über der Menschheit auf, die sich unversehens an den Abgrund gerückt sah.

„Der Beginn einer neuen Zeitrechnung“, „Der Krieg des 21. Jahrhunderts“, „Das Ende der Spaßgesellschaft“ – Schlagworte, die in der Tat nichts Gutes verheißen. Aber traf uns dieser haßerfüllte Terrorakt wirklich aus heiterem Himmel? Oder neigen wir nur dazu, die oft grausame Wirklichkeit der Weltlage auszublenden? Rücksichtsloser Egoismus einzelner sowie nationale, religiöse und andere Gruppenegoismen entfalten nicht erst seit jüngster Zeit ihre verheerenden Wirkungen.

Täglich sterben Tausende in den Kriegen dieser Welt. Diktatorische Egomanen und ihre marodierenden Horden haben ganze Länder ins Chaos gestürzt. Die Praktiken vieler global agierender Konzerne haben oft menschenverachtende Züge, indem sie sich skrupellos bereichern und sich über die Interessen, Rechte und das Wohlergehen der Menschen in der sogenannten Dritten Welt hinwegsetzen.

Wolfgang Weirauch, Arfst Wagner und Klaus-Dieter Neumann gehen in ihren Artikeln auf die Hintergründe der gegenwärtigen Situation ein und zeigen auch Hoffnungen und Chancen, die damit verbunden sind. Ihre Artikel sind vor dem Beginn der Militärschläge geschrieben. Alle anderen Beiträge in diesem Band sind vor dem Terroranschlag entstanden.

Die Autoren schildern das Wesen des Egoismus, seine Wirkungen im alltäglichen Leben, in der Partnerschaft und in Gruppen. Es entfaltet sich die ganze Bandbreite zwischen gesundem und ungesundem, berechtigtem und unberechtigtem Egoismus. Und es zeigen sich die Notwendigkeit und auch Wege, den schädlichen Egoismus zu überwinden. – Beobachtungen in Zeiten des Egoismus und Narzißmus, die eine Hilfe sein können, bewußter und besser mit ihnen umzugehen.

Es grüßt Sie
Ihre FLENSBURGER HEFTE-Redaktion

Der Aufstand der Pflanzen

Anne Pehrs*

Freiheit,
Du verbrauchtes Wort,
Ein blankgeschliffener
Traum bist du geworden.
Jeder meint,
Sich nach dir zu sehnen,
Sucht dich verzweifelt,
Ob in Drogen oder Geld.
Sag mir, wo ist dein
Stolz geblieben?
Was haben wir aus
Dir gemacht?

*

Die Ausnutzung und Zerstörung der Natur durch den Menschen nahm immer mehr zu. Und schon lange wußten die Pflanzen, daß es so nicht weitergehen konnte. Noch so ein Sommer, und sie würden mit jeder ihrer Fasern zum Sklaven des Menschen geworden sein.

So entschlossen sie sich zum Aufstand gegen den, dem sie seit jeher alles gegeben hatten, gegen den Menschen. Da dieser leider verlernt hatte, auf sie zu hören und sie zu verstehen, mußte er ihren Hilfeschrei am eigenen Leibe spüren.

Die Mutigsten der Pflanzen gründeten nun eine Befreiungsgruppe. Sie erzählten ihrem Freund, dem Klima, von ihrem Plan. Auch er war – enttäuscht von den Menschen – sofort bereit, ihnen zu helfen. Ab nun hieß es, mit Ungeduld auf den nächsten Sommer warten.

*

Der Sommer hatte schon lange begonnen, auf jeden Fall stand dies so im Kalender. Doch es blieb eisig kalt. Keine Pflanze konnte gedeihen, alles schien in einen ewigen starren Todesschlaf gefallen zu sein. Schon seit Wochen wehte ein eisiger Wind, der die Menschen erzittern ließ.

---

* **Anne Pehrs,** geb. 1986, ist Schülerin der Freien Waldorfschule Flensburg.

Die Menschen setzten nun, da die Lebensmittel immer knapper wurden, all ihr Vertrauen auf den Import aus anderen Ländern. Doch zu ihrem Entsetzen schien die Kältewelle jeden Winkel der Erde zu betreffen. Sogar in den wärmsten Ländern erfror die Ernte.

Nicht einmal die Pflanzen in den Treibhäusern gediehen, auf unerklärliche Weise hörten sie alle auf zu wachsen.

Viele Wissenschaftler zerbrachen sich nun den Kopf über diese globale Katastrophe und versuchten, mit allen möglichen Mitteln die Pflanzen zum Wachsen zu bringen – vergeblich!

Doch nicht nur die fehlenden Nahrungsmittel wurden zum Problem, sondern auch die Psyche der Menschen veränderte sich. Auch sie schienen innerlich zu vereisen, in einen todesähnlichen Schlaf zu fallen. Erst jetzt wurde vielen von ihnen bewußt, was sie an der Natur hatten. Diese Zeit der inneren und äußeren Kälte zog sich über einige Jahre hin, und viele Menschen starben. Aber noch immer begriffen nicht alle, was die Natur ihnen mitteilen wollte, und sie zerbrachen sich die Köpfe über mögliche Ursachen und Auswege aus der Katastrophe.

Nach vielen, vielen Jahren des Leidens und Schreckens begannen in einigen Gegenden der Erde wieder Pflanzen zu wachsen. Langsam, aber stetig entstand neues Leben auf kargen Böden. Aber viele Stellen der Erde blieben weiterhin kahl und leer, und auch die Menschen schienen leer und kalt. Das waren diejenigen, die nicht begreifen wollten.

Diejenigen, die begriffen hatten, machten sich die Natur zum Freund und behandelten sie mit Achtung. Solange die Menschen nicht vergaßen, diente die Natur ihnen gern und gab ihnen all das, was sie ihnen geben konnte. Doch als sich schon bald darauf die Menschen wieder zu sehr an sie gewöhnten und sie wieder zerstörten, zog sie sich enttäuscht zurück.

Denn eines hatte sie gelernt: Der Mensch ist und bleibt ein Egoist!

Das Böse vernichten?

Wolfgang Weirauch

Warum hat uns eigentlich der terroristische Anschlag auf das World Trade Center (WTC) und das Pentagon so nachhaltig geschockt? Weil er so überraschend kam? Weil er so bösartig war und mit äußerster Präzision durchgeführt wurde? Weil das scheinbar Unmögliche geschehen ist und die einzig übriggebliebene Supermacht der Welt quasi aus dem Nichts heraus dermaßen tief getroffen wurde? Weil ungeheures menschliches Leid hervorgerufen und eine gigantische Zerstörungskraft entfesselt worden ist? Oder liegt es daran, daß wir einfach nicht glauben wollen, daß Menschen anderen Menschen etwas so Grausames antun können?

Wahrscheinlich trifft alles zu!

Vielleicht müssen wir das Undenkbare denken! Vielleicht werden Dinge geschehen, die wir uns in unseren kühnsten Phantasien nicht ausmalen möchten: terroristische Anschläge mit atomaren, biologischen und chemischen Waffen und Gegenschläge der militärisch hochgerüsteten Staaten, die unsagbares Leid in der Zivilbevölkerung hervorrufen.

George W. Bush sprach in den ersten Tagen nach dem Anschlag von Rache und Vergeltung, von einem Kreuzzug gegen die Verursacher. Der Begriff Kreuzzug ist in der islamischen Welt äußerst problematisch, weil er an die Kreuzzüge des Abendlandes gegen das Morgenland erinnert, weil er mit Imperialismus bzw. Kolonialismus gleichgesetzt wird und weil er den sogenannten „Kampf der Kulturen“ in ein einseitiges Rampenlicht rückt.

Woher stammt der Haß, der in derartigen terroristischen Anschlägen gipfelt? Wie können Menschen, die als nette Nachbarn galten und alten Frauen Taschen die Treppen hinauftrugen, ohne Kenntnis ihrer Angehörigen scheinbar plötzlich zu solchen Killern werden? Sind dies besondere Menschen, oder steckt in jedem Menschen ein derart mörderisches Potential?

Der Anschlag auf das WTC, die Hintergründe, Ursachen, Täter sowie das Umfeld und die Reaktionen darauf haben sehr viel mit dem Thema dieses FLENSBURGER HEFTES zu tun. Dabei geht es um den Egoismus: den Egoismus des Individuums, seine menschenkundlichen Ursachen und um den Egoismus einer Gruppe, einer Clique, eines Volkes, einer Religion.

Gespräche

Einen Tag nach dem Anschlag auf das WTC aß ich mit einem Muslim zu Mittag und erzählte ihm, daß erboste und geschockte Menschen in New York und anderswo Araber beschimpften, Anschläge auf Moscheen verübten und Hacker wahllos islamische Websites angegriffen haben. Er war ganz verzweifelt und stammelte immer nur: „Das können die doch nicht machen. Man kann doch nicht alle Araber und Muslime für diesen Anschlag verantwortlich machen." – Recht hatte er. Schlagartig wurde mir klar, wie schnell die Menschen in ein Gruppendenken verfallen und wie schnell die Individualität dabei verschwindet.

Zwei Tage später sprach ich mit einer Frau aus Hamburg, die einen der Terroristen aus Harburg kannte, der ein Flugzeug ins WTC gesteuert hatte. Er sei ein sehr freundlicher Mensch gewesen, und sie hätte niemals etwas derartiges von ihm erwartet. Und dann sagte sie: „Ich kann doch keinen Muslim und keinen Araber mehr unvoreingenommen anschauen. Vielleicht sind die anderen, die ich kenne, auch Terroristen."

Ich kann sie verstehen. Allerdings steht man mit einer derartigen Ansicht an einer Grenze, die man eigentlich nicht überschreiten sollte. Nur einen Schritt weiter, und das Terrain wird gefährlich. Denn dann ist man bereits in einem Gruppendenken gefangen.

Gleich darauf hatte ich ein sehr heftiges Streitgespräch mit einem Menschen, der seit jeher in Vorurteile gegenüber Muslimen und der arabischen Welt verfallen ist. Er stilisierte den Kampf der Kulturen hoch, vor allem den Kampf zwischen dem christlichen Abendland und der islamischen Welt. Es hatte keinen Zweck, ihm zu erklären, daß es diesen Kampf der Kulturen überhaupt nicht gibt, es sei denn die USA oder eine kaum vorstellbare vereinte islamisch-arabische Front von Staaten würden ihn provozieren. Selbst Huntington, der Verfasser des gleichnamigen Buches, sieht den Kampf der Kulturen nicht durch den Terroranschlag in unmittelbarer Nähe. Aber es hatte keinen Zweck, meinem Gesprächspartner klarzumachen, daß Osama bin Laden und seine Killertruppen keine Vertreter des Islam sind, sondern nur eine kleine terroristische Minderheit, die den Islam für ihre Ziele instrumentalisiert.

Und dann sah ich im Fernsehen einen weinenden Inhaber einer Investment-Firma, der 260 seiner Mitarbeiter, und einen anderen, der 700 seiner Mitarbeiter verloren hat. Das ging mir ganz tief unter die Haut, und ich bekam ein Gespür für die Wut der Betroffenen auf die Täter.

Mörderischer Haß

Und dann kamen die schon erwähnten starken Worte aus dem Falkenlager der amerikanischen Regierung: Vergeltungsschlag, Rache, Kreuzzug, „wir werden das Böse vernichten". Das sind zwar nur Worte, aber wie viele Menschen stimmen mit solchen Primitivparolen überein! Wahrscheinlich mehr, als wir glauben.

Ich weiß nicht, wie es Ihnen geht, aber mir stockte dabei der Atem. Schon Reagan bezeichnete die UdSSR als das Reich des Bösen. Heute ist die islamische Welt für gewisse US-amerikanische Kreise das Reich des Bösen. Das impliziert allerdings im Umkehrschluß, daß die USA bzw. die sogenannte zivilisierte westliche Welt zum Reich des Guten gehören. Das Gute wurde von den Bösen angegriffen. Die Finsternis hat es nicht begriffen, sie hat ihren Haß an der lichtvollen Zivilisation ausgetobt. Man braucht nur weiterzudenken, und schon gerät man in biblische Metaphern.

Der grausame Anschlag hat die Menschen aus ihren Grundfesten herausgerissen. Die Gefühle nehmen überhand. Es gibt keine eindeutigen Standpunkte mehr. Nichts ist mehr wie früher. Unversöhnliche Lager stehen sich gegenüber. Anschauungs-Versatzstücke wird man irgendwie verstehen können, auch ohne sie zu dulden oder sie zu rechtfertigen. Vielleicht wird man auch durch die Details der Informationsflut überrollt und verliert gänzlich die Orientierung. Auf jeden Fall ist es heute ungeheuer schwierig, sich einen roten Orientierungsfaden durch den Wust der Geschehnisse zu suchen und diesen bis zur eigenen Meinungsbildung durchzutragen.

Auf der anderen Seite, auf der der aufgehetzten islamistischen Fundamentalisten, sind die Klischeebilder meist noch viel aufgeladener. Israel und die Juden, die Amerikaner, die modernen christlichen Kreuzritter, oft der gesamte Westen, seien verderbt, ungläubig, das Böse schlechthin. Und auch hier heißt es, dieses Böse müsse vernichtet werden.

Wir haben also die Situation, daß sich völlig unversöhnliche Lager in der Welt gegenüberstehen, die sich nicht mehr verstehen und die angetreten sind, das Böse in der Welt auszurotten. Gut gegen Böse, Böse gegen Gut, Gut gegen Gut, Böse gegen Böse – ja, was denn nun? Da kann doch etwas nicht stimmen! Wer das Böse ausrotten will, der muß den Menschen schlechthin ausrotten. Denn das Böse sitzt nicht in dem Andersdenkenden, sondern in jedem Menschen, in einem Mechaniker in Detroit nicht mehr oder weniger als in einem afghanischen Schafhirten.

Selbstverständlich muß man alles tun, um die mit Sicherheit schon geplanten terroristischen Angriffe der Zukunft zu unterbinden. Wir alle werden uns aus der Spaßgesellschaft verabschieden und uns Einschnitte in unser persönliches und staatliches Leben gefallen lassen müssen. Die Täter wird man jagen, man wird sie liquidieren, man wird alles tun, um ihnen jegliche Möglichkeit eines Wiederholungsschlages zu nehmen. Und diese Jagd wird lange dauern. Das klingt grausig, aber die Hoffnung, sie an einem Runden Tisch zur Vernunft zu bringen, ist abwegig.

Auf der anderen Seite müssen wir in Zukunft ständig verstärkt die Bewußtseinsarbeit aufbringen, nicht in primitives Gruppendenken zu verfallen oder in rauschhaften Gefühlswogen zu ertrinken. Die Illusion der Auslöschung des Bösen, pure Rache- und Vergeltungsschläge und die Bestrafung der islamischen Welt sind genausowenig angebracht wie primitiver Antiamerikanismus und jeglicher nationaler, religiöser oder cliquenhafter Gruppenegoismus und das Gejammer darüber, daß wir alle so viel Angst haben und uns vielleicht bereits als nächstes Opfer von Terroranschlägen wähnen.

Es ist erst wenige Wochen her, da schmissen protestantische Christen in Belfast Brandbomben auf katholische Kinder, die zur Schule gingen. Christen gegen Christen! Und es ist erst wenige Jahre her, da wurde Ministerpräsident Rabin bei einer Friedensveranstaltung von einem jüdischen Extremisten erschossen. Juden gegen Juden!

„Überall dasselbe. Man sollte jede Religion verbieten. Marx hatte doch recht, daß Religion Opium für das Volk ist", sagte mir gerade ein Anrufer. Auch diese Haltung ist verständlich, aber sie greift zu kurz. Denn wenn die Menschen ihre Verbrechen und Egoismen nicht mehr im Namen einer Religion durchführen können, werden sie es im Namen von etwas anderem tun. Denn die Quelle der Verbrechen, Einseitigkeiten und Vorurteile ist der Mensch selbst, der Herd des Egoismus im Menschen.

Vermutlich hat sich die Welt beim Erscheinen dieses FLENSBURGER HEFTES schon wieder gänzlich verändert. Vielleicht sind die Zeilen über die aktuelle Lage bereits Makulatur, denn die Entwicklung der Geschehnisse ist rasant. Aber schauen wir zurück: Gibt es wirklich Erfolge im Kampf gegen Terroristen oder angebliche terroristische Staaten? Ich glaube nicht! In Nordirland tobt der Haß seit Jahrzehnten, und erreicht hat man in der Praxis nur sehr wenig. Die ETA bombt seit Jahren in Spanien, einer Lösung des Problems ist man kein Jota nähergekommen. Beides übrigens christliche Länder von nebenan!

Afghanistan

Afghanistan wird noch von einem Phantom regiert, von Mullah Mohammed Omar, einem selbsternannten einäugigen Religionsführer, der nicht einmal lesen und schreiben kann und von dem nur ein verschwommenes Foto existiert. Am 04.04.1996 erschien er auf einem Dach im Zentrum von Kandahar, gehüllt in einen Umhang, der angeblich von Mohammed stammen sollte, und deklarierte sich zum Amir-ul-Mumenin, dem Führer der Gläubigen.

Er reist nicht gern und war angeblich erst zweimal in Kabul. Vertreter der in Kabul ansässigen Regierung empfängt er in Kandahar, wo sie vor ihm auf dem Teppich Platz nehmen müssen, während er auf einem Bett sitzt, seine Befehle erteilt und hin und wieder in die neben dem Bett stehende Staatskasse greift, um seine Gelder zu verteilen. Gelder, die übrigens zu einem großen Teil aus dem Drogenhandel stammen. Afghanistan ist der weltweit größte Produzent von Opium und Heroin.

Die Bevölkerung lebt fast in der Steinzeit, die Menschen dort wissen nichts von der Welt, haben kein funktionierendes Telefonnetz und nur einen offiziellen Internetanschluß im Land. Sie sind völlig verarmt, bis zu 2 Mio. Menschen werden bereits seit Jahren durch externe Ernährungsprogramme am Leben erhalten. Frauen dürfen nicht arbeiten und nicht zur Schule gehen, und fast alle Krankenhäuser wurden für sie gesperrt. In den Stadien werden die Menschen zum Wohlgefallen der Anwesenden öffentlich hingerichtet, indem man die Niederknieenden erschießt, ihnen die Kehle durchschneidet oder die Willküropfer einfach an den Fußballtoren aufhängt. Und nun wird durch die erneuten Flüchtlingsströme eine humanitäre Hungerkatastrophe größten Ausmaßes entstehen.

Regiert bzw. geknechtet wird dieses Land mit ca. 30 Mio. Einwohnern von 40- bis 45.000 Taliban-Kriegern, eine von der CIA hochgezüchtete Kriegspartei. Sie beherrschen mittlerweile über 90 % des Landes, und der einzige ernstzunehmende Gegner, Massoud, der die Stellung im Norden, im Pandschir-Tal, hielt, wurde gerade durch ein Selbstmordkommando der Taliban umgebracht.

Und gegen dieses Land, das nur aus Bergen und Ruinen besteht, wollen die USA nun gegebenenfalls militärisch vorgehen. Der Haß der Volksgruppe der Paschtunen – zu denen die Taliban gehören – in Afghanistan, und vor allem auch in Pakistan, wird ihnen sicher sein, und damit wird das nächste Land in die Instabilität gebracht. Und Pakistan hat die Atombombe!

Die UdSSR hat Afghanistan okkupiert und ist kläglich gescheitert. Den USA wird es wahrscheinlich nicht anders ergehen, falls sie dort einmarschieren. Und wird man jetzt Osama bin Laden finden, den seit Jahren meistgesuchten Terroristen der Welt, den man bisher auch nicht gefunden hat? Bill Clinton hat schon vor Jahren den Auftrag erteilt, Bin Laden auszuschalten, sprich: zu töten, aber sie konnten ihn nicht aufspüren. Jeder Quadratzentimeter der Welt kann mit Satelliten überwacht werden, unzählige Gespräche werden weltweit abgehört, aber die Geheimdienste haben trotzdem kläglich versagt. Denn im nachhinein stellte sich heraus, daß die CIA von verschiedensten Seiten gewarnt worden ist und verheerende Anschläge zu erwarten waren. Es ist sogar die Rede davon, daß die Ziele bekannt waren. Und selbst wenn man Osama bin Laden findet – längst sind seine ausgebildeten Schläfer in der Welt. Andere Bin Ladens werden folgen und ihre Geldgeber auch.

Der Westen muß jetzt behutsam vorgehen, denn er hat es in der Hand, einen Kampf der Kulturen, der noch nicht existiert, auch weiterhin zu vermeiden. Wenn die USA jetzt überzogen reagieren und viele Unschuldige sterben, wenn sie falsche Ziele angreifen, wie die chemische Fabrik im Sudan als Rache für die Bombardierung der US-Botschaften in Nairobi und Daressalam, dann könnte der bei breiten Bevölkerungsschichten der sogenannten Dritten Welt, besonders in der islamischen Welt, vorhandene Groll auf die USA in blanken Haß umschlagen, so daß die gewaltbereiten Minderheiten sehr viel mehr Zulauf bekommen könnten.

Bisher reagieren die USA mit Umsicht. Vielleicht erreichen sie eine Allianz fast aller Länder der Welt gegen den weltweiten Terrorismus. Vielleicht bomben sie Afghanistan nicht in Schutt und Asche – zumal es bereits weitgehend zerstört ist –, sondern mobilisieren die Exilafghanen und unterstützen die Nordallianz, so daß die Taliban von Afghanen besiegt werden. Bisher sieht es so aus!

Im Zentrum des globalen Geschehens steht der Nahost-Konflikt. Und es rächt sich jetzt, daß sich die neue US-Regierung dort überhaupt nicht engagiert hat. Nicht zu Unrecht werfen die Palästinenser und der Rest der muslimisch-arabischen Welt den USA einseitige Parteinahme für Israel vor. Schon vor Monaten wies der ägyptische Präsident Mubarak warnend auf den Zusammenhang zwischen dem Terrorismus und dem fehlenden Engagement der USA im Nahost-Konflikt hin und wünschte sich mehr Vermittlung der USA, um etwaige terroristische Anschläge zu vermeiden. Aber vielleicht hat der Anschlag auf das WTC für diesen seit Jahrzehnten ausgetragenen blutigen Konflikt sogar etwas Gutes bewirkt. Vielleicht legt sich der gegenseitige Haß etwas, und die Palästinenser erhalten ihren souveränen Staat.

Der Heilige Krieg

Beginnt jetzt das 21. Jahrhundert wirklich? Beginnt jetzt ein Jahrhundert mörderischer Kriege, Kriege von Ländern gegen Länder, von Ländern gegen Teile von Ländern, Bevölkerungsgruppen oder Einzelpersonen? Beginnt jetzt der Krieg aller gegen alle? Oder kommt doch der Kampf der Kulturen, zumindest aber der Kampf gegen das Böse oder der Heilige Krieg?

Die Bilder, die in diesen Tagen in den Raum gestellt werden, sind martialisch, biblisch, apokalyptisch, nähren die Hysterie. Und sie wirken vernichtend auf alle Völkerverständigung, auf alle positiven Aspekte der Globalisierung.

Was ist z.B. der Dschihad, der Heilige Krieg? Ein Begriff, der im Westen sehr oft, aber auch von Muslimen hin und wieder falsch dargestellt wird. Dieser Begriff bezieht sich keineswegs nur auf den äußeren Kampf, sondern bedeutet „sich bemühen“ (von arab. *dschahada).* Gemeint ist damit eine Anstrengung auf dem Wege zu Gott. Ein frommer Muslim meint damit den Kampf gegen sich selbst, den Kampf gegen die eigenen schlechten Eigenschaften, Triebe und Leidenschaften (vgl. FLENSBURGER HEFTE 69, „Islamische Impressionen“, S.55). Dieser Kampf gegen sich selbst wird *dschihad al-akbar,* „der größte Kampf“, genannt. (vgl. ebd., S.149)

Neben dem Dschihad gegen sich selbst gibt es noch den Dschihad gegen den Teufel und den gegen den Feind. In der letzteren Bedeutung ist auch die Verbreitung, besonders aber die Verteidigung des Islam enthalten. Der Dschihad als Angriffskrieg ist derzeit aber nicht möglich, weil dieser nur von einem vollberechtigten Nachfolger des Propheten Mohammed vollzogen werden kann; und ein solcher lebt nicht. Also kann es nur um einen Verteidigungskrieg gehen. Auch kann der Dschihad nicht von Einzelpersonen oder Organisationen ausgerufen werden, sondern nur von Staaten. Im Zuge eines Dschihads dürfen keine Frauen, Kinder oder Muslime getötet werden, und ein Dschihad kann sich nicht gegen einen Staat richten, in dem Muslime ihre Religion frei ausüben dürfen. Schon alleine deswegen kann sich der Dschihad nicht gegen die USA oder die westliche Welt richten.

Wenn die Taliban, Saddam Hussein oder verschiedene islamistische Gruppen den Dschihad erklären, indem sie ihre Feinde, auch Muslime, zu Ungläubigen stempeln und sie angreifen, handeln sie nicht im Sinne des Islam.

Die Kreuzzüge kreuzen sich

Warum der Haß auf den Westen?

Schon einmal gab es einen modernen Guerillakrieger, eigentlich einen Träumer, der mithalf, ein Weltreich erfolgreich ins Wanken zu bringen. Ein englischer Agent, der sich in die arabischen Sitten und Gebräuche einlebte und mit Hilfe der Araber Brücken sprengte, Eisenbahnen entgleisen ließ und Telegrafenleitungen unterbrach. 11 Mio. Pfund investierte das britische Empire in Lawrence von Arabien bzw. die Araber, um mit ihnen das Osmanische Reich zu Fall zu bringen.

Die Araber erwarteten von den englischen und französischen Besatzungsmächten, daß sie ein geeintes arabisches Reich ermöglichen würden. Aber der Westen teilte das türkische Reich willkürlich auf. Das war eine der Wurzeln der arabischen Bruderkriege und der Enttäuschung, vereinzelt sogar des Hasses auf den Westen. Und nun ist Lawrence wiedergekehrt, wenn auch in ganz anderer, zerrbildlicher Gestalt.

Es waren einmal drei Brüder, die als arme Schlucker im Jahre 1931 aus den jemenitischen Bergen von Hadramaut auf dem Rücken ihrer Esel in eine neue Zukunft ritten, nach Dschidda in Saudi-Arabien. Einer von ihnen, Mohammed bin Laden, betätigte sich als Maurer, erwarb die Gunst der Herrscher, baute ihnen Paläste und Moscheen und stieg zu sagenhaftem Reichtum auf. Heute ist die Saudi Binladin-Group (man besteht auf dieser Schreibweise) ein Mischkonzern, der vom Flugzeugbau über Energie- und Wasserversorgung, Rohstoffförderung, Telekommunikation, Immobilienhandel bis zur Glasbläserei fast alles umfaßt. Audi, Porsche, VW, General Electric, Motorola, die ABN Amro-Bank und viele andere westliche Konzerne und Banken sind mit der Binladin-Group wirtschaftlich verbunden.

1968 kam Mohammed bin Laden bei einem Flugzeugabsturz ums Leben. Er hatte 54 Kinder, und sein Lieblingssohn war Osama. Die Binladin-Group erklärt zwar, daß sie mit Osama bin Laden nichts mehr zu tun habe, aber hier gibt es noch keine gesicherten Erkenntnisse. Immerhin hat Osama bin Laden Wirtschaft und Management studiert und war Geschäftsführer einer der väterlichen Firmen. 1991 sagte sich Osama bin Laden allerdings im Streit von seiner Familie los

Er erbte bereits im zarten Alter von 13 Jahren 80 Mio. Dollar, bei seinem Ausscheiden aus der Firma noch einmal 300 Mio. Dollar; und sein heutiges Vermögen wird auf ein vielfaches davon geschätzt. Bisweilen besaß er 60 Firmen und verdiente sein Geld im Diamantenhandel in Afrika, besaß Straußenfarmen, handelte mit Baustoffen, Holz und Süßigkeiten. Auch soll er durch Schmuggel von Autos, Elektroartikeln und Drogen viel verdient haben.

1979, nach dem Einmarsch der Russen in Afghanistan, meldete sich Osama bin Laden als Freiwilliger bei den Mudschaheddin, um gegen den ungläubigen, atheistischen Feind UdSSR zu kämpfen. Geschult am modernsten Gerät und mit Stinger-Raketen versehen wurde er von der CIA.

Die Russen erlebten ihr Vietnam, die UdSSR brach kurz darauf wie das Osmanische Reich zusammen, Osama bin Laden und seine Mudschaheddin-Krieger hatten gesiegt. Und wieder wurde ein Araber vom Westen enttäuscht. Nach dem Abzug der Russen verloren die Amerikaner jegliches Interesse an Osama bin Laden und den von der CIA unterstützten Taliban-Kriegern, die daraufhin ungestört in Afghanistan ihr Steinzeitregime errichten konnten.

Die Enttäuschung Osama bin Ladens gegenüber den USA wuchs zum Haß, als sein Heimatland Saudi-Arabien während des Golfkriegs den Ungläubigen den heiligen Boden Saudi-Arabiens zur Verfügung stellte, um militärisch gegen ein anderes islamisches Land vorzugehen. Nun richtete er seinen vermeintlich heiligen Zorn gegen die USA und die internationalen Finanzmärkte. Er fühlte sich dem verderbten Westen und seinen verräterischen Glaubensbrüdern moralisch und religiös überlegen. Also wurde es höchste Zeit für einen Kreuzzug gegen den Westen, einen Kreuzzug gegen das Böse.

Kennen Sie die Volksfront zur Befreiung Palästinas? Ich meine nicht die PFLP, deren gemäßigten Führer Abu Ali Mustafa die Israelis Ende August 2001 in seinem Büro in Ramallah mit einem gezielten Raketenangriff liquidierten, sondern die Kreuzzüge des christlichen Abendlandes, zu denen als erster Papst Urban Ende des 11. Jahrhunderts aufrief, um die für die Christen heiligen Stätten in Palästina von den Juden und vor allem den Muslimen zu befreien. 1099 fiel Jerusalem dieser Volksfront in die Hände, und sie schlachteten regelrecht die Juden und Muslime. Den religiösen christlichen Fanatikern und Verbrechern war dafür von der Kirche ein reines Gewissen eingeredet worden: Mit päpstlichem Segen wurde ihnen der Ablaß für vergangene wie zukünftige Untaten versprochen, wenn Jerusalem mit der Hilfe Gottes aus den Händen der Barbaren befreit würde.

Im 20. und 21. Jahrhundert sehen sich nun viele islamistische Gruppierungen – angefangen von der ägyptischen Muslimbruderschaft Hassan al-Bannas 1928, Sayyid Qubt und der Dschama'at islamyya sowie einer Abspaltung von letzterer, der Al-Dschihad-Gruppe, deren Vertreter Sadat ermordeten, über Hamas bis zu Osama bin Laden und seinem potentiellen Nachfolger, dem Ägypter Aiman al-Zawahiri – in einer Art Kreuzzug gegen den Westen, gegen die Ungläubigen, gegen das Böse. Natürlich verwenden sie nicht das Wort Kreuzzug, sondern sprechen von Verteidigung des Islam, der durch den Westen angegriffen wurde bzw. wird.

Aiman al-Zawahiri – ursprünglich der radikalen ägyptischen Al-Dschihad-Gruppe angehörig – saß bis 1994 in ägyptischen Gefängnissen, weil er verdächtigt wurde, die Ermordung Sadats organisiert zu haben. Vermutlich ging er anschließend nach Afghanistan und Pakistan, er gilt seit einiger Zeit als Chef des Terrornetzes Osama bin Ladens.

Auf der anderen Seite stehen die USA, und ihr Präsident spricht von Rache, Vergeltung, Kreuzzug und dem Kampf gegen das Böse. Und wir Deutschen, wir sind mit einem Male nun alle Amerikaner, wenn es nach Peter Struck, dem SPD-Fraktionsvorsitzenden, geht. Plötzlich wird es bedenklich, wenn man angesichts des durch nichts zu rechtfertigenden Terrorangriffs auf die USA, der an Barbarei jede bisherige Dimension gesprengt hat, die USA-Globalisierungspolitik kritisieren möchte.

Aber das eine schließt das andere nicht aus.

Egoismus und neue Ideen

Wir stehen heute vor der Tatsache, daß sich nationale Egoismen, religiöse Egoismen, fanatisch-fundamentalistische Egoismen unversöhnlich gegenüberstehen und der eigene Standpunkt mehr oder weniger absolut gesetzt und der Gegner verteufelt wird. Frieden entsteht aber nur durch neue Ideen. Das Böse zu bekämpfen ist allerdings eine recht altertümliche Idee. Egoismus und Gruppenegoismus überwindet man durch Zusammenarbeit. Und Zusammenarbeit kann nur entstehen, wenn man den anderen kennt. Aber genauso wie die Mudschaheddin nur ihre Berge kennen, nicht die Welt dahinter, kennen viele US-Amerikaner auch nur sich selbst und nicht die Probleme in der übrigen Welt. Das Schlagwort vom

Global village – dem Weltdorf, in dem sich jeder kennt – ist spätestens seit dem 11.09.2001 ad absurdum geführt worden.

Allerdings tun sich momentan nicht nur Abgründe auf. Angesichts der schrecklichen Ausmaße des terroristischen Angriffs und der grausamen Folgen für alle Betroffenen besteht die Chance, daß ein Ruck durch die Welt geht: Eine Zusammenarbeit fast aller Länder – USA, Rußland, China, Europa und fast aller islamischen Staaten –, die gemeinsam gegen die Terroristen vorgehen, scheint möglich. Vielleicht besinnt sich sogar die Weltgemeinschaft und versucht, mit allen Parteien den Nahost-Konflikt zu lösen, vielleicht geben die Großmächte China, Rußland und USA jetzt endgültig ihren Widerstand gegen den unbedingt nötigen Weltgerichtshof auf, vielleicht überdenkt man das einseitige neoliberale Primat der Wirtschaft im Rahmen der Globalisierung und richtet den Blick mehr auf das Primat der Politik und die Globalisierungsfolgen für die Ärmsten dieser Erde.

Einseitige Globalisierung

Warum der Haß auf Amerika? Es ist ein Haß auf die hauptsächlichen Akteure und Gewinner der Globalisierung.

Weltweit arbeiten 300 Mio. Kinder unter 15 Jahren unter schlimmsten Bedingungen als billige Arbeitskräfte in Marmorsteinbrüchen und Bergwerken, Teppichknüpfereien, auf Baumwoll-, Kaffee-, Kakao- und Orangenplantagen, in der Kokainproduktion, in Gerbereien und der Glasindustrie. Sie vollziehen Dienstleistungen auf der Straße – Schuhputzer, Autowäscher und Aufpasser –, sie verkaufen Waren und Müll, machen Botengänge, stehlen, betteln, dealen oder müssen als Prostituierte oder als Kindersoldaten ihr Leben fristen.

In einem Projekt zum Thema Kinderarbeit in einer 11. Klasse einer Waldorfschule habe ich die Schüler unter Bedingungen, wie sie die Kinderarbeiter in Indien haben, im Akkord Tüten kleben lassen. Erst nach 12 Stunden (hochgerechnet) hatten sie so viel verdient, um sich eine Tasse Tee leisten zu können. Ein indisches Kind kann sich also, selbst wenn es rund um die Uhr Tüten klebt, nicht den minimalsten Lebensunterhalt erarbeiten.

Auch wenn die Technologieblase geplatzt ist, sprechen wir weiterhin vom Internet als dem Medium der Zukunft, von E-Commerce, B-2-B, B-2-C und E-Learning. Die nächste Blase, die platzen wird, wird wahrscheinlich die milliardenschwere UMTS-Technik sein, zumindest die Erwartungen, die man in sie gesetzt hat. Nichts gegen diese Technik, sie wird unsere Zukunft bestimmen, aber – und das ist der Punkt! – ein Drittel der Weltbevölkerung hat nicht einmal Elektrizität, 850 Mio. Menschen sind unterernährt, 1,3 Mrd. Menschen leben in absoluter Armut, jeden Tag sterben 34.000 Kinder an Unterernährung und Krankheiten, 60 Länder sind von internen Konflikten bedroht, fast 50 Mio. Menschen sind auf der Flucht, 1 Mrd. Menschen sind Analphabeten.

Die weltweite Entwicklungshilfe floß 1994 zu 80 % in lediglich zehn Länder: Mexiko, Brasilien, Argentinien, China und die Tigerstaaten, während ganz Afrika nur etwa 4 % erhielt. Die hochverschuldeten Länder – Argentinien, Äthiopien, Sierra Leone, Brasilien, Mozambique, Peru, Nicaragua, Bolivien, Ghana, Uganda und viele mehr – können ihre Schulden nicht zurückzahlen. Die Schuldenkrise entstand in den meisten Ländern in den 80er Jahren durch den Anstieg der Zinsen und des Dollarkurses und durch den Verfall der Rohstoffpreise auf dem Weltmarkt. Wegen der abnehmenden Deviseneinnahmen sitzen die meisten der hochverschuldeten Länder jetzt in der Schuldenfalle, und sie zählen schon jetzt zu den Verlierern der vielgepriesenen Globalisierung und der weltweiten Liberalisierung der Märkte. Selbst der jüngst beschlossene Schuldenerlaß für die ärmsten Länder wird daran nicht viel ändern.

Die reichen Staaten des Nordens verbrauchen die meiste Energie. Obwohl sie nur ein Viertel der Weltbevölkerung stellen, verbrauchen sie drei Viertel der Ressourcen. Wenn alle Erdenbewohner so viel CO_2 emittieren würden wie die Deutschen, bräuchte man fünf Erdbälle, damit die Natur die Abgase verarbeiten könnte. Der größte Energieverschwender sind die Vereinigten Staaten von Amerika, und sie waren es, die das Kyoto-Abkommen nicht unterschrieben haben.

Ein Kind, das in einem Industrieland geboren wird, verbraucht in seinem Leben so viele Güter und verschmutzt seine Umwelt so stark wie etwa 40 Kinder aus den Entwicklungsländern. Die Industrieländer verbrauchen drei Viertel des Holzes aus den Tropenländern. Das reiche Fünftel der Erde besitzt 87 % aller Autos und und und ... Der Egoismus der reichen Länder gegenüber den armen ist grenzenlos, grenzenlos-global.

Und dann sind da noch die internationalen Finanzmärkte und die multinationalen Konzerne, die sogenannten Global player. Angola, Brasilien, Indonesien, Kongo, Nigeria und sehr viele andere Entwicklungsländer besitzen ein fast unerschöpfliches Reservoir an Ressourcen, wie z.B. Diamanten, Gold, Erdöl, Holz, Kaffee und Kakao. Eigentlich sind diese Länder reicher als die Industrieländer, trotzdem sind sie verarmt, und große Teile der Bevölkerung hungern. Es fehlt ihnen schlicht an der Technologie zur Gewinnung und Vermarktung der Ressourcen. Und so entstand der Wettkampf um internationale Investoren, der die Situation in den Ländern des Südens zusätzlich verschärfte.

Die Rohstoffgewinnung erfolgt unter für westliche Standards undenkbaren und unmenschlichen Bedingungen: Beim Bau von Großkraftwerken, in Bergwerken, bei der Gold-, Diamanten- und Ölgewinnung arbeiten Menschen auf Kosten ihrer Gesundheit, vielerorts auch in Konfliktgebieten und Diktaturen. Und viele Global player dulden es bzw. unterstützen es sogar, daß mit den Einnahmen aus dem Ressourcenverkauf Bürgerkriege finanziert, Waffen- und Drogenhandel getrieben und brutale Militärregime am Leben erhalten werden.

Auf das von Globalisierungsgegnern und Hackern gerade noch rechtzeitig entdeckte und damit verhinderte Multilateral Agreement on Investments (MAI) hat Gerald Häfner in den FLENSBURGER HEFTEN hingewiesen (vgl. FLENSBURGER HEFTE 72, „Es ist an der Zeit", S.49 ff.). Dieses Abkommen hätte die reichen Industrieländer und die Global player ermächtigt, bei Investitionen in den Ländern des Südens nur den eigenen Interessen gemäß zu handeln. Verschärfte Umweltschutzbedingungen, höhere Mindestlöhne, Verbot von Kinderarbeit, sichere Arbeitsplätze und ein Mindestmaß an Sozialleistungen wären Maßnahmen gewesen, die den Interessen der meisten Großkonzerne widersprochen hätten. MAI wurde verhindert. Aber nun gibt es bilaterale Abkommen im selben Ungeist zwischen Großkonzernen und den USA einerseits und den Ländern des Südens andererseits. Der Egoismus des Nordens erpreßt auch hier wiederum den armen Süden: entweder die Unterschrift unter die Knebelbedingungen oder kein Handel mit dem jeweiligen Land!

Welches Kind freut sich nicht zu Ostern über ein Milka-Pastetenei oder auch sonst über Milka-, Toblerone- oder Marabou-Schokolade. Was sie aber wohl nicht wissen, ist, daß der Mutterkonzern Philip Morris (Marlboro) bzw. die zum Konzern gehörige Firma Kraft Foods einen Großteil des Kakaos in Cote d'Ivoire (Elfenbeinküste) einkauft, für den bis zu 200.000 Kindersklaven – geraubte Kinder aus Mali, Togo und Benin – ohne jeglichen Lohn auf den Plantagen der Elfenbeinküste, Togos und Kameruns schuften. (vgl. *Süddeutsche Zeitung,* 05.05.2001, S.1)

Vielleicht gehören Sie zu denjenigen, die Nike- oder Adidas-Schuhe oder -Kleidung tragen. Wo werden die wohl produziert? In den USA, in

Deutschland? In diesen Ländern gibt es keine Arbeitsplätze für die Produktion von Sportartikeln dieser Firmen.

Nike-Chef Phil Knight formulierte vor Jahren schon sehr treffend, daß in der Produktion kein Wert mehr liege, sondern nur noch in Marketing und Innovation. Die Ausgaben vieler Markenfirmen konzentrieren sich seit Jahren zu einem hohen prozentualen Anteil auf die Werbung der Marke, die Fabriken wurden abgeschafft und die Produktion in Billiglohnländer verlegt. Immer mehr Konzerne verabschieden sich von der Idee, für ihre Arbeitnehmer verantwortlich zu sein.

Sklavenarbeit

Und so entstanden die Exportproduktionszonen (die EPZs) in Ländern der Dritten Welt, die sich mit immer billigeren Angeboten gegenseitig zu unterbieten versuchen: Indonesien, Philippinen, Mexiko, China. Dort stehen riesige Fabrikhallen ohne Fenster, in denen bis zu 50.000 Arbeitnehmerinnen und Arbeitnehmer 16 bis 18 Stunden für Hungerlöhne für verschiedene westliche Großkonzerne arbeiten und Autos, Kleidung und Elektroartikel produzieren bzw. zusammensetzen.

Sie arbeiten unter üblen humanitären Bedingungen, haben kaum Pausen, dürfen während eines 16-Stunden-Tages nur zweimal auf Toilette, dürfen oft nicht miteinander sprechen, manchmal nicht einmal lächeln. Manche werden sexuell belästigt, und alle leben in der Angst, bei geringsten Verfehlungen gekündigt zu werden. Viele Frauen müssen vor ihrer Einstellung Schwangerschaftstests über sich ergehen lassen oder werden gezwungen, die Pille zu nehmen.

Allein auf den Philippinen gibt es 52 EPZs mit ca. 460.000 Beschäftigten, in China 124 EPZs mit 18 Mio. Beschäftigten. Weltweit gibt es 850 EPZs in 70 Ländern mit 27 Mio. Beschäftigten.

Diese EPZs sind steuerfreie Räume, die die Großkonzerne den jeweiligen Ländern abgerungen haben, mit dem vagen Versprechen, z.B. nach fünf Jahren Steuern zu zahlen. Oft werden diese Fristen aber verlängert, oder es gibt ein Land, das günstigere Angebote abgibt, so daß die jeweiligen Produktionsstätten einfach in dieses Land verlagert werden.

Die Global player sind die eigentlichen Herren dieser EPZs, obwohl die vor Ort arbeitenden Firmen unabhängige Besitzer haben, die aber völlig von den ausländischen Konzernen abhängig sind. Viele Global player haben sich erfolgreich aller Produktionsmittel entledigt. Sie besitzen nichts.

Sie lassen die Warenteile für die Fertigung anliefern, geben den Auftrag zur Fertigung der Produkte, zahlen Dumpinglöhne von ein bis zwei Dollar pro Tag und lassen die fertigen Produkte in die jeweiligen Absatzländer transportieren.

Mit den Fertigungsländern haben sie eigentlich nichts zu tun. Sie zahlen keine Steuern, und wenn es Gewerkschaftsproteste für höhere Löhne oder etwaige Regierungsauflagen gibt, veranlassen sie, daß die Besitzer der mobilen Fabrikanlagen diese in ein anderes Land verfrachten, in dem man billiger produzieren kann.

Das ist wahre Globalisierung! Und nun versetzen Sie sich einmal in die Lage der Arbeitnehmerinnen und Arbeitnehmer, die in diesen EPZs fast wie Sklaven arbeiten müssen: Ob sie wohl stolz auf die Firma sind, für die sie produzieren?

Ob wir es wollen oder nicht: Wir leben in einer globalen Welt. Kaufen wir Markenprodukte, so können wir ziemlich sicher sein, daß sie unter oben beschriebenen Bedingungen hergestellt wurden. Kaufen wir Teppiche, Kleidung, Orangen oder Schokolade, so ist es sehr gut möglich, daß sie durch Kinderarbeit hergestellt bzw. geerntet wurden. Wir können die Augen nicht davor verschließen. Wir hängen mit der Welt und den in ihr lebenden Menschen zusammen.

Angriff auf die internationalen Finanzmärkte

Wie wir mit der Welt zusammenhängen, merken z.B. auch diejenigen, die Aktien besitzen. Ihnen hat Osama bin Laden binnen Tagen nach seinem Anschlag 20 bis 30 % Verluste eingefahren, zumindest Buchverluste. Und damit wären wir bei dem m.E. eigentlichen Hintergrund des Terroranschlags, dem Angriff auf die internationalen Finanzmärkte. Dahinter steht nicht in erster Linie religiöse Frömmigkeit gepaart mit Fanatismus, sondern purer Egoismus, eiskalter Geschäftssinn. Diejenigen, die den Anschlag geplant haben, haben vermutlich mit gezielten Transaktionen an der Börse ihre nächsten Anschläge vorfinanziert. Noch ist es nur eine Vermutung, aber man hat vor dem Anschlag eine überdurchschnittliche Menge von Leerverkäufen bei Versicherungsaktien und den Aktien der Fluggesellschaften festgestellt, also bei denjenigen Wertpapieren, die durch den Terroranschlag am meisten im Wert gesunken sind.

Bei Leerverkäufen leiht man sich gegen eine geringe Gebühr von einer Bank Aktien, z.B. Aktien von der Münchner Rück, dem größten Rückversicherer der Welt, und verkauft sie an der Börse. Man spekuliert dabei auf sinkende Kurse in den nächsten Wochen. Sinken die Kurse wie erwartet, deckt man sich wieder an der Börse mit Aktien ein und gibt sie der Bank zurück. Die Differenz zwischen Verkaufskurs und Kaufkurs ist der Gewinn. Pech hat man natürlich, wenn die Kurse nach dem Verkauf nicht sinken, sondern steigen. Dann muß man hinterherlaufen und sie teurer einkaufen, als man sie verkauft hat. Durch den Terroranschlag – und das war fast absolut sicher vorauszusehen – sanken die genannten Aktien massiv, und der Gewinn war enorm. Wer die Zukunft der Börse kennt, weil er sie durch Terroranschläge beeinflußt, kann über Nacht zum Multimilliardär werden.

Eine anthroposophische Betrachtung über die geistigen Hintergründe des Egoismus, das Böse im Menschen und warum jeder Mensch in sich den Impuls trägt, seinen Mitmenschen zu töten, lesen Sie bitte in dem Artikel „Die geistigen Hintergründe des Egoismus“. (S.172 ff.)

Was kann jetzt noch „Normalität“ heißen?

Orientierungssuche in einer schlagartig veränderten Welt

Arfst Wagner

Der ungeheuerliche Anschlag auf das World Trade Center in New York hat den internationalen Terrorismus wieder in das Blickfeld der sogenannten zivilisierten Welt gerückt. Stehen wir nun vor der Verwirklichung von Visionen, die wir in den letzten Jahren nur aus Kinofilmen wie „The day after“ oder „Matrix“ kennen?

Verunsicherung nach dem Terroranschlag

In den Tagen nach dem Anschlag auf das World Trade Center und das Pentagon am 11. September 2001 bestimmten neben dem Entsetzen über die Tat und die Trauer um die vielen tausend Toten jede Menge Klischees die Nachrichten in den Medien und die öffentliche Diskussion. Auch die Informationen aus den Medien können die Tatsache nicht verdecken, daß der Kenntnisstand des durchschnittlichen Mitteleuropäers oder Amerikaners bezüglich des Islam, der politischen Hintergründe des Terrorismus oder gar der politischen Hintergründe der westlichen Politik eher dürftig genannt werden muß.

Es ist wohl richtig, eine Rückkehr zur „Normalität“ im herkömmlichen Sinne wird es nicht mehr geben. Und das ist auch gut so. Denn: Was ist „normal“? Haben uns nicht gerade die Anschläge deutlich gemacht, daß die „Normalität“ unserer Spaßkultur eben nicht normal ist? Daß die (vielfach verdrängten) Probleme der Welt bewältigt werden müssen, wenn wir eine Form von Normalität erreichen wollen, die den Menschen auf der ganzen Welt ein menschenwürdiges Dasein ermöglicht?

Seien wir uns darüber im klaren: Die ungeheuerlichen Vorgänge der Anschläge bringen eine Unsicherheit mit sich, die Antworten verlangt. Menschen wollen Orientierung. Und deshalb neigen viele zu vorschnellen kurzschlüssigen Urteilen. Mag mancher der Ansicht sein, daß das Böse auf der Welt dadurch ausgelöscht wird, daß Osama bin Laden und seine Organisation auseinandergebombt werden: Die Ursachen für den Terrorismus werden dadurch nicht beseitigt.

Mögliche Gefahren

Welche Gefahren kommen nun in der nächsten Zukunft, resultierend aus der jetzigen Weltlage, auf uns zu, selbst wenn wir den zu erwartenden Militärschlag der USA und dessen unabsehbare Folgen hier außer acht lassen?

Eines ist jetzt schon deutlich: Die Sicherheitskonzepte werden völlig neu überarbeitet werden. „Es wird ein Stück Freiheit geopfert werden müssen", so konnte man verschiedene Politiker immer wieder hören. Und das „Bündnis gegen den Terror" kann in der Folge der Ereignisse in den nächsten Jahren zu einem „Bündnis für Globalisierung" werden, und zwar zu einem „Bündnis für Globalisierung von oben". Und jeder, der in Zukunft die „Globalisierung von oben" kritisiert, läuft Gefahr, mit den Terroristen in einem Atemzug genannt zu werden.

Bisher hat sich gezeigt, daß das Primat der Ökonomie vom Westen nicht in Zweifel gestellt wird. Wir erleben Facetten eines globalisierten Egoismus. Denn, machen wir uns nichts vor: Der Motor der Globalisierung sind knallharte gruppenegoistische Interessen. Es ist bezeichnend, daß die *Uefa* es nicht einmal für nötig hielt, Fußballspiele am Tag des Anschlags abzusetzen. Auch das Oktoberfest in München findet mit der Begründung statt, daß wirtschaftlich von dieser Veranstaltung eine Menge abhängt. Den ökonomischen Interessen wird nahezu alles untergeordnet.

Die egoistischen Interessen einzelner Länder und Gruppen prallen in der Außenpolitik immer härter und unversöhnlicher aufeinander. Religiösegoistische Fanatismen sprechen Andersdenkenden die Existenzberechtigung ab. Echtes gegenseitiges Interesse ist demgegenüber geradezu unterentwickelt und kommt kaum zum Tragen. Und so ist auch zu befürchten, daß die Kluft zwischen Islam und der sogenannten christlichen Welt immer größer werden wird, besonders nach militärischen Aktionen. Ein gegenseitiges Verstehen würde ein gegenseitiges Interesse aneinander voraussetzen. Auch die Wut der Armen der Welt auf diejenigen, die den Reichtum der Welt genießen, wird sich immer mehr steigern. Und so baut sich wieder einmal eine Eskalation der Gewalt auf, die uns die nächsten Jahrzehnte in Furcht und Schrecken versetzen wird.

Die Grenze zwischen Gut und Böse geht mitten durch jeden Menschen

Osama bin Laden sieht in den USA „das Böse". Für Präsident Bush sind der Terrorismus und die „Schurkenstaaten", die ihn beherbergen, gewähren lassen oder gar fördern, die „Verkörperung des Bösen" auf der Welt. Mit diesen Worten werden die Menschen geblendet. Eskalation der Vorgänge wird die Folge sein. Und auch die unglaubliche und erfreuliche Solidarität mit den Opfern wird diese Eskalation nicht verhindern können. Das Versagen der westlichen Politik hinsichtlich der verschiedensten Konflikte auf der Welt ist offenbar. Und nur leise und selten klingen Worte in unseren Ohren wie die eines protestantischen Pastors: „Meiner Ansicht nach verläuft die Grenze zwischen Gut und Böse durch jeden einzelnen Menschen hindurch." Für jeden psychologisch nur etwas geschulten Menschen ist erkennbar, daß es eine seelische Unfähigkeit ist, wenn jemand alles Böse immer woanders und nicht innerhalb der eigenen Person zu suchen in der Lage ist.

Vielfach wurde die Frage gestellt, warum der berechtigte Aufschrei von Millionen von Menschen angesichts der grausamen Anschläge in den USA nicht bereits immer dann ertönte, wenn die Nachrichten aus Afrika und dem Nahen und Fernen Osten uns über schreckliche Ereignisse informierten. – Wir hatten uns an derartige Nachrichten gewöhnt. Nun ist es uns bewußt: Es kann jederzeit jeden von uns treffen.

Meinen wir die Trauer um die Opfer der Anschläge ernst, dann fühlen wir uns individuell, ganz persönlich, aufgerufen – gleich welcher weltanschaulichen oder politischen Richtung wir angehören –, Konsequenzen aus den Ereignissen zu ziehen und nicht wieder so rasch wie möglich in die „Normalität" zurückzukehren. Wer heute in diese „Normalität" zurückkehren möchte, zeigt, daß er den Schritt ins neue Jahrtausend nicht vollzogen hat. Die Normalität des 21. Jahrhunderts muß aber nicht der Terror sein! Wir können uns jedoch nicht leisten, zumindest an den Punkten, wo jetzt Entscheidungen fallen, diese Entscheidungen aus dem Bewußtsein des 19. oder gar 18. Jahrhunderts heraus zu fällen. Tun wir das dennoch, so werden weitere schreckliche Ereignisse die unausweichliche Folge sein.

In seinem Buch „Rückkehr zum Paradies oder Erbauen des Neuen Jerusalem?", das sich unmittelbar nach dem Golfkrieg Ende 1991 mit den damaligen Ereignissen und dessen politischen und religiösen Hintergründen auseinandersetzt, schreibt Hans-Diedrich Fuhlendorf:

„So kommen Juden, Muslime, Christen, von moderner Wissenschaft und Technik Begeisterte, Sozialisten und Nationalisten zu Wort, fast alle in einem Kampf zwischen Gut und Böse, Gott und Satan darinnenstehend, viele von dem Willen erfüllt, eine altgewordene Welt zu zerschlagen, um eine neue, bessere, menschlichere aufzubauen. Dabei wird das, was die einen als gottgewollte neue Weltordnung erstreben, von anderen als von Satan herrührend verdammt. Die Erwartungen hinsichtlich der neuen Weltordnung schwanken zwischen der Sehnsucht nach Rückkehr zum Paradies und der Hoffnung, das Neue Jerusalem, die Stadt auf dem Hügel, erbauen zu können. So wird ein Bild vom apokalyptischen Charakter unserer Zeit entworfen."[1]

Hören wir mit geschärften Ohren auf die Worte der Politiker und Journalisten, die wir derzeit in den Medien zu Gesicht und zu Gehör bekommen. Achten wir darauf, ob ihre Worte uns in der alten, untergehenden Welt festhalten wollen und uns beispielsweise eine Sicherheit vorzugaukeln beabsichtigen, die es auf der Welt nicht gibt und nicht geben kann – oder ob Stimmen laut werden, die zeigen, daß sie ein Bild einer neuen menschlichen Gesellschaftsordnung vertreten, im Sinne einer Welt, in der alle Menschen den Vorzug eines menschenwürdigen Daseins erfahren können.

Der Koran, die „Türken" und die Christen

Viele sind heute der Überzeugung, daß die zivilisierte Welt ihre Werte gegen den Terrorismus verteidigen muß. Man muß gegen diese Überzeugung gerade auch als Deutscher gar nichts einwenden. Man kann aber doch einmal hinterfragen, wie tief diese zu verteidigenden Werte nicht nur in unserer Zivilisation, sondern besonders in unserer Kultur verwurzelt sind.

Rudolf Steiner vertrat diesbezüglich eine radikale Ansicht, die er in einem Vortrag über „Die dem Geist widerstrebenden Kräfte. Grundwahrheiten des Christentums" (in GA 167) in überraschender Weise darlegte. Steiner zitierte aus einem Buch, dessen Titel er seinen Zuhörern zunächst nicht verriet. Er fragt:

---

1. Hans-Diedrich Fuhlendorf: Rückkehr zum Paradies oder Erbauen des Neuen Jerusalem? Flensburg 1992, S.9. Auf dieses Buch, das einen Überblick über die Weltereignisse des 20. Jahrhunderts und deren spirituell-geistige Hintergründe verschaffen kann, sei hier mit Nachdruck hingewiesen!

„Können wir Menschen noch Christen nennen, die eigentlich sich auflehnen dagegen, den Christus so zu begreifen, wie er nun eigentlich in unserer Zeit begriffen werden muß?

Nehmen wir einmal an, es käme irgend jemand und würde sagen: Das von dem Jesus als dem Zarathustra, und dann wiederum von dem Jesus als dem, der des Menschen Seelensubstanz aufgenommen hat, bevor sie heruntergestiegen ist auf die Erde, das alles zu glauben widerspricht den Überzeugungen, die ich mir einmal aus meiner Weltanschauung heraus gebildet habe. Aber an dem einen halte ich fest, das gibt mir gerade meine Weltanschauung: daß auf eine übernatürliche Weise, nicht so, wie andere Menschen in die Welt treten, die Wesenheit, die in Jesus gelebt hat, in die Welt getreten ist, daß diese Wesenheit gleich bei ihrer Geburt gesprochen hat, was andere nicht tun, und auch vorausgesagt hat, daß sie nicht sterben werde auf dieselbe Weise wie andere Menschen. – Nehmen wir an, es käme ein Mensch, der sagte, er könnte das glauben. Da würden wir sagen: Nun ja, das Christentum hat sich eben verteilt auf die verschiedensten Weltanschauungsströmungen; dieser hat nur das von dem Christentum aufgenommen, was im Lukas-Evangelium angedeutet wird als der eine Jesus-Knabe, der aus der nathanischen Linie des Hauses David abstammt. Nehmen wir an, es würde in einem religiösen Dokument gerade so etwas ausgedrückt werden, so würden wir sagen: Nun ja, der Glaube dessen, der das sagt, ist eben beeinflußt von der unklar gewordenen Tradition, die erst wiederum klar gemacht werden kann durch die Erkenntnis der Geisteswissenschaft von dem zweiten Jesus-Knaben. – Ich werde Ihnen ein solches religiöses Dokument vorlesen, das von Jesus handelt, und ich bitte Sie, selbst zu urteilen darüber, was dieses religiöse Dokument wert sein könnte:

[Steiner macht zwischendurch einige Bemerkungen zum Text; A.W.]

»Eine Erwähnung der Barmherzigkeit deines Herrn gegen seinen Diener Zacharias«

Sie kennen die Figur des Zacharias aus der Bibel!

»Da er seinen Herrn im Verborgenen anrief, sprach er: Mein Herr siehe, mein Gebein ist schwach, und mein Haupt schimmert greis, und nie war mein Gebet zu dir erfolglos. Und siehe, ich fürchte für meine Sippe nach mir, denn mein Weib ist unfruchtbar. So gib mir von dir einen Nachfolger, der mich und das Haus Jakob beerbe, und mache ihn, mein Herr, wohlgefällig.«

Das heißt: Mache ihn dir wohlgefällig.

»O Zacharias, siehe, wir verkünden dir einen Knaben, Namens Johannes, wie wir zuvor noch keinen benannten.

Er sprach: Mein Herr, woher soll mir ein Sohn werden, wo mein Weib unfruchtbar ist und ich alt und schwach geworden bin?

Er sprach: Also sei's! Gesprochen hat dein Herr: Das ist mir leicht, und auch dich schuf ich zuvor, da du nichts warst.

Er sprach: Mein Herr, gib mir ein Zeichen.

Er sprach: Dein Zeichen sei, daß du, wiewohl gesund, drei Nächte lang nicht zu den Leuten redest.«

Es ist wie in der Bibel!

»Und er schritt hinaus zu seinem Volk aus der Nische und deutete ihnen an –«

Deutete, weil er nicht reden konnte.

»Preiset den Herrn morgens und abends.

Und wir sprachen: [...] O Johannes, nimm hin die Schrift in Kräften; und wir gaben ihm Weisheit, da er ein Kind war, und Mitleid von uns und Reinheit; und er war fromm und voll Liebe gegen seine Eltern und war nicht hoffärtig und trutzig. Und Frieden auf ihn am Tag seiner Geburt und am Tag, da er starb, und am Tag seiner Erweckung zum Leben!«

Das also die Lehre vom Johannes. Nun geht es weiter.

»Und gedenke auch im Buche der Maria. Da sie sich von ihren Angehörigen an einen Ort gen Aufgang zurückzog und sich vor ihnen verschleierte, da sandten wir unsern Geist zu ihr, und er erschien ihr als vollkommener Mann.«

Wie in der Bibel! Ein merkwürdiges Dokument, nicht wahr?

»Sie sprach: Siehe, ich nehme meine Zuflucht vor dir zum Erbarmer, so du ihn fürchtest.

Er sprach: Ich bin nur ein Gesandter von deinem Herrn, um dir einen reinen Knaben zu bescheren.

Sie sprach: Woher soll mir ein Knabe werden, wo mich kein Mann berührt hat und ich keine Dirne bin?

Er sprach: Also sei's! Gesprochen hat dein Herr: ‚Das ist mir ein Leichtes'; und wir wollen ihn zu einem Zeichen für die Menschen machen und einer Barmherzigkeit von uns. Und es ist eine beschlossene Sache.

Und so empfing sie ihn und zog sich mit ihm an einen entlegenen Ort zurück.«

Sie haben die geistige Empfängnis des Jesus.

»Und es überkamen sie die Wehen an dem Stamm einer Palme. Sie sprach: O daß ich doch zuvor gestorben und vergessen und verschollen wäre!

Und es rief jemand unter ihr: Bekümmere dich nicht; dein Herr hat unter dir ein Bächlein fließen lassen; und schüttle nur den Stamm des Palmbaums zu dir, so werden frische reife Datteln auf dich fallen. So iß und trink und sei kühlen Auges, und so du einen Menschen siehst, so sprich: ‚Siehe, ich habe dem Erbarmer ein Fasten gelobt; nimmer spreche ich deshalb heute zu irgend jemand.'

Und sie brachte ihn zu ihrem Volk, ihn tragend. Sie sprachen: O Maria, fürwahr, du hast ein sonderbares Ding getan! O Schwester Aarons, dein Vater war kein Bösewicht und deine Mutter keine Dirne.

Und sie deutete auf ihn. Sie sprachen: Wie sollen wir mit ihm, einem Kind in der Wiege, reden?

Er (Jesus) sprach: Siehe, ich bin des Gottes Diener. Gegeben hat er mir das Buch, und er machte mich zum Propheten. Und er machte mich gesegnet, wo immer ich bin, und befahl mir Gebet und Almosen, solange ich lebe. Und Liebe zu meiner Mutter; und nicht machte er mich hoffärtig und unselig. Und Frieden auf den Tag meiner Geburt und den Tag, da ich sterbe, und den Tag, da ich erweckt werde zum Leben.«

[...] Und dann sagte das Buch weiter:

»Dies ist Jesus, der Sohn der Maria, – das Wort der Wahrheit, das sie bezweifeln. Nicht steht es Gott an, einen Sohn zu zeugen. Preis ihm! Wenn er ein Ding beschließt, so spricht er nur zu ihm: Sei! Und es ist. Und siehe, Gott ist mein Herr und eurer Herr; so dienet ihm; dies ist ein rechter Weg.

Doch die Sekten sind untereinander uneinig; und wehe den Ungläubigen vor der Zeugnisstätte eines gewaltigen Tages! Mache sie hören und schauen einen Tag, da sie zu uns kommen. Doch die Ungerechten sind heute in offenbarem Irrtum.«" (GA 167/1962/16.05.1916/S.243 ff.)

Dann kommentiert Rudolf Steiner diesen Text:

„So spricht diese Urkunde von dem Jesus, von dem in diesem Falle eben nur die eine Gestalt festgehalten wird. Können wir von dieser Urkunde nicht sagen: Derjenige, der ihr glaubt, glaubt wesentlich mehr als mancher, der sich in unserer Zeit nicht nur Christ nennt, sondern das Christentum von Amts wegen lehrt? Glaubt der, der an dieses Dokument fest glaubt, nicht viel mehr von dem Christentum als ein solcher, der sich heute oftmals Lehrer des Christentums nennt? Und glauben Sie nicht, ich hätte Ihnen ein Dokument vorgelesen etwa – ich weiß nicht, ob Sie es kennen –, das von ein paar Leuten, von einer kleinen Sekte, als das wirkliche Zeugnis für ihren Glauben angesehen wird! Ich habe Ihnen aus dem Koran vorgelesen! Die 19. Sure aus dem Koran habe ich Ihnen vorgelesen, und jeder echte Türke [Zur Zeit des Vortrags, 1916, nannte man alle Muslime im deutschen Sprachgebrauch ‚Türken', gelegentlich auch bereits ‚Mohammedaner'; A.W.] glaubt soviel von Jesus, als in dieser 19. Sure des Koran steht. Damit aber ist uns der Beweis geliefert, daß zahlreiche von denen, die sich unter uns Christen nennen, von diesem Christentum nicht einmal soviel wissen und glauben, daß sie die Berechtigung hätten, sich Türken zu nennen. Man muß schon in unserer Zeit der Wahrheit ins Antlitz schauen. Wer nicht glauben kann, daß es sich um ein Ereignis handelt, das nur aus dem Geiste zu verstehen ist, der ist nicht einmal Türke, viel weniger ein Christ, und er sagt nicht die Wahrheit, wenn er sich einen Christen nennt. Er müßte wissen, daß ein Türke mehr vom Christentum glaubt als er selber." (ebd./S.246 f.)

Das „Böse" und die „Zivilisation"

Die pseudomanichäische Weltauffassung, das Böse müsse aus der Welt, geht heute wieder durch die Medien. Wir kennen das bereits aus der Regierungszeit Ronald Reagans, für den der „focus of evil in the modern world" in Moskau lag. In den Formulierungen von George W. Bush tauchen diese Auffassungen über das Böse nun wieder auf. Er glaubt, das Böse durch eine militärische Operation aus der Welt schaffen zu können. Ebenso werden von radikal-islamistischer Seite die USA als der „große Satan" angesehen, der aus der Welt geschafft werden müßte.

Nur wenige Stimmen äußern, daß die Grenze zwischen Gut und Böse durch jeden einzelnen Menschen verläuft. Es scheint vergessen oder verdrängt, daß jeder Mensch, jede Menschengruppe und Gesellschaft sich mit dem Bösen auseinandersetzen muß. Das ist eine ansonsten doch eher lapidare Feststellung, wenn man auf die Kriminalitätsraten und Probleme auch in einzelnen Ländern sieht, die scheinbar im Frieden leben.

In der jetzt beginnenden Auseinandersetzung um den internationalen Terrorismus, die die Welt möglicherweise wesentlich verändern wird, würde das Primat eines massiven militärischen Vorgehens zeigen, daß die christlichen Werte im Abendland und in den USA nicht die Stärke besitzen, die derzeitige Weltlage entscheidend zu beeinflussen. Es nutzt nichts, das zu kritisieren, wenn es ein Faktum ist. Die Welt wird seit mehr als 100 Jahren vom militärisch-industriellen Komplex bestimmt. Der Geist folgt dem Profit und (leider) nicht umgekehrt. Die ehrliche Konsequenz wäre das Eingeständnis, daß die religiösen und ethischen Werte auf unsere Kultur nur wie ein Lack aufgetragen sind, der abplatzt, wenn es ernst wird. Diesen Lack nennen wir heute „Zivilisation". Wenn andere Kulturen die unsrige als gottlos anschauen, so muß uns das überhaupt nicht wundern.

Bereits zu Beginn des 20. Jahrhunderts hat Oswald Spengler in seinem Buch „Der Untergang des Abendlandes" die Ansicht vertreten, das Abendland werde am Ende des Jahrhunderts in der Barbarei versinken. Steiner kommentierte das mehrfach mit dem Hinweis, Spengler habe recht, wenn nicht eine geistige Menschen- und Weltauffassung in Europa zum Kulturfaktor werde. Wie weit eine solche Menschen- und Weltauffassung Kulturfaktor geworden ist, darüber kann man heute nicht mehr unterschiedlicher Auffassung sein. Vielleicht können wir noch darüber streiten, inwieweit wir in der Barbarei versunken sind. Die Tagesereignisse könnten eine solche Diskussion aber sehr rasch beenden.

Die „Kreuzzugsstimmung" in den USA – eine spirituelle Konsequenz

Rudolf Steiner hat drei künftige menschliche Fähigkeiten beschrieben, die sich in der Zukunft entwickeln werden, zunächst aus den Anlagen der einzelnen Menschen heraus. Diese drei Fähigkeiten werden sich auf jeden Fall entwickeln, nur in welcher Form sie zum Vorschein kommen, das ist offen.

Die Menschen des Ostens (Steiner: „Rußlands und des asiatischen Hinterlandes") werden eine instinktive Fähigkeit entwickeln, die mit der Frage der menschlichen Zeugung zusammenhängt. Die Menschen Mitteleuropas (Steiner: „der Mittelländer") werden aus Erkenntnissen, die sie aus der Beobachtung von Krankheiten gewinnen werden, in sich eine Fähigkeit des Heilens (in umfassendem Sinne) entwickeln, die möglicherweise die Grundlage für jede gegenwärtige spirituelle Entwicklung in Europa darstellt. Und die Menschen des Westens (Steiner: „der britischsprechenden

Bevölkerung") tragen in sich die Fähigkeit, eine spirituelle Technik und den Umgang mit dieser Technik zu entwickeln.[2] Steiner nennt diese drei Fähigkeiten die eugenetische (Osten), die mechanische oder materielle (Westen) und die hygienische okkulte Fähigkeit (Mitteleuropa).[3]

In vielen Berichten und Kommentaren zu den gegenwärtigen Ereignissen werden wir mit Informationen über die menschlichen, politischen und ökonomischen Folgen des Anschlags auf die USA geradezu überflutet. Das Wort „geistig" taucht nirgendwo auf. Es wird weder von geistigen Folgen und erst recht nicht von geistigen Ursachen der Katastrophe gesprochen. Dabei wäre das gerade jetzt notwendig.

Gedanken, die man sich im Hinblick auf die Entwicklung spiritueller Fähigkeiten machen muß, wirken auf denjenigen, der nicht mit ihnen vertraut ist, oft umständlich und kompliziert. Mancher empfindet sie in der derzeitigen Situation vielleicht sogar als überflüssig und unverantwortlich. Oft erzeugen sie sogar Aggressionen. Das ist auch hier möglich. Aber wie wichtig diese sich im geistigen Hintergrund abspielenden Vorgänge sind, möchte ich an einem Beispiel deutlich machen. Steiner führt nämlich mit Bezug auf die drei okkulten Fähigkeiten das folgende aus, das man schon mit einer gewissen inneren Ruhe und Gelassenheit wird durchdenken müssen:

> „Nun gibt es aber Hindernisse für die Entwickelung dieser Fähigkeiten; und die sind mannigfaltiger Art, und ihre Wirksamkeit ist eigentlich eine recht komplizierte. So ist zum Beispiel gerade für den Menschen der Mittelländer und der Ostländer ein bedeutsames Hindernis, die Fähigkeiten, die da kommen sollen, namentlich wissentlich zu entwickeln, wenn starke Antipathien gegen die Menschen der Westländer in ihnen spielen, wenn diese Dinge nicht objektiv betrachtet werden können. Das ist ein Hindernis für die Entwicklung dieser Fähigkeiten." (GA 186/1979/01.12.1918/S.77 f.)

Also: Ein Antiamerikanismus, selbst oder gerade auch ein unbewußter, würde die Entwicklung der okkulten Fähigkeiten in Mitteleuropa und im Osten hemmen. Weiter Rudolf Steiner:

---

2. Siehe dazu: John Worrell Keely: Fotos und Baupläne seiner Erfindungen. CD-ROM. Mit Texten von Keely über das seinen Erfindungen zugrundeliegende Prinzip und einem einleitenden Aufsatz von Arfst Wagner. Erhältlich über: Lohengrin-Verlag, Mühlenberg 12, D-25782 Tellingstedt.

3. Siehe dazu: Wolfgang Weirauch: Die drei okkulten Fähigkeiten. In: FLENSBURGER HEFTE 61: Die Hintergründe von 666. Flensburg 1998.

„Gefördert werden die materiellen okkulten Anlagen gerade zum Beispiel durch jene Stimmung, welche in Amerika die sogenannte ‚Kreuzzugsstimmung' ist. Diese besteht darin, daß Amerika berufen sei, Freiheit und Recht, und ich weiß schon nicht, was die schönen Dinge alle sind, über die ganze Erde zu bringen. Die Leute glauben das selbstverständlich. Hier ist nicht die Rede von irgendwelcher Anschuldigung. Die Leute glauben, daß sie einen Kreuzzug machen. Aber gerade darin, daß man das Unrichtige glaubt, darinnen liegt die Unterstützung nach einer gewissen Richtung hin. Würde man bewußt das Unrichtige sagen, dann würde man diese Unterstützung nicht haben. So ist auf der einen Seite dasjenige, was jetzt geschieht, unendlich förderlich, auf der andern Seite hinderlich gerade der Entwicklung derjenigen Fähigkeiten, von denen man sagen muß, daß sie heute bei den meisten Menschen noch latent sind, daß sie sich aber gegen die Zukunft hin entwickeln wollen und daß sie tief eingreifen werden in die soziale Struktur der Menschen der Zukunft." (ebd./S.78)

Zusammengefaßt bedeutet das also: Die amerikanische Bevölkerung braucht die „Illusion" der Kreuzzugsstimmung, die auf der anderen Seite möglicherweise Verheerendes anrichten kann. Die Menschen Europas und des Ostens schädigen die Entwicklung ihrer spirituellen Fähigkeiten durch einen Antiamerikanismus.

Das bedeutet selbstverständlich nicht, daß wir aus diesem Grunde zu vollständigen Anhängern der amerikanischen Kreuzzugsstimmung werden müssen. Wir, also auch unsere Politiker, haben die Aufgabe, die Folgen der amerikanischen Kreuzzugsstimmung so weit abzudämmen, daß diese so wenig wie möglich schädlich wirksam werden können.[4]

Das Ende der Spaßkultur

In den nächsten Monaten (und vielleicht Jahren) wird es angesichts der Entwicklung der Verhältnisse schwierig sein, ein klares Denken und besonnenes Handeln zu bewahren.

Die *Hamburger Morgenpost* titelt ihre Ausgabe am 17.09.2001 mit der Überschrift: „Jene, die Krieg gegen die USA führen, haben ihre eigene Zerstörung gewählt".

---

4. Die noch viel komplizierteren Vorgänge der Entwicklung der genannten Fähigkeiten können an dieser Stelle nicht beschrieben werden.

Wie dramatisch ist die Situation nun wirklich? Der Journalist und Ostasienforscher Peter Scholl-Latour kann es sich aus seiner Altersgelassenheit heraus leisten, dies deutlich zum Ausdruck zu bringen: „Das ist das Ende der Spaßkultur!"

Im Gespräch mit Michel Friedman sagte er u.a., man sollte sich klar darüber sein, daß die USA seit 1945 eigentlich keinen einzigen Krieg gewonnen hätten und daß sich schon die Rote Armee in Afghanistan, sollte dieses Land als Ziel für einen Militärschlag in Frage kommen, die Zähne ausgebissen hätte. „In Afghanistan ist bereits alles zerstört. Es gibt dort keine Ziele mehr", so Scholl-Latour.

Die bundesdeutschen Politiker der Regierung und der Opposition bezeichnete Scholl-Latour als der Situation nicht gewachsen. Sie würden den Ernst der Lage gar nicht erfassen. Auf die Frage, was auf uns zukäme, meinte Scholl-Latour: Schreckliches, aber kaum jemand sehe dies oder wolle es wahrhaben. Er wies auch auf die instabile innere Situation Pakistans hin und meinte, die Amerikaner seien gerade dabei, Pakistan vollständig zu destabilisieren.

Es mehren sich in den USA die Stimmen, die zur Besinnung aufrufen. So schreibt der US-Philosoph Richard Rurt in einer Sonderausgabe der *Zeit:* „Jedesmal, wenn die Vereinigten Staaten Krieg geführt haben, haben die Bürgerrechte gelitten." Er bezweifelt auch die ehrliche Information der Bush-Administration: „In den kommenden Monaten sollten wir mit sehr viel mehr Lügen rechnen und mit der [...] Verfolgung derer, die diese Lügen aufzudecken versuchen." Weiter meint Rurt: „Der ‚militärisch-industrielle Komplex' wird noch mehr Macht erhalten."

Der amerikanische Schriftsteller Norman Mailer fordert ein Umdenken in den USA. Die Amerikaner sollten „endlich lernen, weshalb so viele Menschen ihr Land verabscheuen", so Mailer in der *Welt am Sonntag* vom 16.09.2001. Zitat Mailer: „Wir dringen in fremde Länder ein und bestehen darauf, unsere Eßgewohnheiten dort zu etablieren, zum Beispiel McDonald's. Wir errichten unsere Wolkenkratzer, bis die schäbigste Hauptstadt der Welt ebenfalls einen Ring von Wolkenkratzern um ihre Flughäfen herum hat. Viele Menschen ärgern sich sehr über diese Dinge. Sie haben kein Geld, keine komfortablen Häuser, keine demokratischen Regierungen, aber was sie haben, sind Wurzeln, und die werden ihnen genommen. Amerika nimmt sie ihnen weg. Bis Amerika den Schaden begreift, den es anrichtet, indem es darauf besteht, daß der amerikanische, auf Profit ausgerichtete ‚way of life' notwendigerweise zu allen Ländern paßt, werden wir in Schwierigkeiten sein. Wir werden die meist gehaßte Nation auf der Erde sein!"

Der Haß der Terroristen richtet sich allerdings nicht nur gegen die USA, sondern gegen die gesamte westliche Welt. Und er ist so abgrundtief, daß auch Anschläge mit chemischen oder biologischen Waffen befürchtet werden müssen. Experten vermuten sogar, daß Osama bin Laden Atomwaffen besitzt. Der Geheimdienstexperte Yossef Bodansky behauptet in seinem Buch „Bin Laden: The Man who declared war on America" (Der Mann, der Amerika den Krieg erklärte), daß Bin Laden im Jahre 1993 bis zu 20 Kernwaffen von Pakistan gekauft habe, darunter Bomben geringer Sprengkraft, sogenannte „Kofferbomben".

Auf das Buch von Oswald Spengler „Der Untergang des Abendlandes" habe ich bereits hingewiesen. Es scheint, das Ende der Spaßkultur ist erreicht. Wird Oswald Spengler jetzt recht bekommen?

„War against terror" – Sind die Menschenrechte am Ende?

Mein 16jähriger Sohn Johannes fragte beim Lesen der Nachrichtenüberschrift des amerikanischen Senders *CNN*, „War against terror": „Für wen soll man da sein?" Krieg gegen Terror – eine zweideutige Formulierung.

Verdrängungsmechanismen dienen dazu, das Ego zu schützen. Auf Dauer isoliert die Verdrängung jedoch das Ego mehr und mehr. Man braucht nicht viel von Psychologie zu wissen, um das einzusehen. Der Egoismus ist ein Grundzug der heutigen Zivilisation. Der Egoismus mit seinen Verdrängungsmechanismen verweigert sich der Betrachtung tieferliegender Ursachen. Die Furcht tut ein übriges.

Es war in verschiedensten Diskussionen in den Medien zu erleben, daß die Frage nach den Ursachen des Terrorismus in den Hintergrund gedrängt wird. Am 18.09.2001 wurde z.B. Karsten Voigt (SPD) in der Sendung „Talk im Turm" *(ntv)* nach diesen Ursachen befragt. Er antwortete etwa: „Um diese Frage zu beantworten, gehen wir zunächst einen Schritt zurück." In seiner Antwort ging er auf die Frage dann nicht ein. In einer Gesprächsrunde am 19.09.2001 stellte Scholl-Latour die Frage, weshalb Menschen überhaupt zu Terroristen werden – auch sie wurde nicht beantwortet.

Das alles kann man als äußerst problematisch erleben, ohne damit den Anschlägen ihren abscheulichen Charakter abzusprechen.

In der *FAZ* vom 19.09.2001 schreibt Henning Ritter: „Der Angriff auf das World Trade Center und das Pentagon hat die Politik der globalen Durchsetzung der Menschenrechte ins Reich der Utopien versetzt. Nicht daß man die Überzeugungen aufgegeben hätte, die zu dieser Politik inspirierten, doch eine solche Politik setzt die weltweite Überlegenheit der Vereinigten Staaten voraus, die in diesem Augenblick durch eine zwingende Symbolik in Frage gestellt worden war. Vor allem aber verträgt sich eine Politik der Menschenrechte nicht mit jenen Maßnahmen, deren sich die amerikanische Allianz gegen den Terrorismus bedienen muß. War bisher die Durchsetzung der Menschenrechte das Argument des Westens für Interventionen, so ist nun das Argument der Bekämpfung des Terrorismus an deren Stelle getreten."

Wer sich intensiv mit der anthroposophischen Geisteswissenschaft beschäftigt, weiß die Anzeichen einer Zeit zu deuten, in der katastrophale Umstände herrschen werden, die es den Menschen unmöglich machen, die Fülle von gravierenden Problemen zu lösen. Die gegenwärtigen explosiven weltweiten Verhältnisse scheinen Vorboten dieser Zeit zu sein. Eine interessante Vorausschau verfaßte der russische Religionsphilosoph Wladimir Solowjoff in seiner „Kurzen Erzählung vom Antichrist".[5] Demnach wird eine verführerische Gestalt auftreten, die dann den verzweifelten Menschen verspricht, die Probleme zu lösen, und sich zum Weltherrscher, über alle Religionen und Länder hinweg, aufschwingt. Steuert die heutige Entwicklung auf diese Vision zu? Die nächsten Monate und Jahre werden dies zeigen.

Das christliche Weltbild spielt kaum eine Rolle

Peter Scholl-Latour wies in der Gesprächsrunde im *WDR* am 19.09.2001 darauf hin, daß von einem „Kreuzzug" der Amerikaner keine Rede sein könne. Zunächst gehe es nach Aussage der Amerikaner gar nicht um eine religiöse Auseinandersetzung. Weiter stünden sich die Kreuzritter und Muslime des Mittelalters viel näher, als der säkularisierte Westen dem Islam, wenn man schon in religiösen Kategorien denken wolle.

Die anwesende Hannoveraner Bischöfin Käßmann bestritt mit dem Hinweis auf die derzeit vollen Kirchen vehement die Aussage Scholl-Latours, der Westen sei säkularisiert. Dabei kann doch niemand bestreiten,

5. Wladimir Solowjoff: Kurze Erzählung vom Antichrist. Rendsburg 1988. Erstmals erschienen im Jahre 1900.

daß naturwissenschaftliche und ökonomische Welt- und Menschenbilder die Leitlinien der westlichen Welt bilden. Das christliche Weltbild spielt nur eine untergeordnete Rolle. Auch das mag sich das westliche Ego nur ungern eingestehen, wenn überhaupt.

Die Weltlage ist komplex. Wer aber christliche Grundsätze – „Du sollst deine Feinde lieben!" „Liebe deinen Nächsten wie dich selbst!" u.v.m. – als „Träumereien" bezeichnet, bezeichnet das Christentum als Träumerei. Er sollte sich auch das eingestehen. Von den westlichen Politikern wurde immer wieder betont, es handele sich bei der Reaktion des Westens nicht um „Rache". Zum Teil sprechen dieselben Politiker aber von „Vergeltung". Wo da der Unterschied liegen soll, bleibt unklar.

Die Befreiung der Arbeit als Lösung der soziale Frage?

Im Hintergrund der Weltproblematik steht das, was man die „soziale Frage" nennt. Es zeigt sich schon jetzt, daß die Furcht vor der „Globalisierung von oben", die für viele so aussieht, als wenn sie nur den Wohlhabenden ihre Pfründe sichern soll, nicht unberechtigt ist. Das World Trade Center war nicht, wie es heute bezeichnet wird, das Symbol der westlichen Welt, sondern „das Symbol der globalen Zivilisation" (Ritter in der *FAZ).* Die „Allianz gegen den internationalen Terrorismus" wird voraussichtlich zu einer „Allianz für Globalisierung" werden. Die Sicherheitsmaßnahmen, die nun im Kampf gegen den Terrorismus entwickelt und eingesetzt werden, bieten in Zukunft eine gute Voraussetzung der Sicherheitssysteme, die in der Lage sein sollen, die Globalisierung zu überwachen und zu sichern.

Afghanistan ist völlig verarmt. Ohne die Hilfe von westlichen Hilfsorganisationen wären die Menschen dort längst verhungert. Nach dem Abzug der Helfer reicht der Vorrat an Reis, Brot, Wasser und Salz (etwas anderes gibt es sowieso nicht mehr) nur noch für zwei bis drei Wochen. Eine Massenflucht hat bereits eingesetzt. Und nach einem massiven Militärschlag der USA werden weitere Millionen auf der Flucht sein.

Der Name, den die Amerikaner ursprünglich der Aktion gegen den weltweiten Terror gegeben haben, lautete: „Infinite Justice". Für das Wort „infinite" gibt es im Deutschen eine Reihe von Übersetzungsmöglichkeiten: unendlich, unbegrenzt, endlos, unerschöpflich. In den Nachrichten wurde „Infinite Justice" mit „unbegrenzter Gerechtigkeit" übersetzt. Auf jeden Fall erinnert der Name an das biblische „Jüngste Gericht", der Endzeit vor dem Wiedererscheinen Christi.

Die ökonomischen Fähigkeiten der Amerikaner sind bewundernswert. Vor 30 Jahren hieß es, sie seien wie keine andere Nation in der Lage, für Verteilung von Nahrungsmitteln und anderen Produkten zu sorgen. Als etwas zynisches Beispiel hieß es, sie seien in der Lage, auch dem letzten Soldaten in Vietnam noch die Cola-Dose in die Hand zu drücken. Diese Fähigkeit wäre im Sinne der ganzen Menschheit zu nutzen (nicht unbedingt mit Cola) – eine große zukünftige Aufgabe für die Amerikaner.

Ist es nun angesichts der heutigen Verhältnisse eine Illusion, was Rudolf Steiner als „einzige Lösung der sozialen Frage" bezeichnete?

„[...] Egoismus muß herrschen in der sozialen Ordnung, wenn der Mensch für das, was er für sich braucht, sich seine Arbeit bezahlen lassen muß. Er muß erwerben für sich. Was als nächste Etappe nach der Überwindung der Sklaverei überwunden werden muß, das ist, daß keines Menschen Arbeit Ware sein kann! Das ist das wirkliche Punctum saliens der sozialen Frage, die das neue Christentum lösen wird. Und ich habe Ihnen einiges vorgetragen von den Lösungen der sozialen Frage, denn jene Dreigliederung der sozialen Ordnung, von der ich Ihnen gesprochen habe, die löst die Ware von der Arbeitskraft ab, so daß die Menschen in der Zukunft nur Ware, nur äußeres Erzeugnis, nur vom Menschen Abgesondertes kaufen und verkaufen werden, daß aber der Mensch [...] aus Bruderliebe für den anderen Menschen arbeiten wird.

Es mag ein weiter Weg sein, um das zu erreichen, doch nichts wird die soziale Frage lösen als einzig und allein dieses. Und wer heute nicht daran glaubt, daß es nur so kommen müsse in der Weltordnung, der gleicht dem, der zur Zeit des entstehenden Christentums gesagt hätte: Sklaven muß es immer geben. So, wie ein solcher dazumal unrecht gehabt hätte, so hat heute derjenige unrecht, der da sagt: Arbeit muß immer bezahlt werden. [...] Heute können sich die gescheitesten Menschen nicht denken, daß man eine soziale Struktur haben kann, in der die Arbeit noch ganz andere Geltung hat, als wenn sie ‚bezahlt' wird. Natürlich wird auch dann aus Arbeit ein Produkt hervorgehen, aber das Produkt wird das einzig und allein zu Kaufende und zu Verkaufende sein. Das wird sozial die Menschen erlösen." (GA 186/1979/21.12.1918/ S.312)

Es klingt fast wie Hohn, angesichts der Zeitereignisse hier die Abkopplung des Lohnes von der Arbeit zu thematisieren. Jedoch muß einem die

Dimension klar werden, die ein solcher Schritt bedeuten würde, sollten sich Möglichkeiten ergeben, in mehreren Ländern zugleich diese „Reste der Sklaverei“ zu beseitigen. Freiheit ist immer die Freiheit des einzelnen. Somit muß auch beim einzelnen mit der Befreiung begonnen werden. Ich muß allerdings zugeben, daß mir der utopische Charakter eines solchen Schrittes völlig bewußt ist, was jedoch nicht an dieser Idee, sondern an den derzeitigen Verhältnissen liegt. Aber das ist die Realität. Die Verhältnisse bewegen sich heute eher in der entgegengesetzten Richtung, was, wenn auch nicht gutzuheißen, so doch zu akzeptieren ist. Somit muß man wohl sagen, daß heute weder in der westlichen noch in der östlichen Welt eine solche Idee zu verwirklichen ist. – Was bliebe von der sozialen Dreigliederung überhaupt noch übrig, wenn man heute versuchen würde, sie, den Verhältnissen angepaßt, anzuwenden?

Wird jedoch weiterhin ein Großteil der Menschheit in Armut belassen, so wird sich die angespannte Situation nicht wirklich ändern; da hilft auch der Einsatz von Militär und Polizei nichts.

Die von Steiner als einzige Lösung der sozialen Frage bezeichnete Abkopplung von Arbeit und Einkommen trifft genau auf den Punkt des egoistischen Charakters von Arbeit und Bezahlung, der heute allerorten üblich ist und der den Menschen, die nicht die nötige Bezahlung für ihre Arbeit oder sogar gar keine Arbeit erhalten, die Lebensgrundlage entzieht. Millionen von Menschen, darunter auch Millionen Kinder, leben in diesen Verhältnissen. Alle Menschen wissen das, aber die Ohnmacht scheint grenzenlos: „infinite“.

„Gnadenjahre“

Ein anthroposophischer Musikwissenschaftler bezeichnete die Jahre von 1945 bis 1950 einmal in einem Vortrag als „Gnadenjahre“, in denen ein kultureller Neuanfang im umfassenden Sinne möglich gewesen wäre. Diese Jahre seien verschlafen worden. Wieder wurde die Kultur auf den egoistischen industriellen Komplex aufgebaut, der schon seit 1871 Deutschland beherrscht, völlig unabhängig von der jeweiligen politischen Orientierung.

Entsprechend kann man die ganze zweite Hälfte des 20. Jahrhunderts als Gnadenjahre bezeichnen, die uns zur geistigen Vorbereitung auf die jetzt kommenden Ereignisse zur Verfügung gestanden haben, gesellschaftlich und individuell. Haben wir diese Jahre genutzt? Es wird sich bald herausstellen.

Kritische Stimmen zur Globalisierung

Kritische Stimmen zur Globalisierung waren von Anfang an deutlich vernehmbar. Das Buch „Die Globalisierungsfalle. Der Angriff auf Demokratie und Wohlstand“ (Reinbek 1996) von Hans-Peter Martin und Harald Schumann ist eines der Standardwerke, die auf die Probleme der neuen Ökonomie hingewiesen haben. Die FLENSBURGER HEFTE brachten 1997 eine Ausgabe unter dem Titel „Die Welt im Umbruch. Globalisierung und Kampf aller gegen alle“ (FH 57) heraus, in der Hans-Peter Martin, Kanzlerberater Michael Steiner und andere ihre Kritik und Bedenken zum Ausdruck brachten. Auch Gruppierungen wie *Attac* oder *Sand in the Wheels* formulieren sachliche Kritik an der Politik der Globalisierung.

Und im Zusammenhang mit den Anschlägen auf das World Trade Center und das Pentagon gibt John Rifkin, ein amerikanischer Gesellschaftskritiker, zu bedenken: Falls die negativen Entwicklungen der Globalisierung nicht korrigiert würden, sei eine weltweite Zunahme des Extremismus zu befürchten. Die Quellen des Hasses gegen die USA müßten genau analysiert werden.

Die Gegengewichte zu den neuen ökonomischen Entwicklungen funktionieren nicht. Der portugiesische Literaturnobelpreisträger Josè Saramago meint, daß „ausnahmslos alle Religionen“ nie dazu gedient hätten, die „Menschen einander näher zu bringen und den Frieden zu mehren“. In einem Beitrag in der *FAZ* schreibt er weiter, die Religionen seien vielmehr „der Grund für unendliches Leid, für Massenmorde und ungeheuerliche physische und psychische Gewalt, die zu den dunkelsten Kapiteln der elenden Geschichte der Menschheit“ gehören. Gegenstimmen meinen, das läge nicht an den Religionen, sondern an dessen Fehlinterpretationen: „Islamische und westliche Autoren haben ‚verzerrte Gottesbilder‘, aber auch negative Folgen der Globalisierung als Ursachen für den ihrer Einschätzung nach möglicherweise noch wachsenden Extremismus in der Welt genannt“, so die *Schleswig-Holsteinische Landeszeitung* am 22.09.2001.

Viele Fakten sind längst bekannt: Die Schere zwischen Arm und Reich, nicht nur in anderen Teilen der Welt, sondern auch bei uns in Mitteleuropa, wird immer größer. Der Bildungsstand in Mitteleuropa sinkt dramatisch. Nach Auskunft der Weltbildungsorganisation *Unesco* können 4 Mio. Deutsche nicht oder nur mangelhaft lesen oder schreiben. In den alten Bundesländern sollen es allein 3 Mio. Erwachsene sein, was etwa 5 % der Bevölkerung ausmacht. Die Religion und überhaupt das gesamte Geistesleben der westlichen Welt brechen zunehmend zusammen. Letzteres wollen viele nicht wahrhaben, aber ich sage es deutlich: Wie sollten diejenigen, die bereits keinen Begriff von Geistesleben mehr haben, den Verlust des Geisteslebens bemerken?

„Warum gibt es kein Geistesleben in Deutschland?" fragte der österreichische Künstler und Historiker Friedrich Heer bereits im Jahre 1978![6] Das nicht nur in Deutschland fehlende Geistesleben bewirkt, daß die Entwicklung der Bewußtseine der Menschen mit der ökonomischen Entwicklung nicht mehr Schritt halten können. Sie werden buchstäblich überrollt.

Rudolf Steiner führte unter verschiedensten Gesichtspunkten aus, daß sich die Menschheit gegenwärtig in einer Zeit befindet, die er das „Zeitalter der Bewußtseinsseele" nannte. Über diesen Begriff ist bisher viel zu wenig gearbeitet worden. Steiner meinte, daß die englischsprechende Weltbevölkerung aus ihren Anlagen heraus diese Bewußtseinsseele quasi mit der Muttermilch einsaugen würde, dagegen der Mitteleuropäer, der die Bewußtseinsseele in sich zur Entfaltung bringen möchte, dazu erzogen werden bzw. sich selbst dazu erziehen müsse. Unter diesem Aspekt ist die Tendenz der Amerikaner, sich in der Welt zu engagieren, absolut positiv zu verstehen. Nur benötigen sie, wie alle anderen Teile der Menschheit auch, Hilfe und Korrekturen. Und das eigentlich als allerletztes auf militärischem, vielmehr auf geistigem Feld.

Bewußtseinsseele entwickeln, das heißt – sehr verkürzt ausgedrückt –, sich darüber klar zu sein, daß es auf der ganzen Welt nichts gibt, was nicht interessant ist und was mich nichts angeht. Positiv gesagt: Restlos alles auf der Welt ist für jeden Menschen von Bedeutung! Dostojewski hat es auf seine Weise so ausgedrückt: „Jeder ist an allem schuld."

Zur Lage der Frauen in Afghanistan

Jahrelang haben wir weggeschaut. Jetzt, wo es gelegen kommt, Emotionen zu schüren, bringen die Medien Berichte über Afghanistan. Und die Berichte sind erschütternd. Informationen hätten aber auch schon vorher jedem einzelnen zur Verfügung gestanden.

Besonders furchtbar sind die Berichte über die Frauen (und damit auch über die Kinder!) in Afghanistan. In dem von der westlichen Völkerge-

6. Friedrich Heer: Warum gibt es kein Geistesleben in Deutschland? München 1978.

meinschaft finanzierten Kabuler Fußballstadion finden keine Fußballspiele, sondern Erschießungen u.a. von sogenannten Ehebrechern und Ehebrecherinnen statt. Vor Zehntausenden von Zuschauern. In einem Interview wurde der afghanische Außenminister gefragt, warum die Regierung so etwas tue. Seine Antwort lautete: Das Stadion sei zu freudigen Ereignissen erbaut, und die Erschießung unmoralischer Menschen sei ein freudiges Ereignis. Und wenn das dem Westen nicht passe, dann könne er den Afghanen ja eine Hinrichtungsstätte finanzieren.

Frauen in Afghanistan dürfen nicht mit Männern zusammenarbeiten. Frauen dürfen eigentlich gar nicht arbeiten. Das führt dazu, daß viele tausend Frauen in Kabul überhaupt kein Einkommen haben und betteln müssen, um ihre Kinder und sich selbst zu ernähren. Ernähren, das bedeutet: täglich ein wenig Reis, Salz, Wasser und Brot zu haben. „Blaue Kinder" – so heißen Kinder, die in den Wintermonaten in den Armen ihrer Mütter erfrieren.

Das geheime Frauennetzwerk *Rawa,* das in Kabul unter Lebensgefahr heimlich eine Schule betreibt, in der auch Mädchen über zwölf Jahren noch lernen können (das ist unter Androhung schwerer Strafen für alle Beteiligten streng verboten), gab bekannt, daß mehr als ein Drittel der Bevölkerung Afghanistans nicht mehr in der Lage sei, sich selbst zu ernähren.

Die englische Journalistin afghanischer Abstammung Saira Shah hat kürzlich unter schwierigsten Bedingungen einen Film über ihre alte Heimat gedreht. Mehrfach geriet sie bei den Dreharbeiten in Lebensgefahr. Sie besuchte die Frauen von *Rawa* und erfuhr von dem schrecklichen Leid der Bevölkerung, besonders der Frauen. „Eine vom Wahn regierte Welt", nennt sie die Zustände in dem von den Taliban regierten Land. Die Regierung schlachtet das eigene Volk ab oder läßt es verhungern.

Das alles sind Fakten, die hier nicht deshalb genannt werden, um einen Militärschlag gegen Afghanistan emotionell zu rechtfertigen, der bei Verfassen dieses Artikels nach Auskunft der Nachrichten unmittelbar bevorstand. Aber es muß das Ausmaß der katastrophalen und hochbrisanten Situation deutlich werden.

In Rahmen eines Themenabends „Afghanistan" im Fernsehsender *Arte* am 20.09.2001 wurde berichtet, daß einer im Ausland lebenden Afghanin, die mit ihrer Freundin in Kabul über Satellitentelefon kommunizierte, von dieser gesagt wurde: „Es ist besser, eine amerikanische Bombe fällt auf uns, als daß wir so weiterleben müssen wie bisher." Diese Erfahrung bestätigte eine in Paris lebende Afghanin, die auch Kontakte in ihre alte Heimat aufrechterhalten hat. Es wurde an diesem Abend in *Arte* ein junges afghanisches Mädchen gezeigt, der alle Fingerkuppen abgeschnitten worden waren, weil sie Nagellack benutzt hatte.

Arundhati Roy – eine Stimme aus Indien

„Eine Koalition der Supermächte schließt nun einen Ring um Afghanistan, eines der ärmsten Länder der Welt, dessen Taliban-Regierung Osama bin Laden Unterschlupf gewährt. Das einzige, was in Afghanistan noch zerstört werden könnte, sind die Menschen. (Darunter eine halbe Million verkrüppelter Waisenkinder. Es wird berichtet, daß es zu wildem Gedrängel der Humpelnden kommt, wenn über entlegenen, unzugänglichen Dörfern Prothesen abgeworfen werden.) Die afghanische Wirtschaft ist ruiniert. Aus Bauernhöfen sind Massengräber geworden. Das Land ist übersät mit Landminen – nach jüngsten Schätzungen zehn Millionen. Eine Million Menschen sind aus Furcht vor einem amerikanischen Angriff zur pakistanischen Grenze geflohen. Es gibt keine Nahrungsmittel mehr, Hilfsorganisationen mußten das Land verlassen, und nach Berichten der *BBC* steht eine der schlimmsten humanitären Katastrophen der jüngsten Zeit bevor."

So schreibt die indische Schriftstellerin Arundhati Roy in der *FAZ* vom 28.09.2001 in ihrem Artikel „Wut ist der Schlüssel". Sie meint: „Die Zeichen stehen auf Krieg. Was gesagt werden muß, muß rasch gesagt werden." Und so stellt sie Fragen: „Bevor Amerika das Steuer der ‚internationalen Allianz gegen den Terror' übernimmt, bevor es andere Länder auffordert (und zwingt), sich an seiner nachgerade göttlichen Mission – der ursprüngliche Name der Operation lautete ‚Grenzenlose Gerechtigkeit' – aktiv zu beteiligen, sollten vielleicht ein paar Dinge geklärt werden. Führt Amerika Krieg gegen den Terror in Amerika oder gegen den Terror ganz allgemein? Was genau wird gerächt? Der tragische Verlust von fast 7.000 Menschenleben, die Vernichtung von 450.000 Quadratmetern Bürofläche in Manhattan, die Zerstörung eines Flügels des Pentagon, der Verlust von Hunderttausenden von Arbeitsplätzen, der Bankrott einiger Fluggesellschaften und der Absturz der New Yorker Börse? Oder geht es um mehr?"

Und sie erinnert daran, daß 500.000 irakische Kinder infolge des amerikanischen Wirtschaftsembargos gestorben seien: „Die Sanktionen gegen den Irak sind übrigens immer noch in Kraft, und noch immer sterben

Kinder. Genau darum geht es: um die willkürliche Unterscheidung zwischen Zivilisation und Barbarei, zwischen ‚Ermordung unschuldiger Menschen' oder ‚Krieg der Kulturen' und ‚Kollateralschäden'."

Zu den Taliban schreibt sie: „Die Taliban errichteten ein Terrorregime, dessen erstes Opfer die eigene Bevölkerung war, vor allem Frauen. Angesichts der Menschenrechtsverletzungen der Taliban spricht wenig dafür, daß sich das Regime durch Kriegsdrohungen einschüchtern ließe oder einlenken wird, um die Gefahr für die Zivilbevölkerung abzuwenden."

Die labile Situation Pakistans im gegenwärtigen Konflikt und die möglichen Folgen eines amerikanischen Militäreinsatzes, ausgehend von pakistanischem Boden, charakterisiert sie wie folgt: „Jedes Land der Dritten Welt mit einer schwachen Wirtschaft und einem unruhigen sozialen Fundament müßte wissen, daß eine Einladung an eine Supermacht wie die Vereinigten Staaten (ganz gleich, ob die Amerikaner für länger bleiben oder nur kurz vorbeischauen wollen) fast so ist, als würde ein Autofahrer darum bitten, ihm einen Stein in die Windschutzscheibe zu werfen."

Arundhati Roys Fazit: „Präsident Bush kann die Welt ebenso wenig ‚von Übeltätern befreien', wie er sie mit Heiligen bevölkern kann."

Fürchterliche Zerstörungskräfte

Und nun noch ein Wort, daß uns, wenn das bisher Gesagte noch nicht reicht, aus unserer „Spaßkultur" zu reißen vermag. Ein französischer Journalist sagte wie beiläufig: Angesichts der furchtbaren Verhältnisse in Afghanistan und anderen Ländern des Nahen, Mittleren und Fernen Ostens möchte er doch noch eines hinzustellen. Er möchte nur ein Wort sagen: „Afrika." Dort versinkt derzeit nahezu ein ganzer Kontinent im totalen Chaos.

Und das, was ich in diesem Artikel erwähnt habe, ist nicht einmal ein Wassertropfen des unendlichen Leides, das es auf der Welt derzeit gibt. Der bereits zitierte Rifkin sagt: „Wir reden hier enthusiastisch von Globalisierung, E-Commerce und der Telekommunikationsrevolution, während ein Drittel der Weltbevölkerung keine Elektrizität hat und 850 Millionen Menschen unterernährt sind."

Rudolf Steiner hat bereits im Jahre 1919 darauf hingewiesen, daß die Fortsetzung der materialistischen Weltkultur in den Seelen der Menschen fürchterliche Zerstörungskräfte freisetzen würde. Die Seelen, die geboren werden, und hier gerade auch spirituelle Seelen, könnten die bestehende materialistische Kultur nur so empfinden können, daß sie aus der Welt geschafft werden müßte:

> „Man kann sagen: Unter den Mächten, welche hingearbeitet haben in der Menschheitsentwickelung, wenn auch aus einer tiefen Tragik heraus, nach der Vernichtung der ins immer Materiellere hineinschwimmenden Kultur, unter diesen Kräften sind die Sehnsuchten der Kinder [...]. Sie haben nicht erscheinen wollen in einer Welt, die die Fortsetzung darbietet von dem, was [vorher] war." (GA 190/1980/23.03.1919/S.58)

Steiner beschreibt die Kraft, die aus spirituell begründeter Enttäuschung in vielen Kindern mehr und mehr zum Vorschein kommen wird, wie folgt:

> „Man kann diese Kraft ausdrücken als die Sehnsucht, hinwegzuwischen dasjenige, was sich allmählich an Materialismus auf der Erde angehäuft hat. Natürlich können solche Kräfte, die in einer solchen intensiven Weise nach einer gewissen Richtung hin wirken, da sie in Diskrepanz kommen mit anderen Kräften, von allen möglichen luziferischen und ahrimanischen Mächten in dieser oder jener Richtung benützt werden. [...] Da haben Sie eine der Kräfte, welche die Vernichtung dieses materialistischer und materialistischer werdenden Zeitalters anstrebt." (ebd.)

Richtet sich der Angriff gegen das World Trade Center wirklich gegen die „Freiheit"? Er richtet sich zumindest auch gegen die vom Primat der Ökonomie bestimmte materialistische Welt. Beim Schreiben eines solchen Satzes kommt mir die Frage, ob jemand, der so etwas schreibt, nicht bereits in den Verdacht gerät, eine terroristische Vereinigung ideologisch zu unterstützen. Unstreitig ist die gegenwärtige Bedrohung der Freiheit.

Der Name, den die Amerikaner dem Krieg gegen den Terrorismus gegeben hatten, „Infinite Justice", war schnell in die Kritik geraten: „Es waren amerikanische Muslime, die befremdet darauf aufmerksam machten, daß nur Allah grenzenlos gerecht sei und sein könne, nicht aber schon auf Erden die Armee der Vereinigten Staaten." (*FAZ,* 22.09.2001)

Es gibt Zeiten, in denen Entwicklungen eine Richtung gegeben werden kann. Irgendwann ist diese Zeit abgelaufen, und die Walze der Konsequenzen beginnt zu rollen. Dann kann zunächst nur noch Schadensbegrenzung betrieben werden. Zunächst heißt, möglicherweise über Jahre und Jahrzehnte.

Ein schmaler Grat

Klaus-Dieter Neumann

Als ich am Nachmittag des 11. September die Bilder des Terroranschlags auf das World Trade Center sah, dachte ich: „O Gott, das gibt Krieg!“ Ich war mir sicher, daß dieser Anschlag nicht nur Amerika, sondern die ganze Welt verändern würde. Für die USA würde dieser Schock eine ähnliche Wirkung wie der Angriff auf Pearl Harbour haben, der den Eintritt Amerikas in den Zweiten Weltkrieg bedeutete. Ich war unendlich traurig, weil ich wußte, daß die Welt nie wieder sein würde, wie sie vorher war. Das mag banal klingen oder sogar bürgerlich, da die Welt sich eigentlich ständig ändert, aber diese Gedanken umfaßten schon die ganzen möglichen Auswirkungen dieses barbarischen Aktes, und an mein kleines Glück habe ich dabei wahrlich nicht gedacht. Das war ein entscheidender Punkt der Weltgeschichte.

Korrekturen des Amerika-Bildes

Vielleicht sollte ich betonen, daß ich Amerika mag. Das bezieht sich allerdings nicht auf die Politik der USA, die – ähnlich wie die deutsche – allzu oft zu kritisieren ist. Aber ich mag dieses riesige Land, seine starke Natur, und mir gefallen auch seine Menschen, auch wenn man dort manche unangenehme Überraschung erleben kann, um es einmal milde auszudrücken. Die USA sind eine multikulturelle Gesellschaft, die aus Menschen aller Ethnien dieser Welt besteht, in der ein Rassebegriff überhaupt nicht mehr greift. Die äußeren Merkmale eines Menschen, die man früher meinte als Rassemerkmale anführen zu können, haben allenfalls die Bedeutung einer genetischen Kosmetik. Welcher „Rasse“ würden Sie sich zuordnen, wenn Ihre Mutter aus Korea, Ihr Vater aus der Bronx stammt? – Halt, nicht so schnell, Ihre Großmutter stammt aus Irland, und sie heiratete einen sogenannten Afroamerikaner, der aus den Südstaaten nach New York gezogen war ...

Alle Religionen dieser Welt können ohne die geringsten Einschränkungen in den USA ausgeübt werden. Das kam auch besonders eindrücklich bei der Trauerfeier für die Opfer des Anschlags auf das World Trade Center zum Ausdruck, bei der Geistliche aller Weltreligionen ihre Ansprachen und Gebete abhielten. Etwas gewöhnungsbedürftig für den deutschen Betrachter war, daß bei einigen – ob nun Jude, Muslim, Christ oder Sikh – zu lesen war: Seelsorger bei der New Yorker Polizei oder auch Feuerwehr. Sie meinen ihre Religionsfreiheit, und Religion wird deutlich in ganz anderem Maße gelebt als bei uns. Man hat auch das Gefühl, daß sie meinen, was sie sagen, wenn es z.B. heißt: Christus ist die Liebe.

Es ist eben nicht wie bei uns – eine übrigens ganz hilfreiche Überlegung, wenn man andere Gesellschaften verstehen will, ob nun die amerikanische oder andere. Es ist nicht wie bei uns, wo sich „von Amts wegen" auf einmal alle möglichen atheistischen Politiker in der ersten Kirchenbank drängeln, die ansonsten das Wort Gott nicht einmal in den Mund nehmen können. Es ist vor allem auch nicht wie in fundamentalistischen Staaten, in denen Andersgläubige verfolgt werden und ihr Leben bedroht ist.

Wenn nun ein Geistlicher der Sikhs während der Trauerfeier im Yankee-Stadion der Weltöffentlichkeit sinngemäß verkündet: „Wir Amerikaner sind stark, wir werden uns durch den Terror nicht bezwingen lassen!", oder der Präsident des New Yorker Kirchenrates in wunderbar melodischem Rap wieder und wieder klar macht: „Wer are not afraid!", oder es dann bei den Muslimen heißt: „Allahu akbar! Allahu akbar!" („Gott isr größer!") – dann müßte es eigentlich in den Ohren sowohl dumpfer Fundamentalisten als auch hiesiger Antiamerikanisten klingeln. Vielleicht bedarf das Amerika-Bild doch einer gewissen Korrektur?

30 % der New Yorker Bevölkerung sind spanischsprechend – das dürfte in etwa der Gesamtbevölkerung Berlins entsprechen –, 10 % sind ursprünglich Asiaten. Wer sind denn nun eigentlich die Amerikaner, gegen die sich der Haß richtet? Und woher kommen sie? Waren es nicht eigentlich Europäer, die die Indianer nahezu ausgerottet haben? Sind es nicht Kubaner, die inzwischen in Florida einen großen Einfluß auf die Geschicke des Landes haben; Koreaner, die in Kalifornien zu den erfolgreichsten Hochschulabsolventen zählen; Palästinenser, Bosnier, Albaner, die ihren Weg nach Amerika gefunden haben; Chinesen, die seit jeher in großer Zahl dort leben; Mexikaner, die inzwischen glauben, Kalifornien auch ohne Krieg zurückgewinnen zu können, indem sie einfach dorthin ziehen?

Wie aus einer Haßgruft des Mittelalters entstiegen

Und all diesen Menschen – etwa 250 Millionen – geht es nicht viel anders als uns: Sie haben kaum einen Einfluß auf die Politik ihres Landes, und sie sind sehr skeptisch ihrer eigenen Staatsmacht gegenüber. Traditionell sind die USA Zufluchtsort Verfolgter und Unterdrückter aller Art, von den Anfängen bis heute. Und die Bevölkerung findet es wenig witzig, daß sie nun zur Zielscheibe von verblendeten Fanatikern geworden ist, die ihr vorkommen wie aus einer Haßgruft des Mittelalters entstiegen.

Wenn sich nun alle Amerikaner – selbst eine kriminelle Vereinigung wie die Hells Angels, die nichts so sehr verachten wie die amerikanische Regierung –, um die Fahne scharen, dann ist auch das ein beredtes Zeichen dafür, daß dieser Anschlag gravierende und langanhaltende Folgen haben wird. Darauf wollte ich hinaus. Wer die Amerikaner kennt, weiß, daß sie jetzt zusammenstehen – so verschieden sie auch sind – und daß in absehbarer Zeit nicht zur Tagesordnung übergegangen wird. Und das kann durchaus die nächsten Jahre oder auch Jahrzehnte umfassen.

Die Vorstellung, daß mit einigen Militärschlägen die Sache getan ist, ist illusionär, zumal mit weiteren Terroranschlägen zu rechnen ist. Man mag das gut oder schlecht finden, man mag den Stolz, Patriotismus, die Freiheitsliebe und den Sportsgeist der Amerikaner verstehen oder nicht, man muß schon damit rechnen, wenn man sich Vorstellungen bilden will, was jetzt von dieser Seite in die explosive Gemengelage der Welt eingebracht wird. Der Einschnitt durch den Terroranschlag auf das World Trade Center war einfach zu tief, als daß er ungesühnt bleiben könnte.

Wir können uns nicht verstecken

Nun mag man schaudern, wenn man bedenkt, welche Folgen Vergeltungsaktionen haben können, daß auch hier wieder unsägliches Leid über Unschuldige gebracht wird und dadurch die Konflikte nur weiter angeheizt werden. Aber welche Möglichkeit gäbe es denn, ein militärisches Vorgehen zu vermeiden, da nun wieder einmal das Kind in den Brunnen gefallen ist? Die Weichen für diese Situation sind schon vor Jahren und Jahrzehnten gestellt worden, dort liegen die eigentlichen Versäumnisse. Aber der bloße Hinweis auf diese Versäumnisse löst das gegenwärtige Problem nicht. Zumal es keineswegs nur um Vergeltung, also die angemessene Bestrafung der Täter, geht.

Vielmehr geht es darum, den akuten Gefährdungen zu begegnen, die vom Netzwerk Osama bin Ladens und anderen Terroristen ausgehen. Können wir ihrem Vernichtungswerk tatenlos zusehen? Wohl kaum. Ihre Anschläge richten sich gegen die Menschheit und keinesfalls nur gegen die USA. Und sie richten sich vor allem gegen die Zivilbevölkerung. Das kann man nicht bagatellisieren, da hilft keine Beschwichtigung. So zwingend und so grausam ist die Logik.

Deutschland kann sich auch nicht hinter dem St.-Florians-Prinzip verstecken („Heiliger St. Florian verschon' mein Haus, zünd' andere an"). Wir sind direkt betroffen, und zwar nicht nur dadurch, daß ein wesentlicher Teil der Anschläge hier vorbereitet wurde, sondern weil wir zum Feindbild islamistischer Kreise gehören.

Eine Geschichte von Fehlschlägen

Das ist eine Logik, die mir wirklich nicht gefällt, vor allem weil sie einen Haken hat: Es funktioniert nicht, daß durch militärische Aktionen langfristig Probleme gelöst werden. Und trotzdem erscheint derzeit ein militärisches Vorgehen als eine Maßnahme von vielen unumgänglich. Ich möchte da jedenfalls keine Augenwischerei betreiben, nur um mich auf die Seite der „moralisch Guten" zu retten. Allein, mir fehlt der Glaube, daß es funktioniert.

Es gibt keinen Krieg, den die USA seit 1945 geführt haben, der nicht eindeutig verloren gegangen ist oder zumindest sein Ziel verfehlt hat oder von katastrophalen Fehlschlägen begleitet war. Auch der Versuch der Befreiung der Geiseln aus der Teheraner US-Botschaft war ein einziges Debakel. Man sollte nicht vergessen, daß immer erst Monate, manchmal auch Jahre später die ganze Wahrheit auf dem Tisch lag. Wenn das Arsenal von Hightech-Waffen, gigantische Flugzeugträger und Flottenverbände und alle möglichen Spezialeinheiten präsentiert werden, um auf Militäraktionen einzustimmen, sollte man – auch wenn man sie für unumgänglich hält – nicht vergessen, daß ihr Einsatz nach 1945 nie zu einer wirklichen Lösung geführt hat.

Und man muß einfach konstatieren: Jede militärische Aktion – so notwendig sie auch erscheinen mag – schafft neue Probleme und Konflikte, die über kurz oder lang zu neuen kriegerischen Auseinandersetzungen führen.

Bisher haben auch die vielgepriesenen Spionagesatelliten und andere nachrichtendienstliche Mittel nicht ausgereicht, um Osama bin Laden ausfindig zu machen, ihn zu fassen oder zu töten. Bill Clinton sprach in diesen Tagen freimütig davon, schon vor Jahren den Befehl gegeben zu haben, Bin Laden zu töten. Trotzdem konnte er anscheinend ungestört weiter sein fanatisches Handwerk des Hasses betreiben. Die CIA und die

Nachrichtendienste anderer Länder haben auch bei der Verhinderung der Terroranschläge in den USA versagt. Und jetzt sollen wir auf ihre Arbeit vertrauen, wenn von zielgenauen militärischen Aktionen gegen die Strukturen des Terrorismus die Rede ist?

„Rudolf der Eroberer"

Ein weiteres Kapitel sind die Politiker, auf die wir uns verlassen müssen. Man kann nicht unbedingt von allen den Eindruck haben, daß sie den Ernst der Lage erfassen. Tatsächlich haben deutsche Politiker jahrelang mahnende Stimmen und Verfassungsschutzberichte über die Umtriebe militanter Islamisten in Deutschland ignoriert. Es fehlte der politische Wille, darauf zu reagieren.

Nehmen wir nur Rudolf Scharping. Der deutsche Verteidigungsminister („Rudolf der Eroberer", titelte *Der Spiegel)* war sich noch vor kurzem nicht zu schade, sein „hormonelles Irresein" in allen möglichen Illustrierten und Talkshows zur Schau zu stellen, so daß sogar NRW-Ministerpräsident Clement zu dem Ergebnis kam, daß er derzeit eine „Macke" habe. Scharping vermarktete zur Aufbesserung seiner Bezüge sein Verliebtsein, zeigte sich in Fotoserien turtelnd und planschend im Pool, während deutschen Soldaten der Mazedonien-Einsatz bevorstand.

Anläßlich einer Pressekonferenz in Mazedonien, auf die er offenkundig schlecht vorbereitet war, verriet er dann den staunenden Medienleuten die Route, auf der deutsche Truppeneinheiten vom Kosovo nach Mazedonien verlegt werden sollten. Die Route mußte daraufhin geändert werden, um die Soldaten keiner Gefahr durch Anschläge auszusetzen, was mit erheblicher zeitlicher Verzögerung verbunden war.

Inzwischen zucken selbst Medienleute zusammen, wenn Scharping vor Mikrofonen und laufenden Kameras mit den Worten anhebt: „Ich habe geheime Informationen, daß ..." Er war nicht zufrieden, daß die USA den Artikel 5 des Nato-Vertrages – militärische Beistandspflicht der Partner im Angriffsfall – noch nicht definitiv in Anspruch genommen hatten, wie er bereits herausposaunt hatte. Und er ließ sich nicht beirren, als es auch auf der gerade beendeten Sitzung der Nato in Brüssel nicht geschehen war, sondern trat vor die Kameras und brüstete sich mit seinen geheimen Informationen. Er fabuliert auch schon gern mal in der *Bild*-Zeitung über mögliche militärische Aktionen und Zeitpläne, bevor er das Kabinett oder den Koalitionspartner in Kenntnis setzt.

Das ist übrigens ein Grund dafür, warum die USA militärische Aktionen am liebsten allein durchführen und sie nicht vorher mit den Partnern in allen Einzelheiten besprechen wollen. Zum einen müssen schnelle Entscheidungen getroffen werden, was in der Nato unter Einbeziehung der Partner nicht und nur schlecht möglich ist. Zum anderen fürchtet man, daß Informationen nach draußen sickern, wie es im Kosovo-Krieg offenkundig der Fall war.

Aber Rudolf Scharping hat kein Sicherheitsproblem, denn er gehört – wie er betont – der höchsten Sicherheitsstufe an und hat deshalb einen Anspruch auf die Flugbereitschaft der Luftwaffe. Und die benutzt er dann auch exzessiv – so auch für die berühmte eine Nacht mit seiner Liebsten auf Mallorca – und pustet Hunderttausende von Mark im Jahr in die Luft, während das Geld in der Bundeswehr an allen Ecken und Enden fehlt. Seine Tage als Verteidigungsminister scheinen gezählt.

Besinnung und Umkehr sind notwendig

Das waren nur einige Schlaglichter auf den Ernst der Lage und die Dramatik der Situation, die uns mit einem Schlag deutlich gemacht hat, wie dünn das Eis ist, auf dem wir uns bewegen. Es ist ein schmaler Grat, auf dem wir wandeln. Aber auch mit einer ständig bekundeten Angst kommen wir nicht weiter. Vielmehr sind Besinnung und Umkehr notwendig. Nicht nur die innere Sicherheit muß auf den Prüfstand, sondern auch alle außenpolitischen Sicherheitskonzepte. Aber vor allem dürfen politische Konzepte keine Lippenbekenntnisse bleiben, wie wir es nach dem Golfkrieg erleben mußten, denn die gesamte Außenpolitik Amerikas und der europäischen Staaten muß sich grundlegend wandeln.

Es muß Schluß sein mit einer rücksichtslosen Außenpolitik, die auf die pure Durchsetzung von egoistischen merkantilen Interessen zielt. Die eigenen Ideale, die Grundlage des gesellschaftlichen Lebens in den westlichen Staaten sind, dürfen in der Außenpolitik und im Geschäftsgebahren der Konzerne nicht weiter mit Füßen getreten werden. Wenn diese dem Motto „Geschäft ist Krieg" folgen, sollte die Öffentlichkeit ihnen in Zukunft doch vielleicht etwas genauer auf die Finger schauen. Vor allem bedarf der Waffenhandel viel stärker internationaler Kontrollen und Vereinbarungen.

Damit sind Hoffnungen und Chancen angedeutet, die in der Krise liegen: Wir sollten aufwachen und wirkliche Änderungen in Angriff nehmen, die dem Elend dieser Welt begegnen. Und wir sollten unsere Politiker daran messen, ob sie die Zeichen der Zeit erkannt haben. Dann könnten wir dem Terrorismus langfristig den Nährboden entziehen und auch seine geistigen Ursachen angehen. Es ist an der Zeit, daß unsere Ideen, unser Bewußtsein und Empfinden mit der ökonomischen Globalisierung Schritt halten. Sonst werden wir mehr und mehr zu Marionetten scheinbar anonymer Mächte.

Goldgrube Egoismus

Interview mit Renate Hasselberg

von Wolfgang Weirauch

Renate Hasselberg, *geb. 1946. Ausgebildete Krankenschwester. Tätigkeit in der Psychiatrie am Gemeinschaftskrankenhaus Herdecke. Studium der Waldorfpädagogik in Dornach/Schweiz und Zusatzstudium der Psychotherapie. Fortbildung zum Schul- und Entwicklungsbegleiter in anthroposophischen Einrichtungen und Kindergärten.*

Buchveröffentlichung: „Schwellenerlebnisse – Grenzerfahrungen. Krisensituationen in der Biographie" (Hrsg. zus. mit Martin Straube, Stuttgart 1994).

Egoismus ist ein weiter Begriff. Und dieser Begriff kann nach den unterschiedlichsten Seiten ausgelegt werden. Sein Spektrum reicht von der notwendigen Existenzgrundlage des Menschen bis zum Bösen. Zwei Seiten einer Medaille.

Fast die gesamte Entwicklung des Kindes und des jungen Menschen ist von Egoismus geprägt. Ohne Egoismus keine Entwicklung, keine Selbstbehauptung in der Welt, keine Fähigkeitenentwicklung, keine Selbstverwirklichung im Leben. Das ist die Goldgrube des Egoismus, aus der heraus sich ein Mensch zu einer Individualität formen kann. Eine der wichtigsten Aufgaben des Lebens ist es, zuerst zu einem Jemand zu werden, zu einer Individualität, zu einem Ich. Das schafft man nicht, ohne die Kraft des Egoismus gründlich zu beanspruchen und mit ihr an der eigenen Persönlichkeit zu schmieden.

Aber ehe man sich versieht, kann die Medaille auf die andere Seite fallen. Wer nur noch an sich denkt, wird unangenehm, asozial, verprellt seine Mitmenschen, wirkt vielleicht zerstörerisch und böse oder vereinsamt.

Im Gespräch mit Renate Hasselberg gehen wir auf die verschiedenen Facetten des Egoismus ein, auf seine positiven Seiten und negativen Auswüchse. Wir sprechen über Egoismus in der Entwicklung des Menschen, über Egoismus als Stütze der Persönlichkeit und der menschlichen Sozialbezüge, genauso aber über die verheerenden Wirkungen von Menschen, die verkappte Egoisten sind, die sich nicht weiterentwickeln und sich auf ihren Fähigkeiten ausruhen und damit die Ehe oder andere menschliche Bezüge ruinieren. Gleichzeitig gibt Renate Hasselberg Einblicke in ihre Arbeit als Psychotherapeutin und lenkt den Blick auf Übungen zur Egoismusüberwindung und darauf, wie man aus der Goldgrube Egoismus wirkliche Goldmedaillen schmiedet.

Wolfgang Weirauch: Was ist Egoismus?

Renate Hasselberg: Egoismus ist das Absolutsetzen seines Selbst.

W.W.: Wie kann man Egoismus anthroposophisch-menschenkundlich definieren, bzw. in welchem Wesensglied des Menschen ist die Eigenschaft des Egoismus angesiedelt?

R. Hasselberg: Im Sinne der anthroposophischen Lesart hat der Egoismus seinen Ursprung im Astralleib des Menschen. Das zeigt sich symptomatologisch in allen Begierden und Leidenschaften.

W.W.: Aus welcher menschheitlichen Entwicklungsvergangenheit stammt der Egoismus?

R. Hasselberg: Während einer früheren Verkörperung der Erde, dem sogenannten alten Mond, entstand der Astralleib des Menschen. Während dieser Zeit haben die luziferischen Wesenheiten dem Menschen die Kraft der Egoität in den Astralleib eingepflanzt.

Später, während der Erdenentwicklung, und zwar in der ägyptisch-chaldäischen Kulturepoche, wurde die Kraft des Egoismus in der Menschheit ausgebildet. Das sieht man z.B. daran, daß man im alten Ägypten durch das Einbalsamieren die Einzelpersönlichkeit nach dem Tod erhalten wollte. Die Konsequenz ist für die heutige Menschheit eine übersteigerte Egoität. Nach Steiners Aussagen resultiert das heutige Persönlichkeitsgefühl aus der damaligen Tendenz, den Leichnam einzubalsamieren.

Was aber in der ägyptischen Epoche ein seelisch-geistiger Vorgang war – durch das Einbalsamieren das Eigenwesen des Menschen zu bewahren –, ist heute in einer total körperlichen Weise Haltung geworden. Viele Menschen neigen dazu, ihr Selbstgefühl auf ihre Leiblichkeit oder das rein seelische Erleben abzustützen. Symptomatologisch drückt sich das z.B. in dem Wahn aus, jung bleiben zu wollen. Statt sich durch einen Paradigmenwechsel seelische und geistige neue Freiräume zu schaffen, entwickelt sich bei den heutigen Menschen immer mehr die Tendenz, körperlich jung bleiben zu müssen. Letztendlich ist das eine Tendenz wie im alten Ägypten, wenn auch mit anderen Vorzeichen: eine Form der Mumifizierung.

Der brutalste Egoist

W.W.: Schauen wir jetzt einmal auf die Entwicklung des einzelnen Menschen: In welcher Form drückt sich der Egoismus beim Kind während des ersten Lebensjahrsiebts aus?

R. Hasselberg: Überspitzt ausgesprochen ist der Säugling der brutalste Egoist. Er braucht alles von der Welt, um überleben zu können. Sukzessive entwickelt der Mensch im Laufe seiner Biographie natürlich mehr Autonomie, Selbständigkeit und Unabhängigkeit. Der Mensch im ersten Lebensjahrsiebt, eigentlich auch noch im zweiten, ist durch sein Sein egoistisch. Das hängt damit zusammen, daß er als Stoffwechselwesen, als Atmungswesen, in seiner ganzen Vitalität egoistisch sein muß, um überleben zu können. In dieser Lebensphase dominieren einfach die Wachstumsprozesse des Menschen.

Alle diese Vorgänge haben überhaupt nichts mit Moralität zu tun. Wenn ein zweijähriges Kind schöne saftige Kirschen auf dem Tisch sieht, dann wird es wahrscheinlich sofort zulangen und die Kirschen genüßlich verschlingen. Würde die Mutter in diesem Moment sagen: „Kind, sei nicht so egoistisch, denk an Deine Geschwister", dann würde man erkennen, wie absurd eine solche Aussage ist. Egoismus im moralischen Sinn setzt nämlich eine autonome Persönlichkeit voraus, die entscheiden kann, ob sie egoistisch sein will oder nicht.

W.W.: Gibt es besondere Merkmale des Egoismus im zweiten und dritten Lebensjahrsiebt des Menschen?

R. Hasselberg: In der Pubertät und der frühen Adoleszenz ist die gesamte Geste des jungen Menschen: „Ich brauche die Welt!" Neben dem Elternhaus, der Schule und der Erziehung durch das Leben braucht der Heranwachsende seinen seelischen Raum, in dem der Egoismus ausgelebt werden kann. Und der Heranwachsende braucht Räume und Bestätigung. Das Kind – wie auch der Jugendliche – muß Erlebnisse haben, daß es geliebt wird, und zwar einfach deswegen, weil es da ist, ohne daß es irgend etwas dafür tut. Im späteren Alter ist das natürlich ganz anders. Wenn man jemanden so liebt, wie er ist, dann wird man meist ein böses Aufwacherlebnis haben. Aber Kinder und Jugendliche haben den Anspruch, geliebt zu werden, ohne etwas dafür einzubringen. In bezug auf diesen Punkt entsteht aber nach der Lebensmitte, eigentlich schon etwas früher, ein vollständiger Paradigmenwechsel.

Der Welt Fähigkeiten zurückgeben

W.W.: Vollzieht sich dieser Paradigmenwechsel in bezug auf den Egoismus erst im 35. Lebensjahr?

R. Hasselberg: Wenn man das anthroposophische Menschenbild zugrunde legt, kommt natürlich kein Mensch als Tabula rasa auf die Welt. Wieviel Egoismus ein Mensch in seiner Biographie entfaltet, hängt nicht nur von den Gegebenheiten des Hier und Jetzt ab, sondern auch davon, was er sich vorgeburtlich aus den verschiedenen zurückliegenden Inkarnationen mitbringt. Es hat mit dem Schicksal des Menschen zu tun, wieviel Egoismus er in einer einzelnen Inkarnation abarbeiten muß. Allerdings gibt es auch Menschen, für die ist der Egoismus kaum noch eine Eigenschaft, die sie abarbeiten müssen, und die für die Welt sehr viel mehr und schneller als Selbst zur Verfügung stehen. Die jeweilige Ausprägung des Egoismus ist für jeden Menschen ein individuelles Problem.

Grundsätzlich kann man aber sagen, daß ungefähr mit dem 21. Lebensjahr das zum Tragen kommt, was ein junger Mensch im Elternhaus und in der Schule erlebt hat, also was Erwachsene in der Gestaltung seines Schicksals geleistet haben. Ein Mensch in dieser Lebenszeit kann sich mit seiner moralischen Kraft darauf beziehen, inwieweit die Erwachsenen ihm gegenüber mit Egoismus oder Selbstlosigkeit in der Erziehung gehandelt haben. Es ist ganz wichtig, daß die Kinder und Jugendlichen sowohl im Elternhaus als auch in der Schule in einer Atmosphäre heranwachsen, in der sie etwas anderes erleben, als daß sich jeder Mensch selbst der Nächste ist. Diese Erlebnisse braucht ein junger Mensch, um später mit der Lebensmitte den schon angesprochenen Paradigmenwechsel vornehmen zu können.

Mit 21 Jahren kann ein Mensch den Egoismus noch nicht abstreifen, denn dann beginnen die sogenannten Lehr- und Wanderjahre, eigentlich die Zeit der höchsten Subjektivität und des Selbstexperiments. Wenn man einen Menschen in dieser Zeit darauf hinweist, daß er nicht zu sehr egoistisch sein sollte, so halte ich diesen Hinweis für zu früh und verfehlt. Er braucht in dieser Zeit die Möglichkeit, seine eigenen Fähigkeiten möglichst adäquat auszubilden, um dann später die Intentionen, die er aus der geistigen Welt mitbekommen hat, der Welt zur Verfügung zu stellen. Das bedeutet natürlich nicht, daß man einem Menschen in dieser Zeit jegliche Rücksichtslosigkeit durchgehen lassen darf, denn ich habe nur die tiefere Schicht des Egoismus angesprochen, die zur Stärkung der Fähigkeiten führt und die später verwandelt werden kann.

Wer nicht durch den Abgrund geht, wird böse

W.W.: Ist er Egoismus an sich eine gute, böse oder eine eher neutrale Eigenschaft?

R. Hasselberg: Egoismus ist weder gut noch böse, sondern als Entwicklungsfaktor für den einzelnen Menschen sowie für die Menschheit notwendig. Egoismus ist zudem die Grundlage für die Individualität. Egoismus ist auch eine Kraft, die die feineren Strukturen der Persönlichkeit zusammenhält.

W.W.: Gibt es eine Grenze für die Notwendigkeit des Egoismus, bzw. wann überschreitet der Egoismus diese Grenze und wird zu einer bösen Kraft?

R. Hasselberg: Gut und notwendig ist der Egoismus so lange, wie er in Berührung mit Mensch und Welt bleibt, denn durch diese erfährt er auch seine Korrektur.

W.W.: Wie ist das gemeint?

R. Hasselberg: Überall dort, wo ich in Kontakt mit Menschen bin, gleich auf welcher Ebene, werde ich durch diesen Kontakt bei Auslebung meiner egoistischen Kräfte Korrektur erfahren.

W.W.: Aber dann ist der Egoismus ja nicht gut, selbst wenn er eine Korrektur erfährt. Ich kann doch im Kontakt mit anderen Menschen diese

Menschen durch meinen Egoismus kräftig aussaugen oder beträchtlich schädigen.

R. Hasselberg: Das stimmt natürlich, aber ich habe es anders gemeint. Ich denke, daß wir im Anstoßen an die Welt erst Selbstbewußtsein entwikkeln. Und selbst wenn diese egoistische Schädigung eines anderen Menschen so ist, wie Du es eben beschrieben hast, kann das eine notwendige Erfahrung für den Egoisten sein. Es wird dann wahrscheinlich eine sehr bittere Erfahrung sein, mit dieser Haltung bei anderen Menschen anzustoßen. Ich kann Menschen aussaugen, ich kann mich total egoistisch verhalten, aber ich werde immer irgendwo und irgendwann anstoßen und bekomme dadurch eine Resonanz. Was ich jetzt mit dieser Resonanz mache, steht auf einem anderen Blatt. Da wir durch das Anstoßen an die Welt unser Selbstbewußtsein entwickeln, hat ein stark egoistisch ausgeprägter Mensch durch die eben beschriebene Resonanz eine tiefere Möglichkeit, zu sich selbst aufzuwachen.

Egoismus ist eine Voraussetzung für die Individualität. Und die Folge dieser Entwicklungstatsache ist der sich selbst bewußte Mensch und der sich selbst entwickelnde Mensch. Eine karmische Folge durch verschiedene Erdenleben, die ich hier aber nicht ausführen möchte, könnte sein: Selbsterkenntnis, Selbstentwicklung, Freiheit und Liebe.

Der Egoismus ist also anfänglich weder gut noch böse, sondern notwendig. Aber er wird unter ganz bestimmten Voraussetzungen böse.

W.W.: Definiert man sich dadurch, welche Aufgaben die Welt an einen stellt, oder ausschließlich durch seine egoistische Natur?

R. Hasselberg: Böse in diesem Kontext ist es, notwendige Sterbeprozesse zu verweigern und Entwicklungsschritte zu vermeiden. Dann bleibt man so, wie man ist, und mutet seiner Umwelt die nicht geleisteten Verdauungsprozesse zu. Alle Projektionen gehören in diesen Bereich. Dazu gehört auch, daß man sich auf Fähigkeiten zurückzieht, die immer aus der Vergangenheit kommen, daß man stagniert und zu keinen Erneuerungsprozessen bereit ist. Wenn ich diese Stagnation in menschliche Gemeinschaften hineintrage, belaste ich sie durch meinen nicht überwundenen Egoismus. In diesem Kontext wird Egoismus böse. Es ist typisch für Menschen solchen Schlages, sich auf die eigenen Fähigkeiten zurückzuziehen und zu sagen: „Ich bin ja wer!“ Solche Menschen gehen nicht durch den Abgrund hindurch, in dem neue Fähigkeiten, Kräfte und Freiheiten entstehen. Ein Mensch dagegen, der dazu bereit ist, würde z.B. sagen: „Ich war einmal wer, und ich möchte mich durch Stirb-und-Werde-Prozesse erneuern.“

Solche Erneuerungsprozesse eines Menschen braucht jede Gemeinschaft, sei es eine Partnerschaft, eine Kleingruppe zusammenarbeitender Menschen oder eine größere Gemeinschaft. Den perfiden Rückzug auf Fähigkeiten, die ich in der Vergangenheit gebildet habe und die ich überhaupt nicht weiterzuentwickeln gedenke, halte ich für böse.

„Wir können noch nicht nichtegoistisch sein"

W.W.: Man hat den Eindruck, daß wir heute in einer außerordentlich egoistischen Zeit leben. Ist dem so?

R. Hasselberg: Ja und nein. Die Differenzierungsfähigkeit hat sicherlich zugenommen, d.h. daß wir heute egoistisches Verhalten von Menschen eher kennzeichnen als früher. Aber durch Tradition und den durch Gesellschaft und Kirche verordneten Moralkatalog war eine gewisse Portion egoistisches Verhalten der Menschen legitimiert. Heute verantwortet der einzelne Mensch sein Tun und Lassen, steht damit deutlich allein und wird als einzelner Mensch beurteilt bzw. wahrgenommen, ohne sich hinter Gruppen, Geboten und Vorschriften verstecken zu können.

Anthroposophisch gesprochen ist es für die Menschen eine Notwendigkeit, sich seit Beginn des Zeitalters der Bewußtseinsseele – unsere Zeit, beginnend mit dem 15. Jahrhundert – zunehmend auf die Spitze seiner Persönlichkeit zu stellen. Der Mensch erlebt sich als Ichwesen, und dieses Ichwesen muß sich immer mehr von heteronomen Bestimmungen durch Staat, Gesellschaft, Familie und Kirche emanzipieren. Früher haben Menschen egoistisches Verhalten nicht als Individualität erlebt und daher auch nicht moralisch beurteilt. Wir können gar nicht bzw. noch nicht nichtegoistisch sein, selbst wenn wir es wollten. Dazu fehlen uns die noch auszubildenden Fähigkeiten.

Die Sozialbezüge in Gesellschaft und Staat zerbrechen immer mehr, und mit dem Fähigkeitenkatalog, den wir jetzt haben, können wir die zerbrechenden Sozialbezüge nicht gestalten. Wir würden immer nur neuen Wein in alte Schläuche gießen. Denn wir sind mindestens zur Hälfte unseres Wesens antisozial und brauchen diese Kraft für die eigene Entwicklung. Wenn soziales Verhalten aus der Freiheitssphäre kommen soll, muß es erst errungen werden. Handeln wir dennoch scheinbar sozial, aufgrund von Fremdbestimmungen und falschen Moralkatalogen, und sind wir zu schwach, diese abzulehnen, ist unser Handeln relativ wertlos, weil es nicht aus der Eigenverantwortlichkeit und der autonomen Persönlichkeit kommt.

Die Erkenntnis des Egoismus als solchen ist im wesentlichen nur auf der Basis einer individuellen Reflexionsfähigkeit auf das eigene Ich möglich.

Notfalls über Leichen gehen

W.W.: Hängt es damit zusammen, daß die Menschen heute so egoistisch scheinen?

R. Hasselberg: Mit der zunehmenden Differenzierung der Menschen verschwindet proportional die Fähigkeit zur Anpassung. Das ist ein Problem der Bewußtseinsseele. Das heutige Schlachtfeld menschlicher Beziehungen sind Ehen und Kollegien, alle Gemeinschaften, in denen Menschen zusammenarbeiten. Als Individualität wissen wir in der Regel gut, was unserer Entwicklung not- und guttut, und notfalls gehen wir über Leichen. Der Schritt, zum anderen Menschen Brücken zu bauen, um zu einem Zustand der Brüderlichkeit zu kommen, ist noch Zukunftsmusik. Gemeinschaften können heute nicht mehr gedeihen, wenn einzelne speziell-begabte oder schwierige Persönlichkeiten sich zurücknehmen müssen. Denn dann triumphiert das Mittelmaß! Aber der Geist ist aristokratisch und nicht demokratisch.

Will man trotz allem zusammenarbeiten, setzt dies voraus, daß Menschen freiwillig und ohne Aufforderung von außen in einen freigewählten Erkenntnis- und Selbsterziehungsprozeß einwilligen. Die Ausbildung der Bewußtseinsseele als notwendige Entwicklungstatsache läßt uns Menschen so egoistisch erscheinen, weil wir in der Spannung leben, das gute, soziale und nichtegoistische Verhalten zu wollen, aber nicht die Fähigkeiten haben, dieses auch zu leben. Das Immer-individueller-Werden impliziert zunächst eine erhöhte Sensibilisierung für die Vielfältigkeit und Abgründigkeit des eigenen Wesens. Findet ein ehrlicher Selbsterkenntnisprozeß statt, so ist die Voraussetzung dafür, sensibel auf die Mitmenschen einzugehen.

W.W.: Auf welchen Ebenen taucht Egoismus heute auf?

R. Hasselberg: Global gesehen taucht der Egoismus am stärksten in der Wirtschaft auf, genauso bei politischen und religiösen Machtansprüchen. Das ist immer dann der Fall, wenn Absolutheitsansprüche erhoben werden. Im seelischen Bereich läßt sich dieser brutale und rücksichtslose Egoismus nicht ständig durchhalten. Der Mensch wird durch seine Umwelt korrigiert oder erkrankt an Leib, Seele oder Geist. Dadurch erhält der Mensch die ihm gebührende Rechnung.

Egoismus ist eine Goldgrube

W.W.: Kannst Du näher ausführen, inwieweit der Egoismus eine Chance für die eigene Entwicklung ist?

R. Hasselberg: Das Kraftpotential, das zur Entfaltung egoistischer Intentionen führt, ist substantiell das gleiche, das man braucht, um der Welt etwas schenken zu können. Egoismus als Kraft und Potenz ist eine Goldgrube. Und in dieser Goldgrube verwandle ich einen rohen Goldklumpen in ein schönes Schmuckstück, wenn ich durch die Fähigkeit der Verwandlung dieses Kraftpotential der Welt zur Verfügung stelle. Mir kommt es darauf an, daß dies eine Medaille mit zwei Seiten ist. Es ist keine andere Substanz.

Ich erwähnte bereits, daß mit der Lebensmitte, etwa um das 35. Lebensjahr, ein Paradigmenwechsel ansteht, und der Mensch sich darüber klarwerden muß, was er der Welt zu geben hat bzw. was die Welt von ihm braucht. Wenn ein Mensch eine erfüllte Kindheit hatte und in seiner Jugend das von der Welt bekommen hat, was er wirklich braucht, um seine Fähigkeiten auszubilden, dann besteht zumindest die Möglichkeit, daß er nach der Lebensmitte der Welt das zurückschenkt, was die Welt nötig hat. Wenn die Entwicklung eines Menschen richtig verläuft, will er dieses tun, es liegt in seiner geistigen Entelechie. Eigentlich braucht der Mensch dazu gar nicht aufgefordert werden.

Was gestern noch galt, gilt heute nicht mehr

W.W.: Und wann wird Egoismus zu einem Hindernis in der eigenen Biographie?

R. Hasselberg: Zunächst einmal dann, wenn ein Übergewicht von Selbstbezogenheit vorliegt, wenn man alles mit der Frage überprüft und daraus folgend ausführt: „Was bringt das zu allererst mir?“ So eine Haltung ist dadurch gekennzeichnet, daß man den anderen Menschen nicht als Motiv der eigenen Handlung in Betracht zieht. Die Bedürfnisse anderer werden dann allerhöchstens als notwendiges Beiwerk in Erwägung gezogen.

Ein weiteres Problem – und damit habe ich in der Psychotherapie und Biographiearbeit sehr viel zu tun – ist das Beharren auf Gewordenem, das Beharren auf Fähigkeiten, die nicht zur Disposition gestellt werden. Viele Menschen kommen aus diesem Grund in Lebenskrisen, die so weit gehen

Renate Hasselberg und Wolfgang Weirauch

können, daß sie im Beruf oder auch in der Partnerschaft scheitern. Und so eine Krise muß man als biographische Aufforderung auffassen, daß das, was gestern noch galt, heute nicht mehr gilt.

Steht man in einer derartigen Lebenskrise, kann man jetzt zweierlei tun: Ich kann sagen, daß ich einen Baukasten mit Dingen habe, und die Welt hat sich an meinen Baukasten zu wenden. Oder ich erkenne, daß dieser Baukasten für eine Weile gut und richtig war, jetzt aber frage ich, was die Welt von mir verlangt. Letzteres ist natürlich ein hoher Anspruch, weil er immer mit der Freiheitssphäre des Menschen zu tun hat. Denn man muß zurücklassen, was einen bisher geformt und gestützt hat, und muß schauen, was einen in der Zukunft stützen kann. Das ist – und ich meine es nicht pathetisch – ein Akt einer guten Demutsübung. Es hat immer einen Sinn, daß ein Mensch in seiner Biographie mit dieser Thematik konfrontiert wird.

Eine Karikatur von Mensch

W.W.: Und was geschieht, wenn man diese Chance nicht nutzt, wenn man bei einer derartig eintretenden Krise alle bisher erreichten Fähigkeiten als einen abgeschlossenen Fähigkeitenpool ansieht, nichts weiter hinzulernen möchte und darüber hinaus alle Fähigkeiten nur zu seinem eigenen Vorteil nutzt?

R. Hasselberg: Ich glaube, daß es einen solchen Menschen nicht gibt, denn er wäre eine Karikatur von Mensch. Ein solcher Mensch, der alles nur zu seinem Vorteil ausbaut und auch eine berufliche oder partnerschaftliche Krise nicht nutzt, um sich in Frage zu stellen, wird über kurz oder lang an Leib oder Seele erkranken.

W.W.: Ich kenne einige solcher Menschen. Es gibt sogar Menschen, die ihren Egoismus fast zu einer Art von Religion ausbauen, dadurch daß sie ihr gesamtes Leben so einrichten, daß sie sich nicht nur in materieller Hinsicht jeglichen Vorteil verschaffen, sondern auch in seelischer und geistiger, indem sie den gesamten Tageslauf so einrichten und alle Fähigkeiten so steigern, daß daraus der größtmögliche Nutzen für sie selbst entsteht. Und dies wird auf Kosten jeglicher Moral und Wahrheit durchgezogen, weil die einzige Moral und Wahrheit diejenige ist, die einem selbst zur Steigerung des Eigenseins am meisten dient. So lange Karma nicht brüllt, kann man ein solches Leben doch wunderbar leben. Oder wie siehst Du es?

R. Hasselberg: Die Biographie eines solchen Menschen würde ich mir gerne anschauen, wenn er etwa das 80. Lebensjahr erreicht hat. Oder ich würde mir eine solche Biographie anschauen, wenn er vielleicht eine Krebskrankheit bekommen hat. – Es gibt aber noch einen anderen Gesichtspunkt: daß ein Mensch nicht als Tabula rasa zur Welt kommt, daß ein Mensch in dieser Inkarnation das Thema Egoismus entwickeln muß, weil er die dadurch entwickelten Fähigkeiten vielleicht für eine spätere Inkarnation braucht. Ich würde das unter dem Gesichtspunkt des Schicksals betrachten und es überhaupt nicht moralisch bewerten. Ob es einem Menschen in diesem Leben gut oder schlecht geht, hat in dieser Hinsicht keine Relevanz, entscheidender ist, ein solches Leben im Kontext verschiedener Leben anzusehen. Vielleicht muß ein Mensch einen solchen schweren Weg gehen, weil das, was er in diesem Leben an Egoismus entwickelt, erst im nächsten Leben zu einer gewissen Vollendung bzw. Verwandlung kommt, d.h. erst dann der Welt als Fähigkeit zur Verfügung gestellt werden kann.

W.W.: Das mag sein, und wenn ich anthroposophisch denke, kann ich das auch nachvollziehen. Das heißt aber noch lange nicht – und meines Erachtens kommt das auch nur in den seltensten Fällen vor –, daß jeder Egoist die dadurch entwickelten Fähigkeiten für das nächste Leben braucht. Ich betrachte den Menschen in diesem Leben, und wenn er ein Egoist ist, dann ist er ein Egoist, wenn er ein Schwein ist, dann ist er ein Schwein. Und diejenigen, die den Egoismus in jeder Ausfeilung zu einer Art Religion erheben, um für dieses Leben den eigenen Nutzen zu steigern, sind sicherlich nicht Menschen, die ihre Fähigkeiten für das nächste Leben ausbilden.

R. Hasselberg: Das stimmt natürlich. Und wahrscheinlich erkennt man die Zielrichtung eines solchen Menschen aus den Motiven, die ihn leiten.

Niemand gibt sein letztes Hemd

W.W.: Viele Menschen glauben, daß sie sehr sozial handeln würden und ziemlich frei von jeglichem Egoismus seien. Ich denke dabei an den verkappten Egoismus, der das eigentliche Leitmotiv eines Menschen ist. Inwieweit ist unser Leben von Egoismus durchzogen, ohne daß wir es merken?

R. Hasselberg: Soweit wir als Menschen Gewohnheitsmenschen sind, die die Folgen ihrer Gewohnheiten nicht durchschauen, bürden wir anderen Menschen sowie der Welt unser Eigensein auf. Am krassesten drückt sich das im blinden Forschungseifer und seinen Folgen aus sowie im rücksichtslosen Umgang mit der Natur und der Ausbeutung ihrer Ressourcen. Es beginnt z.B. bei dem eigenen Urlaub. Wer macht sich schon klar, mit welchem Selbstverständnis die Touristen massenhaft durch den Gebrauch von Autos und Flugzeugen die Luft verpesten? Und man könnte unzählige Beispiele von Gewohnheiten aufzählen, deren Folgen und Konsequenzen uns überhaupt nicht klar sind, weil wir unhinterfragt glauben, darauf ein Recht zu haben. Das heißt nicht, daß wir nicht in den Urlaub fliegen sollen, aber es ist nicht unser Recht, und wir müssen uns der Konsequenzen bewußt werden. Die Folgen dieses Verhaltens werden wir irgendwann spüren, wahrscheinlich aber erst die nächste Generation.

W.W.: Viele Menschen sind sozial und gemeinnützig engagiert, die Spendenbereitschaft der Menschen aus den reicheren Ländern geht zwar zurück, ist aber nach wie vor groß. Ist dieses Verhalten der Menschen altruistisch oder verkappter Egoismus?

R. Hasselberg: Es kann sein, daß dahinter ein egoistischer Zug steckt, zumindest eine Form der Beruhigung in bezug auf wesentlichere Einsätze, die nicht geleistet werden. Viele Menschen beruhigen sich durch eine Spende, obwohl sie wissen, daß sie ganz anders gefordert sind. Das ist dann natürlich eine Ersatzhandlung und eine Beruhigung des eigenen Gewis-

sens. Letztlich verdrängen dann auch solche Menschen das Elend in der Welt. Die Haltung aus dem Märchen „Sterntaler", das letzte Hemd zu geben, ist für uns nur eine schöne Utopie.

W.W.: Ich kenne Menschen, die sehr viel Geld für soziale Zwecke spenden und dadurch in den Irrglauben verfallen, ungeheuer sozial zu sein, obwohl sie dies mit Beimischung einer egoistischen Komponente tun. Solche Menschen würden z.B. ungern spenden bzw. andere soziale Dinge tun, wenn dies nicht öffentlich wahrgenommen und anerkannt würde. Das ist dann eine Haltung wie bei den sprichwörtlichen Pharisäern, die bei ihren Wohltaten gesehen werden wollten.

R. Hasselberg: Selbstverständlich können sich bei den sozialen Handlungen egoistische Motive einschleichen. Es entspricht z.B. einer gewissen Eitelkeit, wenn wir Wert darauf legen, daß unser Nachbar von unserer sozialen Leistung erfährt. Wenn immer die linke Hand weiß, was die rechte tut, dann hat man auf Dauer sein soziales Engagement disqualifiziert. Allerdings mahne ich zur Vorsicht, denn auch Ideale können irgendwann destruktiv werden, und letztlich kann man sicher auch in jeder sozialen Tat eine egoistische Beimischung vorfinden. Die Frage ist nur, wie hoch der Anteil dieser Beimischung ist. Wenn der Anteil so ist, daß mehr von Selbstlosigkeit und Identifikation mit der Not anderer Menschen enthalten ist, dann halte ich es nicht für tragisch, wenn auch etwas Eitelkeit mitspielt. Wenn das Mischungsverhältnis aber umgekehrt ist und meine soziale Motivation fast ausschließlich aus meiner Eitelkeit gespeist wird, ist dies natürlich problematisch. Wir Menschen sind schlichtweg keine Engel. Aber das darf uns nicht entmutigen.

Wahrscheinlich gibt es nur ganz wenige Taten in der Menschheitsgeschichte, bei denen das Mischungsverhältnis zwischen Egoität und Selbstlosigkeit eindeutig zugunsten der Selbstlosigkeit ausschlägt. Dazu fallen mir zwei Beispiele ein: Janusz Korczak, der polnische Kinderarzt und Pädagoge, der mit seinen Kindern in Treblinka ins Gas ging, und Viktor Frankl, der große Psychoanalytiker, der Auschwitz überstanden hat und der in seinem Buch „... trotzdem – Ja zum Leben sagen" (München 1995) beschreibt, *wie* er das überstanden hat und welche Menschlichkeit er dort gelebt hat.

„Ich sonnte mich in meinem eigenen Wesen"

W.W.: Ich möchte an dieser Stelle ein Zitat einfügen, und zwar aus dem Roman „Der Fall" von Albert Camus. Es handelt sich um einen Rechtsanwalt, der selbstkritisch mit seinem Leben ins Gericht geht und außerordentlich deutlich diesen verkappten Egoismus schildert:

„[...] Ich übernahm sogar die Verteidigung dieser Menschen [Verbrecher], unter der einzigen Bedingung, daß sie gutartige Mörder waren, so wie andere gutartige Wilde sind. Schon allein meine Art, eine solche Verteidigung zu führen, erfüllte mich mit tiefer Befriedigung. In meinem Berufsleben war ich wirklich untadelig. Daß ich mich nie bestechen ließ, versteht sich von selbst; aber darüber hinaus habe ich mich auch nie dazu bereitgefunden, selber derlei Schritte zu unternehmen. Was noch seltener ist: Ich habe mich nie dazu herbeigelassen, einem Journalisten zu schmeicheln, um ihn mir günstig zu stimmen, oder einem Beamten, dessen Freundschaft mir hätte nützlich sein können. Ich hatte sogar das Glück, zwei- oder dreimal diskret und würdevoll die Ehrenlegion ablehnen zu können, und eben darin fand ich meine wahre Belohnung. Und schließlich habe ich die Armen immer unentgeltlich verteidigt und dies nie an die große Glocke gehängt. Glauben Sie nicht, Verehrtester, ich wolle mich mit all diesen Dingen brüsten. Ich hatte gar kein Verdienst dabei, denn die Habsucht, die in unserer Gesellschaft an die Stelle des Ehrgeizes getreten ist, hat mich immer gelächert. Ich wollte höher hinaus. Sie werden sehen, daß dieser Ausdruck in meinem Fall zutrifft.

Wie Sie unschwer ermessen können, hatte ich allen Grund zur Zufriedenheit. Ich sonnte mich in meinem eigenen Wesen, und wir alle wissen, daß darin das wahre Glück besteht, obwohl wir zur gegenwärtigen Beruhigung bisweilen Miene machen, diese Freuden als sogenannten Egoismus zu verdammen. Zumindest genoß ich jenen Teil meines Wesens, der so akkurat auf die Witwen und Waisen ansprach und so oft auf den Plan gerufen wurde, daß er schließlich mein ganzes Leben beherrschte. Ich liebte es zum Beispiel ungemein, den Blinden beim Überqueren der Straße zu helfen. Sobald ich von weitem den Stock eines Blinden an einem Randstein zögern sah, stürzte ich herbei, kam manchmal um Sekundenlänge einer schon hilfsbereit ausgestreckten Hand zuvor, entriß den Blinden jeder fremden Obhut und führte ihn mit sanfter, doch fester Hand über den Fußgängerstreifen, zwischen den Hindernissen des Verkehrs hindurch, zum sicheren Port des gegenüberliegenden Gehsteigs, wo wir uns gerührt voneinander trennten. Desgleichen war es mir immer ein Vergnügen, einem Passanten Auskunft oder Feuer zu geben, Hand anzulegen, wenn es einen zu schweren Karren oder ein stehengebliebenes Auto zu schieben galt, der Frau von der Heilsarmee ihre Zeitung abzukaufen oder bei der alten Händlerin Blumen zu erstehen, obwohl ich genau wußte, daß sie sie auf dem Friedhof Montparnasse stahl. Ich liebte es auch – dieses Geständnis will freilich nicht so leicht über die Lippen –, ich liebte es, Almosen zu geben. Ein höchst christlich gesinnter Freund gab einmal zu, daß man als erstes Unbehagen empfindet, wenn man einen Bettler auf sein Haus zukommen sieht. Nun, mit mir war es noch schlimmer bestellt: ich frohlockte." (Reinbek 1982, S.19 ff.)

Dieser Rechtsanwalt hat seinen verkappten Egoismus erkannt. Äußerlich gesehen ist er ein Mensch, den man als sehr sozial und altruistisch beschreiben würde, in Wahrheit ist aber sein ganzes Gemüt und Wesen von Eitelkeit und Egoismus durchzogen. Wenn man die Wirkung für andere mal außer acht läßt, denn die anderen hat sein Handeln gefreut, ist sein gesamtes Handeln purer Egoismus. Hieran sieht man auch, wie eng verzahnt die menschlichen Schicksale und Handlungsweisen sind. Einem Hungernden ist es natürlich vollkommen gleichgültig, aus welchen Motiven jemand Geld spendet, damit er etwas zu essen bekommt. Die Tat kann also egoistisch sein, die Folge aber für einen anderen Menschen lebensrettend.

R. Hasselberg: Die Aufforderung, die in diesen Verhältnissen liegt, kann doch nur darin bestehen, daß man das Mischungsverhältnis von Egoität und Selbstlosigkeit zugunsten der Selbstlosigkeit verschiebt.

Ohne Erkenntnis keine Entwicklung

W.W.: Das setzt aber voraus, daß man seinen verkappten Egoismus erkennt.

R. Hasselberg: Genau. Und daran können wir sehen, daß das wirkliche Hindernis in einer Biographie das ist, das meine Motive aus dem Egoismus kommen, ich sie aber nicht als solche erkenne und sie als etwas Soziales oder Altruistisches verkaufe. Denn wenn man etwas nicht erkennt, kann auch keine Entwicklung stattfinden. Und wenn diese Selbsterkenntnis nicht geleistet wird, dann werden – bildlich gesprochen – die Verdauungsprozesse an die Umwelt abgegeben. Auch wenn eine egoistische Wohltat dem Empfänger nützt, wird dieser, wenn er ein wenig sensibel ist, spüren, daß es ein etwas vermischtes Geschenk ist, das ihm verabreicht wird. Er wird als Kulisse benutzt, damit der sogenannte Wohltäter die Melodie seines vermeintlich altruistischen Stückes spielen kann.

W.W.: Kennst Du auch das Motiv, daß man eher geneigt ist, Menschen zu helfen, die einem ähnlich sind, sei es im Kreis der Familie, der Partei oder anderer Gleichgesinnter? Einem Hungernden in Dortmund würde man vielleicht eher helfen, als einem Hungernden in Addis Abeba. Wenn dem aber so ist, ist dann diese Hilfe wirklich eine soziale menschliche Geste oder auch wiederum verkappter Egoismus?

R. Hasselberg: Man kommt nicht umhin festzustellen, daß den Menschen das Hemd näher ist als der Rock. Zu Deiner Frage kann ich zwei Beispiele beitragen, ein problematisches und ein positives. Ich kenne einen Mann, der 1 Mio. DM in eine Stiftung gegeben hat und in den Zeitungen außerordentlich gelobt wurde. Dieser gleiche Mann hat eine Tochter und Enkelkinder. Die Enkelkinder studieren alle drei, bekommen aber von ihm nichts. Die Tochter arbeitet in Zusammenhängen, in denen sie zwar sehr fleißig ist, aber sehr wenig verdient. Obendrein ist sie geschieden. Ihr Vater gibt ihr nichts, aber 1 Mio. DM an eine Stiftung. Seine Antwort, als ich ihn dazu befragte, war, daß es in der Familie alles nicht so gelaufen sei, wie er es sich vorgestellt habe. Die Tochter habe sich von dem Mann getrennt usw. Alles waren sehr persönliche Gründe. Wahrscheinlich gibt es aber eine tiefere Schicht, die der Vater nicht einmal bemerkt hat: Wenn er den

Familienmitgliedern Geld gegeben hätte, so hätte man das in der Familie als selbstverständlich verbucht, und er hätte die narzißtische Zufuhr von außen nicht bekommen. Wegen seines sehr instabilen Selbstwertgefühls konnte er auf diese narzißtische Zufuhr aber nicht verzichten. Für das aufgeblähte Selbst ist es natürlich viel attraktiver, Dank von außen zu bekommen als von der eigenen Familie.

Das positive Beispiel ist eine Großmutter, die ich ebenfalls kenne, eine sehr reiche Frau. Sie hat allen Kindern einen gewissen Teil gegeben. Alle Kinder sind unabhängig. Zwar wäre noch sehr viel mehr Geld vorhanden, aber die Kinder bekommen jetzt nichts mehr. Statt dessen sieht sie sich in der Welt um, wer dort Geld braucht, und an diesen Stellen spendet sie gezielt. Einen Teil hat sie also der Familie gegeben, den anderen der Welt.

„Man liebt die Verbundenheit mit dem anderen"

W.W.: Inwieweit ist Liebe oft Selbstliebe?

R. Hasselberg: Grundsätzlich bezweifle ich die Alternative zwischen Liebe und Selbstliebe. Es gibt nicht auf der einen Seite die reine Selbstliebe in uns, auf der anderen die reine Liebe. In der Regel haben wir ein Konglomerat aus verschiedenen Anteilen von Liebe und Selbstliebe in uns. Ich glaube auch, daß sich Liebe auf verschiedenen Stufen entwickelt. Eine rein geistige Liebe bzw. die Liebe zu Gott ist eine andere Stufe der Liebe als gemeinhin die Liebe zu einem Menschen. Die Liebe zwischen Menschen ist immer in der Gefahr, mit Anteilen der Selbstliebe vermischt zu werden. Solche Liebe kann auch zum reinen Selbstgenuß degenerieren. Man liebt dann die Verbundenheit mit dem anderen Menschen in der eigenen Seele oder die Art, wie der andere mein Bedürfniswesen bedient. Aber das hat überhaupt nichts mit Liebe zu tun.

Liebe ist eine Möglichkeit der Identifikation mit dem anderen Menschen. Liebe zwischen Menschen ist immer urbildlich Gegenseitigkeit von Geben und Nehmen. Wenn ich einem Menschen etwas schenke und er sich freut, dann freut mich das auch. Und diese uneigennützige Freude bestärkt obendrein auch noch die Liebe zu mir selbst. Irgendwie kann ich mich damit auch gut leiden, denn ich freue mich über die Freude des anderen. Würde ich ihm aus Pflichtgefühl ein Geschenk machen, so würde er sich nicht freuen. An dieser Stelle beginnt bereits die Selbstliebe, zumindest eine Mischung aus Liebe und Selbstliebe.

In der Partnerschaftsberatung erlebe ich immer wieder Situationen, in denen man diese Selbstliebe viel deutlicher charakterisieren kann. Was die Menschen als Liebe ausgeben, ist meist alles andere als Liebe. Dennoch hat der Mensch immer wieder die Möglichkeit, in diesem Mischungsverhältnis aus Liebe und Selbstliebe dasjenige, was auf seinem Gattungswesen und der Selbstliebe beruht, zu überwinden, um Situationen zu schaffen, in denen reine Liebe zwischen Ich und Ich geübt und gelebt wird.

W.W.: Inwieweit muß ein Mensch in der heutigen Zeit egoistisch sein, um überhaupt in der Welt bestehen zu können?

R. Hasselberg: Ein einzelner Mensch kann heute nicht überleben, denn er braucht die Gemeinschaft der anderen Menschen. Weil der Mensch ein Gemeinschaftswesen ist, muß er sein Ich immer wieder in den Kontext zu anderen Ichen setzen. Die schlechteste Möglichkeit des Überlebens wäre das Credo: Ich bin mir selbst der Nächste. Ich für alle Zeiten. – Eine ungeeignetere Strategie zum Überleben kann man sich eigentlich nicht denken.

Eigentlich können wir nur überleben in dem Grundsatz des Vertrauens: Ich gebe das Beste für die Welt, und ich vertraue darauf, daß der andere das auch tut, weil wir aus der geistigen Welt die gleichen Intuitionen empfangen. Das wäre die beste Überlebensstrategie überhaupt.

Die Liebe zum höheren Selbst

W.W.: Inwieweit muß man sich selbst lieben, um andere lieben zu können?

R. Hasselberg: Psychologisch klingt es einleuchtend, daß man sich erst selbst lieben müsse, um andere lieben zu können, aber ich halte das für eine Teilwahrheit. Anthroposophisch gesehen ist das höhere Selbst bzw. das höhere Ich des Menschen der Träger des Schicksals. Dieses höhere Ich inkarniert sich nicht. Und dieser Schicksalsinaugurator ist es, den ich am allermeisten liebe, nicht aber mein niederes Selbst. Und wenn ich andere Menschen und die Welt liebe, dann entwickle ich für mein höheres Selbst die allergrößte Liebe. Ich muß die Welt lieben und mich den anderen Menschen zur Verfügung stellen, um mich selbst lieben zu können. Man tut sich selbst überhaupt keinen Gefallen, wenn man sich von der Welt und den anderen Menschen entfernt, denn dann bekommt man irgendwann die Quittung. Wenn ich mich nicht für die Welt interessiere, und das ist eine bittere Erfahrung vieler einsamer Menschen, dann wird sich die Welt eines Tages auch nicht mehr für mich interessieren. Ich muß der Welt Wert verleihen. Wenn ich erlebe, daß die Welt mir selbst etwas wert ist, muß ich ihr auch Wert verleihen, ihr etwas geben.

„Ich muß erst meine eigenen Scheiben wischen"

W.W.: Wer mit sich unzufrieden ist, wer mit dem Schicksal hadert, wer mit sich selbst noch nicht im Reinen ist, ist selbstbefangen und kann anderen Menschen eigentlich nichts geben. Muß man sich nicht erst für sich selbst und sein Schicksal entscheiden, um anderen Menschen etwas geben zu können?

R. Hasselberg: Wir werden als Menschen bis zu unserem letzten Atemzug nie ganz mit uns im Reinen sein. Würde das jemand von sich behaupten, dann kennt er sich nicht. Jeder Mensch muß fortwährend in verschiedensten Lebenssituationen handeln, aber jede Handlung ist ein zweischneidiges Schwert. Jede Handlung ist mehr oder weniger unvollkommen, aber wenn ein Mensch nicht handelt, so ist das unentschuldbar. Würde sich ein Mensch mit dem Hinweis auf die Unvollkommenheit seines Tuns legitimieren bzw. in bezug auf eine Nichthandlung herausreden, so wäre das fatal.

Natürlich muß man sich für die Welt entscheiden. Aber es kommt immer auf den Inhalt dieser Entscheidung an, gleichermaßen auf mein

Motiv für diese Entscheidung. In Wahrheit können die Intentionen für meine Entscheidungen nur aus meinem höheren Ich kommen. Ich muß erst meine Scheiben wischen, also einen halbwegs gereinigten Astralleib schaffen, damit mich überhaupt die Intentionen meines höheren Ich erreichen können. Das steht im Zusammenhang mit der Metamorphose der Bewußtseinsseele zum Geistselbst. Selbstentscheidung artikuliert sich nach meinem Verständnis auf der Basis der Stimme des eigenen Gewissens, aber unter dem Gesichtspunkt, daß das eigene Gewissen in Kontakt mit dem höheren Selbst ist.

Krasse Egoisten als verkrüppelte Persönlichkeiten

W.W.: Ich denke, daß es heute eine größere Zahl von Menschen gibt, die ganz bewußt einen egoistischen Weg einschlagen: Karriere, möglichst viel Geld, Konsumrausch, Sorge um das eigene Outfit, Macht. Was sind das für Menschen, die diesen Weg ganz bewußt gehen?

R. Hasselberg: Aus anthroposophischer Sicht verbietet es sich eigentlich, in bezug auf solche Menschen ein Urteil zu fällen. Denn welche Instanz sollte die Motive dieser Menschen beurteilen, es sei denn, jemand sagt von sich selbst, er sei ein Egoist.

W.W.: Das sagen viele Menschen von sich und sind auch noch stolz darauf.

R. Hasselberg: Wenn ich ganz ehrlich bin, so habe ich das Gefühl, daß hier ein latenter Krankheitsprozeß vorliegt. Es kommt mir bildlich manchmal so vor, als wären es Menschen, die nur einen Arm oder ein Bein hätten, und es wäre interessant zu untersuchen, welche karmischen Gründe hier vorliegen. Eigentlich ist es eine latente Krankheit, wenn man sich nicht die Frage nach dem Sinn des Lebens stellt, warum man auf Erden ist und was der Sinn des Todes ist. Aber offensichtlich haben diese Fragen für einen krassen Egoisten keinerlei Bedeutung. Diese Fragen nicht als Lebensrealität zu spüren ist nach meinem Empfinden eine Deformation oder ein gravierendes Defizit.

W.W.: Hat ein derartig egoistisches Leben Ursachen in der Kindheit?

R. Hasselberg: Teilweise. Aber hier muß man sehr vorsichtig sein, denn kausale Bezüge greifen oft zu kurz. Es ist natürlich möglich, daß eine Kindheit sehr entbehrungsreich ist und daß die Folge dieses Mangels ein Leben ist, in dem man sich holt, was man zu beanspruchen meint. Das kann mangelnde Elternliebe sein, mangelnde Selbstbestätigung durch die Umwelt, kann auch Armut oder behinderte Fähigkeitenentwicklung sein.

Irgendwo ist es auch ein Suchtproblem. Wenn in der Kindheit und Jugend die Phantasie nicht durch inhaltsreiche Bilder angeregt wird, entsteht nach der Pubertät die Sucht nach Bildern, die durch Idole und Substitute befriedigt wird. Diese Sucht nach Bildern ist dekadent. Solche Menschen haben weit über die Zeit der Pubertät hinaus keine Ideale, sondern nur Idole. Dazu gehören natürlich auch die Sucht nach Karriere und Statussymbole aller Art. Hinter der Sucht nach diesen Dingen steckt aber meist eine verkrüppelte Persönlichkeit.

Ein anderes Moment ist es, daß Kinder in dieser Überflußgesellschaft überhaupt nicht gelernt haben zu verzichten. Wenn sie etwas möchten, bekommen sie es. Ich weiß aus meiner Kindheit, daß ich immer sparen mußte, wenn ich mir etwas Schönes wünschte. Und das hat mir gut getan. Durch diesen Triebaufschub lernt man, für das, was man sich sehr wünscht, etwas zu tun. Heute ist es bei vielen Kindern und Jugendlichen aber so, daß sie ohne jeglichen persönlichen Einsatz mit Konsumgütern überschüttet werden.

Es kann aber auch sein, daß dieser Punkt in der Kindheit und Jugend ganz normal verlaufen ist, so daß man ein späteres extrem egoistisches Leben nicht als Folge dieser Zeit ansehen kann. In diesem Fall setzt sich etwas aus der Persönlichkeit durch, was nicht nur von dieser Welt ist.

W.W.: Welche karmischen Ursachen könnten in einem solchen Fall vorliegen?

R. Hasselberg: Selbstverständlich gibt es karmische Ursachen, die man auch bei Steiner nachlesen kann. Das kann und sollte man allerdings nicht als Rezept anwenden, schon gar nicht im täglichen Verkehr mit Menschen. In einer langen und vertrauensvollen Arbeit stelle ich hin und wieder vorsichtige Fragen in diese Richtung, hüte mich aber immer vor Spekulationen. Allerdings muß ich sagen, daß ich in meiner Arbeit sehr oft den Eindruck habe, daß bei Menschen, die stark den Egoismus als bestimmendes Motiv ihres Lebens haben, ein vorgeburtliches Moment vorliegt. Es ist also sehr gut möglich, daß sich viele Menschen aus karmischen Gründen das Problem des Egoismus in dieses Leben mitgebracht haben. Und mein Ansatz in der psychotherapeutischen Arbeit ist es zu helfen, mit diesem Problem fertigzuwerden bzw. Veränderungen zu ermöglichen. Auf diese Weise kann man die Lebensbilanz eines Menschen positiv beeinflussen, so daß er – seine Eigenarbeit vorausgesetzt – im nächsten Leben eine noch positivere Bilanz bekommt. Durch die Überwindung von Egoismen können neue Erfahrungen, Lebens- und Reifungsprozesse entstehen.

Wenn ein Egoist Hilfe braucht

W.W.: Stellen wir uns einen krassen Egoisten vor, der über längere Strecken seines Lebens alles zu seinem Vorteil eingerichtet hat und niemals einen Finger für andere Menschen gerührt hat. Vorausgesetzt dieser Mensch kommt in eine Lebenskrise, vielleicht eine Krankheit, durch die er ganz und gar auf die Hilfe anderer Menschen angewiesen ist. Wie wird ein solcher Mensch voraussichtlich reagieren? Nimmt er die Hilfe anderer egoistisch an, weil er glaubt, sie stehe ihm zu, oder kommt es zu einer psychischen Störung, weil er zum ersten Mal in der schwächeren Position ist?

R. Hasselberg: Auf alle Fälle findet eine Irritation statt. Wenn ein solcher Egoist in eine Lebenssituation gerät, in der er auf Hilfe angewiesen ist, kann es sein, daß er diese Hilfe wie selbstverständlich entgegennimmt, weil ihm die aufgrund seiner selbst angenommenen Omnipotenz zusteht. In diesem Fall müßte die Umwelt korrigierend eingreifen und ihm deutlich Grenzen setzen. Im Krankenhaus oder in der Altenpflege kann man so etwas erleben. Ich schule unter anderem Hospizmitarbeiter; von daher kenne ich diese Erzählungen. Es gibt viele alte Menschen, sogar Sterbende, die einen aufgrund ihres Persönlichkeitsprofils alles abverlangen, wozu sie nach ihrer Meinung ein Recht haben. An dieser Stelle muß natürlich das Pflegepersonal korrigierend eingreifen. Ich möchte das auf keinen Fall moralisch bewerten, denn es hat auch eine positive Seite. Oft sind es Menschen, die sehr vital im Leben standen, immer für sich selbst gesorgt haben und die jetzt in eine Abhängigkeit geraten. Für solche Menschen ist es sehr schwer, plötzlich auf Hilfe angewiesen zu sein und andere Menschen um etwas bitten zu müssen. Für diese Hürde, die solche Menschen überwinden müssen, sollte man ein gewisses Verständnis haben.

Es kann aber auch geschehen, daß bei solchen Menschen, die in diese Abhängigkeitssituation geraten, ein Aufwachprozeß inauguriert wird, so daß sie noch einmal die Chance haben, ihren gesamten Wertekatalog zu überprüfen. Sie erfahren z.B. durch das Pflegepersonal oder ihre nächsten Angehörigen echte Selbstlosigkeit. Und dieses Erlebnis echter Selbstlosigkeit durch andere kann zu einem Aufwach-Erlebnis bei dem hilfsbedürftigen Egoisten führen. Solche Erlebnisse sind für diese Menschen Goldgruben, denn sie bergen die Chance, ihr gesamtes Leben noch einmal zu korrigieren. Wichtig ist natürlich, daß sich das Umfeld schult und diesem Menschen eine Chance gibt, sein bisheriges Verhalten zu ändern. Man sollte ihnen keine Moralpredigten halten, sondern eine Atmosphäre schaffen, in der er das Staunen lernen kann. Moralische Appelle nützen deswegen nichts, weil die Egoisten immer die besseren Argumente haben.

Egoisten sind einsamer

W.W.: Wie stark wird die schon angesprochene Einsamkeit Folge eines radikal egoistischen Lebens sein?

R. Hasselberg: Bei einsamen Menschen, die ein hohes Alter erreicht haben, stellt sich oft die Frage, ob sie noch begegnungswürdig sind. Ein junger Mensch hat seine Schönheit, seine Spontaneität und Unbefangenheit, seine Vitalität, und wenn er plappert, mag man immer noch gerne zuhören. Wenn dagegen alte Menschen plappern, kann man sich nicht mehr an der Frische der Jugend erfreuen, sondern man ist genervt. Ein alter Mensch muß mehr tun als ein junger. Er muß die natürlichen Attribute eines jungen Menschen durch eigene Kraft und Fähigkeit ersetzen. Und wenn er begegnungswürdig sein will, muß er einwilligen, daß er alt ist, alt darf für ihn kein Unwort sein, und er muß mittlerweile gelernt haben, daß die wahren Freuden des Lebens nicht nur die leiblichen und seelischen sind, sondern die geistigen. Nur dann ist ein alter Mensch begegnungswürdig. Wenn ein alter Mensch geistdurchdrungen ist, dann wird er auch wieder jung.

W.W.: Die Einsamkeit eines Egoisten muß aber nicht erst mit dem Alter eintreten, sondern sie kann viel früher Einzug in das Leben eines Egoisten halten, z.B. dann, wenn ihm der bisher gewohnte Erfolg plötzlich wegbricht. Insofern kann auch ein junger Mensch einsam sein.

R. Hasselberg: Für einen jungen Menschen ist die Einsamkeit noch kein so großes Thema, weil er immer noch in der Lage ist, auf die Welt zuzugehen. Vieles von der Welt kommt auch von außen auf ihn zu. Dennoch glaube ich, daß es auf der Hand liegt, daß Egoisten einsamer als andere Menschen sind, und zwar darum, weil man in ihrer Gegenwart immer spürt, daß sie etwas nehmen, aber nichts geben. So etwas findet natürlich nicht auf der Ebene des intellektuellen Austausches statt, es spielt sich auf der Ebene des gemeinsamen Lebensgefühls ab. Meist spürt man sehr genau, ob es sich um einen Menschen handelt, der einen absaugt, oder ob es ein Mensch ist, der eine eigene Persönlichkeit ist und aus dieser Kraft heraus zu geben vermag. Die Folge davon ist wahrscheinlich, daß man keine Lust hat, näheren Verkehr mit einem solchen Egoisten zu haben. Meist hat man nicht einmal Lust, sich intellektuell mit ihm zu unterhalten, denn das kann man auch mit Menschen, die zusätzlich noch atmosphärisch etwas abstrahlen, und bei denen hat man dann beides.

Eine selbstgewählte Einsamkeit ist natürlich etwas anderes, denn die gehört in die Sphäre eines autonomen Menschen.

Die Partnerschaft als Ort der Ausbeutung

W.W.: Könntest Du verschiedene Merkmale aufzählen, wie sich ein typischer Egoist in einer Partnerschaft verhält?

R. Hasselberg: Die immer häufiger werdenden Lebensabschnittspartnerschaften sind meines Erachtens ein Ausdruck egoistischer Verhältnisse. Natürlich darf man das nicht verallgemeinern. Der Egoist in einer Partnerschaft zeigt in der Tendenz folgende Merkmale: Solange der andere meine vielfältigen Bedürfnisse auf adäquate Weise erfüllt, ohne sich selbst als ebenbürtiger Bedürfnispartner ins Spiel bringen zu müssen, ist es gut. Ist der Beziehungsladen geschlossen, die Warenbeziehung abgenutzt, und ist Arbeit angesagt, dann springt ein Egoist oft in eine neue Beziehung, denn in allem Anfang wohnt ein Zauber inne, in diesem Falle allerdings ein ziemlich fauler.

Hier gibt es natürlich noch eine tiefere Schicht, nämlich wie bewußt es den Menschen ist, was sie in einer Beziehung zu erwarten bzw. nicht zu erwarten haben, was sie beanspruchen können und was sie nicht beanspruchen können. Ein Mensch, der seinen Individuationsprozeß noch nicht begonnen bzw. noch nicht abgeschlossen hat, ist prinzipiell egoistisch. Er kann gar nicht anders, weil er die Ersatzstücke seiner mangelnden Autonomie und seiner mangelnden Individuation immer beim anderen suchen wird. Ohne Selbstentwicklungsprozeß, ohne die Einsicht, daß man nicht beim anderen sucht, was man in sich selbst finden muß, wird eine Partnerschaft immer zu einem Ort der Ausbeutung.

W.W.: Könntest Du dazu einmal ein Beispiel nennen?

R. Hasselberg: Ein großes Problem in Partnerschaften ist immer das Verhältnis von Nähe und Distanz. Selbstverständlich hat man in der Verliebtheitsphase das Bedürfnis nach Berührung und Nähe. Später wird aber auch das Bedürfnis nach Distanz eintreten. Bei reiferen Menschen wird diese Distanzierung meist als ein notwendiger Akt akzeptiert, um zu sich selbst zu finden. Bei unreifen Partnerschaften – und das sind die meisten in meiner Sprechstunde – wird diese Distanzierung persönlich als Ablehnung gewertet. Jüngere Menschen sind oft so bedürftig, daß sie jeden Rückzug als gegen sich selbst gerichtet betrachten, aber nicht als einen notwendigen Prozeß, zu sich selbst zu finden.

Ein anderes Beispiel ist, daß jeder Individuationsprozeß von dem anderen fortwährend blockiert wird, weil dieser in der Individuationsgeste immerfort einen Verlust wittert. Man unterstützt dabei nicht den anderen in seinem Selbstwerdeprozeß, sondern man blockiert diesen Prozeß, weil er einen bedroht und weil er einem mit aller Schärfe die eigene Inferiorität nachweist. Das ist in den Partnerschaften ein großes Problem.

Man wirft sich Entwicklung vor

Ein etwas geringeres Problem ist, daß Männer oft beklagen, daß Frauen früher immer so lieb, nett und schön waren und nun ganz anders geworden sind. Man wirft sich sozusagen Entwicklung vor. Der eine Partner möchte den anderen gerne in einem mumifizierten Beharrungszustand belassen, denn dann ist er berechenbar. – Ein weiteres Problem ist mangelnde Treue. Ich habe oft den Eindruck, daß das Problem der Treue auf einer ganz anderen Ebene liegt, als man zunächst denkt. Ich kann keinem anderen Menschen vollkommen treu sein, wenn ich mir selbst nicht treu bin. Und dafür muß ich mir meines eigenen Wertekatalogs bewußt werden. Eine bestimmte Art der Untreue ist daher meist keine Untreue gegen den anderen, sondern ist eigentlich immer eine Untreue gegen sich selbst.

W.W.: Wird der Egoismus in der Partnerschaftsberatung auch verbalisiert?

R. Hasselberg: Selten. Es würde nicht viel bringen, das egoistische Verhalten eines Menschen in der Partnerschaft mit einem Begriff zu belegen. Statt dessen versuche ich, Übungen mit beiden Partnern zu erarbeiten. Oftmals will ein Mensch in der Partnerschaft gar nicht egoistisch sein, aber er weiß sich nicht anders zu verhalten. Wenn ich ihm den Begriff Egoismus draufklebte, würde ich ihn stigmatisieren, und dann entstünden gegenseitige Rechtfertigungen und Beschuldigungen.

In meiner Beratungsarbeit respektiere ich zunächst, daß ein Zustand bzw. ein Verhalten so ist, wie es ist. Und dann versuche ich, mit den beiden Partnern einen Übungsweg zu gehen, auf dem sie sich sukzessive verändern können. Das gelingt aber nur dann, wenn sich jemand durch dieses Übungsgeschehen wirklich verändern will. Vertrauen entsteht, wenn jemand bereit ist, sich überhaupt zu bewegen.

W.W.: Kannst Du ein Beispiel aus Deiner Partnerschaftsberatung nennen, das in den Bereich des Egoismus fällt und bei dem sich der Egoismus als Hindernis einer harmonischen Partnerschaft erweist?

R. Hasselberg: Es kommt relativ häufig vor, daß beide Partner meinen, daß sich der andere nicht für einen interessiert. Beide fühlen sich dann mißverstanden. Ich versuche dann beiden klarzumachen, daß sie unter der gleichen Not leiden. Leider ist es oft so, daß der eine von beiden Dinge vertritt, vor allem beruflich, für die sich der andere einfach nicht interessieren kann. Und dann entsteht das Problem, daß die Liebe nicht ausreicht. Ich kann mich für den anderen interessieren, solange eine gewisse Liebe und Tiefe vorhanden ist. Wenn die Liebe aber fragmentiert ist, dann wird mir das, was mich eigentlich nicht interessieren kann, auch zunehmend auf die Nerven fallen.

W.W.: Inwieweit ist ein Egoist überhaupt bindungsfähig?

R. Hasselberg: Ein starker Egoist wird wahrscheinlich viele Beziehungen eingehen, sich kurzfristig binden und diese Bindungen wieder lösen. Das wird sich nicht ausschließlich auf persönliche Bindungen beschränken, sondern vielleicht auch auf den Arbeitsplatz und andere Verbindungen im Leben. Nun ist aber ein Mensch genauso vielschichtig wie das Leben. Wenn ein Egoist viel Leid erfahren hat, z.B. daß sich auch einmal ein anderer Mensch von ihm löst, bevor er sich selbst gelöst hat – und vielleicht war es sogar mal eine Bindung, die ihm wichtig war –, dann könnte sich doch in seinem Verhalten etwas korrigieren.

Ich glaube, daß der Mensch bis zum letzten Atemzug entwicklungsfähig ist. Zumindest ist das die Kraft, aus der ich arbeite und mit der ich lebe. Ich kenne viele Menschen aus meiner Praxis, die sehr erfolgreich im Leben sind, die absolut von sich überzeugt sind, und plötzlich trifft sie eine Art Schicksalsschlag durch einen anderen Menschen, durch den sie ins Wanken geraten.

Gerade neulich hatte ich einen bekannten Arzt bei mir, der durch verschiedenste Frauenbeziehungen gegangen ist und sich nun in eine Krankenschwester verliebt hatte und glaubte, sie abgrundtief zu lieben. Aber sie wollte sich nicht auf ihn einlassen. Und daß er diese Zurückweisung erleben mußte, war für ihn sicher wichtig und notwendig. Sein Kummer und seine Verzweiflung haben mich doch sehr berührt. Und ich glaube, daß die

Engel dieses Menschen wachsam waren und ihn in diese Situation geführt haben, damit er aus seinem Egoismus herauskommt.

„Ich kann kein Egoist sein!"

W.W.: Ich kenne zwei Geschäftsleute, die zusammen eine Firma führen. Wie sich herausstellte, hat der eine die jahrelange vertrauensvolle Zusammenarbeit dergestalt ausgenutzt, daß er alle äußeren Gegebenheiten zum Schaden des anderen eingerichtet hat, und zwar vorsätzlich. Mit dem anderen habe ich gesprochen, inwieweit er geschäftlich unklug gehandelt hat, und ich habe ihn gefragt, ob er nicht genauso handeln könne. Seine Antwort war einfach und verblüffend: „Ich kann innerhalb einer vertrauensvollen Beziehung – bei Lebenspartnern, Freunden und Geschäftspartnern – nicht von vornherein alles auf Mißtrauen aufbauen und schon gar nicht so, daß ich den anderen komplett austrickse auf Kosten meines egoistischen Vorteils. Ich kann kein Egoist sein! Ich kann es nicht, obwohl ich deswegen immer wieder auf die Nase falle." – Was raten Sie einem solchen Menschen?

R. Hasselberg: Wäre dieser Mensch denn überhaupt in der Lage, seinen Geschäftspartner auch zu betrügen?

W.W.: Das habe ich ihn auch gefragt, und er sagte, daß das theoretisch überhaupt kein Problem für ihn wäre, er hätte genügend kriminelle Energie in sich, um es umzusetzen, er wüßte auch die Wege dazu, aber er wolle es nicht, da er eine innere Sperre hätte. Wenn er jemandem Vertrauen schenke, dann würde er es nicht brechen, wenn er mit einem Menschen eine Verabredung treffe, dann fühle er sich innerlich daran gebunden, und einen Freund würde er niemals betrügen. Er sagte auch, daß er eine vertrauensvoll scheinende geschäftliche Zusammenarbeit nicht von vornherein nur auf Mißtrauen und Vertrauensbruch bauen könne. Gibt es Menschen, denen ein gewisses egoistisches Potential fehlt, oder sind sie einfach nur dumm?

R. Hasselberg: Ich würde niemals einem Menschen, der eine grundsätzlich positive Eigenschaft hat, raten, einen Wertewechsel vorzunehmen und von Stund an fortwährend zum krassen Egoisten zu werden. Ich würde ihm höchstens raten, dies einmal in einer Art Probeübung durchzuziehen, um zu spüren, wie sich ein solches Verhalten anfühlt. Ansonsten würde ich diesem Menschen raten, vor allem wach zu sein. Dann würde ich ihm empfehlen, die Geste der Antipathie zu verschenken.

Auf die warnenden Stimmen lauschen

W.W.: Das habe ich nicht verstanden.

R. Hasselberg: Jeder Mensch steht in den verschiedensten Lebens- und Arbeitsverhältnissen. Wenn man eine neue Arbeitsbeziehung eingehen will, sollte man sich immer wieder aus den Arbeits- und privaten Beziehungen zurücknehmen, um in sich hineinzulauschen und sich zu fragen, was man eigentlich spürt. Ich glaube, daß man, wenn man sich das zur Übung macht, die eigene Gefühlssituation sehr viel ambivalenter erlebt, als sie vordergründig erscheint. Dann kann man lernen, eine warnende Stimme zu hören, ohne daß man konkrete Beweise für ein objektives Mißtrauen hat. Man erlebt dann, daß das Gefühl ambivalent und nicht mehr eindeutig ist. Dieses Gefühl sollte man ganz, ganz ernst nehmen. Und mit diesem Gefühl der Ambivalenz kann man die konkrete Situation anschauen, und wahrscheinlich wird man dann bemerken, daß es sich in den verschiedensten Kleinigkeiten beweist. Dann wird man sehr viel früher bemerken, ob ein Freund oder ein Geschäftspartner einen z.B. hintergehen wird oder ob andere Konfliktpunkte entstehen. Wenn man diese Wachheit übt, braucht man nicht im Vorfeld bereits rein theoretisch Mißtrauen entwickeln.

Und mit der Geste der Antipathie meine ich folgendes: Ich habe einmal in einer Einrichtung gearbeitet, in der ich einen sehr lieben Kollegen hatte. Er konnte alles, nur eines konnte er nicht: Er hatte keine Menschenerfahrung. Er war genauso wie der Mensch, den Du beschrieben hast: liebevoll, vertrauensvoll, konnte kein Egoist sein, hielt sich an Vereinbarungen usw. Aber das Tragische war, daß er die gesamte Einrichtung in den Niedergang geführt hat, denn er hatte sich nur Menschen herangeholt, die zwar ganz viel wollten und auch davon überzeugt waren, ganz viel zu können, auch sehr engagiert waren, aber sie alle hatten nicht die entsprechenden Fähigkeiten, um das, was diese Einrichtung gebraucht hätte, auch zu absolvieren. In dieser Situation habe ich ihm gesagt, daß er lernen müsse, die Geste der Antipathie zu verschenken. Ich habe ihm geraten, bei seiner zukünftigen Personenauswahl zu differenzieren, ob ein Mensch ein netter Kerl ist und ob er die Fähigkeiten hat, eine bestimmte Arbeit zu erfüllen.

W.W.: Warum benutzt Du das Verb „verschenken“ und nicht beispielsweise „ausstrahlen“?

R. Hasselberg: Für Menschen, denen es schwerfällt, egoistisch zu handeln, ist es auch schwer, antipathisch zu handeln, weil es ein Akt ist, der konträr zu dem steht, was eigentlich in der Seele leben möchte. Mit verschenken meine ich, daß man Antipathie, die man vielleicht gar nicht fühlt, aufbringt, sie aber im Sinne des Ganzen aufbringt. Um der Sache willen sollte man zu diesem Abstand bereit sein. Mit Antipathie verschenken meine ich auch, daß diese Geste überhaupt nicht emotionalisiert ist.

Man muß also wach sein, wach sein und nochmals wach sein, und man sollte ernst nehmen, was im Gefühl als erstes auftritt.

W.W.: Das Problem ist aber, so ist zumindest meine Erfahrung, daß Menschen nicht immer gleich sind. Ein Freund von heute kann morgen dein Feind sein. Menschen wandeln sich. Ein Freund kann jahrelang ein guter Freund sein, ein Mitarbeiter kann jahrelang ein guter Mitarbeiter sein, aber plötzlich tritt in ihm etwas auf, was ihn zu einem Gegner macht. Und diese Gegnerschaft, das behaupte ich jetzt einmal, konnte auch nicht durch die größte Wachheit und auch nicht durch das intensivste In-sich-Hineinhören erfühlt werden.

R. Hasselberg: Das stimmt natürlich, aber wenn man wirklich mit einem Menschen intensiv verbunden ist, sei es in einer Partnerschaft oder einer Arbeitsbeziehung, wird man bei ständigem Wachsein irgendwann den Punkt spüren, an dem sich der andere verändert, und man wird spüren, daß das Verhältnis anders als sonst ist.

W.W.: Das stimmt.

R. Hasselberg: Eigentlich läuten die Glocken zuerst im Gefühl.

Keine Lust zu Taten der Liebe

W.W.: Man bekommt den Eindruck, daß die Menschen von heute – z.B. im Vergleich zu den Menschen im Mittelalter – weniger bereit sind, selbstlos Opfer zu bringen. Ist da etwas dran, oder ist das ein Trugschluß?

R. Hasselberg: Auch mir ist es eine Frage, ob die Menschen heute wirklich weniger bereit sind, selbstlos etwas zu opfern. Das Gegenteil – alle egoistischen Taten – ist natürlich viel augenfälliger, während Taten des Opferns im Stillen vor sich gehen. Ich komme z.B. gerade aus Georgien und war dort immer wieder gerührt, unter welchen großen Opfern die Menschen dort die anthroposophischen Einrichtungen am Leben erhalten. Und das ist natürlich nicht nur in anthroposophischen Einrichtungen der Fall. Wahrscheinlich gibt es sehr viele Menschen, die still und selbstlos Opfer bringen, daher treten sie viel weniger in Erscheinung als der brachiale Egoist.

Auf der anderen Seite ist es so, daß wir nicht einfach opfern können, denn wer opfern will, muß auch etwas haben, was er opfern kann. Eigentlich sind wir aber in der Menschheitsentwicklung jetzt an dem Punkt angelangt, an dem wir beginnen, unsere Persönlichkeit aufzubauen, ein rundes kräftiges Selbst zu entwickeln, das sich ganz den Menschen zur Verfügung stellen kann. Ehe wir selbstlos opfern, müssen wir unser Selbst konstituiert haben. Da unser Selbst aber noch nicht voll ausgebildet ist, wissen wir gleichzeitig, daß wir den Großteil unserer Kräfte für uns benötigen. Deswegen haben wir weniger für selbstlose Opfer zur Verfügung.

Die selbstlosen Opfer der Menschen früherer Zeiten lassen sich nicht mit selbstlosen Opfern von heute vergleichen, denn sie entstanden nicht im inneren Kampf des autonomen Menschen, der das Gute will, aber das Schlechte tut. Damals wußte man, was man zu tun hatte, und das Opfer war implizit. Würde man heute an frühere Traditionen anknüpfen, so wäre dies ein Rückschritt. Wir können erst wieder richtig opfern und genauso neue Gemeinschaften bilden, wenn wir einen Fähigkeitenkatalog zur Verfügung haben bzw. erübt haben, der uns weitgehend als autonome Persönlichkeit ausweist. Aber davon sind wir noch ein Stück entfernt.

Es gibt eine Vortragsstelle von Rudolf Steiner, wo er über die Liebe spricht. Er sagt dort, die Menschen hätten keine Lust, Taten der Liebe zu tun, weil es ein Abtrag dessen ist, was sie schon bekommen haben. (Siehe Kasten, S.86 f.) Anhand dieses Zitates kann man verstehen, warum man zu Taten der Liebe so wenig Lust verspürt. Es ist ungefähr so, als wenn man für Geld arbeiten muß, das man schon ausgegeben hat.

W.W.: Wenn Steiner über die Überwindung des Egoismus spricht, erwähnt er oft die positive Ausweitung des Egoismus anhand des Beispiels von der Mutter und ihrem Kind. Indem die Mutter für ihr Kind sorgt und es so umhegt, als wäre es ihr eigen Fleisch und Blut, dehnt sie ihren Egoismus schon auf ein weiteres Wesen aus. Handelt die Mutter in diesem Fall wirklich selbstloser als ein anderer Mensch in einem anderen Zusammenhang?

R. Hasselberg: Die enge Beziehung zwischen Mutter und Kind beginnt bereits bei der biologischen Tatsache, daß die Mutter einem Kind durch ihren Körper Raum gibt. Und die Männer werden aufgrund der Emanzipation aufgefordert, ihr falsches Männer- und Frauenbild zu korrigieren, indem sie z.B. auch lernen, die Windeln eines Kindes zu wechseln.

Trotzdem stimmt das Bild von Steiner nur zum Teil, denn es gibt auch den Umkehrschluß. Wieviel Selbstliebe wird in das Kind hineininterpre-

Taten der Liebe

Im folgenden Beitrag stellt Steiner die Liebe in den Rahmen von Reinkarnation und Karma. Taten der Liebe seien eine Abschlagszahlung für die Vergangenheit und haben als karmische Wirkung vordergründig keinen positiven Ausgleich. Unser Sein, unsere irdische Verkörperung, unseren Geist verdanken wir höheren Schöpferwesen. Und indem wir Interesse und Liebe für die Schöpfung, für alles Sein aufbringen, zahlen wir unsere Schulden ab, schöpfen aber gleichzeitig mit unseren Liebestaten etwas Neues:

„Alles, was wir aus Liebe tun, stellt sich so heraus, daß wir damit Schulden bezahlen! Okkult gesehen bringt alles, was aus Liebe geschieht, keinen Lohn, sondern ist Ersatzleistung für bereits verbrauchtes Gut. Die einzigen Handlungen, von denen wir in der Zukunft nichts haben, sind diejenigen, die wir aus echter, wahrer Liebe tun. Man könnte erschrecken über diese Wahrheit. Zum Glück wissen die Menschen in ihrem Oberbewußtsein nichts davon. In ihrem Unterbewußtsein aber wissen es alle Menschen, darum tun sie so ungern die Taten der Liebe. Das ist der Grund, warum so wenig Liebe in der Welt ist. Die Menschen fühlen instinktiv, daß sie von den Taten der Liebe für die Zukunft nichts haben für ihr Ich. [...]

Interesselosigkeit, krassester Egoismus ist es, wenn die Menschen kein Interesse haben an der Welt. Interesse an allem Sein haben, das ist Menschenpflicht. Wünschen wir also und lieben wir die Sonne mit ihrer Schöpfungskraft, mit ihrer Liebe für das Gedeihen der Erde und der Menschenseelen! Dieses Lernen des Erdenwerdens, das soll sein die geistige Aussaat für die Liebe zur Welt. [...]

Die Liebe, die sinnliche, ist der Ursprung für das Schöpferische, das Entstehende. Ohne sinnliche Liebe würde es nichts Sinnliches mehr geben auf der Welt; ohne die geistige Liebe entsteht nichts Geistiges in der Entwickelung. Wenn wir Liebe üben, Liebe pflegen, so ergießen sich Entstehungskräfte, Schöpferkräfte in die Welt. Sollen wir das durch den Verstand begründen? Die Schöpferkräfte haben sich doch auch in die Welt vor uns und unserem Verstande ergießen müssen. Gewiß, als Egoisten können wir der Zukunft die Schöpferkräfte entziehen; aber die Liebestaten und die Schöpferkräfte der Vergangenheit, die können wir nicht auslöschen. Den Taten der Liebe der Vergangenheit schulden wir unser Dasein. So stark wir dadurch sind, so stark auch sind wir der Vergangenheit verschuldet, und was wir an Liebe jemals aufbringen können, ist Schuldenbezahlen für unser Dasein. Daher werden wir begreifen die Taten eines hochentwickelten Menschen, denn ein hochentwikkelter Mensch hat größere Schulden an die Vergangenheit. Weise ist es, seine Schulden zu bezahlen durch Taten der Liebe. Der Impuls zur Liebe wächst mit dem Höherkommen eines Menschen; Weisheit allein genügt dazu nicht.

Die Bedeutung der Liebe im Wirken der Welt wollen wir uns so vor die Seele führen: Liebe ist dasjenige, was uns immer auf Lebensschulden der Vergangenheit verweist, und weil wir vom Bezahlen der Schulden für die Zukunft nichts haben, darum haben wir selbst nichts von unseren Liebestaten. Wir müssen unsere Liebestaten zurücklassen in der Welt, da aber sind sie eingeschrieben in das geistige Weltengeschehen. Wir vervollkommnen uns nicht durch unsere Liebestaten, nur durch die anderen Taten, aber die Welt wird reicher durch unsere Liebestaten. Denn Liebe ist das Schöpferische in der Welt."

(Rudolf Steiner: „Die Liebe und ihre Bedeutung in der Welt", in: GA 143/1970/17.12.1912/S.206 ff.)

tiert, indem die Kinder als verlängerter Arm der Eltern angesehen und erzogen werden! Die Beziehung zwischen Eltern und Kind kann also auch sehr egoistisch geprägt werden, und dabei handelt es sich nicht um die positive Ausweitung des Egoismus, wie Steiner es versteht.

Ich kenne auch Fälle, daß die Frauen unbewußt schwanger werden, um sich auf Kosten der eigenen Individuation durch die Geburt eines Kindes von der Welt zurückzuziehen. Und auf der anderen Seite sind Menschen, die keine Kinder haben, deswegen noch lange nicht egoistischer, denn sie können die Zeit und Kraft, die sie in der Entwicklung für ihre eigene Individuation aufgewendet haben, später mit größerer Intensität der Welt zur Verfügung stellen. Und wer will an dieser Stelle ein Urteil fällen?

Einsame Menschen sind geschwächter

W.W.: Wie kann man lernen, ein gesundes Verhältnis zwischen Altruismus und Egoismus zu entwickeln?

R. Hasselberg: Als erstes ist der Selbsterkenntnisakt notwendig, daß ich mir schonungslos meiner Egoismen bewußt werde, ohne daß ich erschreckt vor mir davonlaufe. Als nächstes muß ich lernen, Freiräume zu eröffnen, in denen sich der andere Mensch artikulieren kann. Die Räume, die ich zur Verfügung stelle, muß ich aber frei gestalten können.

Es gibt verschiedene Ebenen. Beispielsweise kann ich durch Erfahrung lernen, indem ich infolge besonders viel egoistischen Verhaltens die Rechnung präsentiert bekomme. Das Resultat ist Einsamkeit, Zurückweisung und unter Umständen auch eine psychosomatische Erkrankung. Man kann medizinisch nachweisen, daß einsame Menschen viel geschwächter sind als

Menschen, die kommunikativ in menschliche Beziehungen eingebunden sind.

Die von Dir gestellte Frage kann aber eigentlich jeder Mensch für sich nur dann beantworten, wenn er vorher für sich geklärt hat, was der Sinn seiner Erdenexistenz ist. Eine Herzenshälfte sollte dabei für die Welt schlagen, die andere für die eigene Entwicklung. Ich muß ein gesundes Verhältnis in mir erspüren zwischen dem, was die Welt braucht, und dem, was ich selbst brauche. Es gibt Zeiten, in denen kann ich der Welt viel zur Verfügung stellen, weil ich kräftig bin, und es gibt Zeiten, in denen ich meine gesamten Kräfte für mich selbst benötige. Für die richtige Gewichtung dieser zwei Seiten in mir muß ich wach werden. Man muß ein Gespür dafür bekommen, ob man durch die Anforderungen der Welt zu Taten gezwungen wird oder ob man in der Lage ist, aus Freiheit zu handeln.

Übungen zur Überwindung des Egoismus

W.W.: Gibt es Übungen, sich des eigenen verkappten Egoismus bewußt zu werden?

R. Hasselberg: Eine Übung wäre z.B., daß man bis zur nächsten Therapiestunde alle wesentlichen Dinge und Handlungen der letzten Woche aufschreibt und die Motive des eigenen Handelns bewußt herauszufinden versucht. Das ist schon ein erster besonderer Schritt, wenn man auf die Motive seines Handelns schaut. Vielleicht wird man sich dann klar, aus welchen Schichten die eigenen Motive eigentlich bestehen.

Eine andere Übung habe ich einmal in einem Biographiearbeit-Seminar durchgeführt, eine Übung zur Überwindung des Egoismus. Am Morgen des letzten Seminartages habe ich den Teilnehmern gesagt, daß sie bis zum Abend auf etwas verzichten mögen, was ihnen existentiell wichtig ist. Das war die Tafel Schokolade beim pensionierten Waldorflehrer, beim kribbeligen Doktor die Zigarette nach dem Essen, bei einem anderen die tägliche Zeitung und vieles mehr. Es waren die unterschiedlichsten Verzichtleistungen, an denen Überwindung geübt wurde. Im Vorfeld zu dieser Übung hatte ich die Teilnehmer noch gebeten, genau zu beobachten, was sie bei dieser Verzichtleistung für Empfindungen haben. Es war unglaublich interessant, was bei der Überwindung einer Gewohnheit alles erlebt wurde.

W.W.: Was erlebten sie?

R. Hasselberg: Sie erlebten in der Überwindung einer Gewohnheit im selben Moment einen Zuwachs ihres eigenen Ich.

W.W.: Selbst bei dem Verzicht auf die eine Zigarette?

R. Hasselberg: Ja, es wurde genauso ausgesprochen, wenn auch nicht von jedem, aber viele Teilnehmer waren Anthroposophen und konnten es genau auf diesen Punkt bringen.

Wenn ich einen Menschen in der therapeutischen Arbeit zu dem Erlebnis bringe, daß er durch die Überwindung seiner egoistischen Gewohnheit auf einer höheren Ebene beschenkt wird, dann bekommt er ein Gespür für den Satz: Wer den Geist nicht kennt, der kennt die Leckerbissen des Lebens nicht. Diese Leckerbissen sind noch weitaus leckerer als die schönsten Speisen für einen Gourmet.

In meinen Biographieseminaren mache ich noch eine andere Übung. Jeder Mensch hat sich im Leben eingerichtet und beansprucht einen mehr oder weniger großen Raum um sich. Ich sage dann meinen Teilnehmern, daß sie genau realisieren sollen, wie viele Menschen um sie herum ihnen geistig, seelisch und physisch das Dasein ermöglichen. – Beide Übungen sind Bewußtseinsprozesse, unter keinen Umständen aber ein moralischer Appell. Mit diesen Übungen soll eine Erfahrung einhergehen, denn eine Erfahrung ist sehr viel weitgehender als moralische Appelle.

Er schmierte im Eurythmiesaal seinen ganzen Körper mit Negerküssen ein

W.W.: Hast Du weitere Übungen durchgeführt?

R. Hasselberg: Mit Studenten habe ich Übungen durchgeführt, wie man Gewohnheiten überwindet und zu neuen Freiräumen kommt. Die Studenten hatten drei Stunden Zeit und die Aufgabe, etwas zu machen, was sie noch niemals in ihrem Leben gemacht hatten. Nach drei Stunden kamen sie wieder an. Der eine war in einen eiskalten Fluß gesprungen, ein anderer hatte öffentlich in der Altstadt gesungen und mit einem Topf Geld eingesammelt, eine andere ging auf eine Baustelle und überredete die Bauarbeiter, einmal schweißen zu dürfen. Zuerst wollten sie nicht, es sei hochgefährlich, sie hätte keine Brille usw. usf. Aber schließlich hatte sie sie überredet und schweißte zum ersten Mal in ihrem Leben. Und einer – das war das Allerlustigste – hatte sich 50 Negerküsse gekauft, sich im Eurythmiesaal ausgezogen und sich von oben bis unten mit diesen Negerküssen eingeschmiert.

Diese Übungen haben auch etwas mit der Überwindung des Egoismus zu tun, denn man verläßt Altvertrautes und lernt sich in einer anderen

Situation kennen. Man beginnt etwas Neues, steht auch irgendwie vor einem Abgrund, hat vielleicht Angst vor dem Unbekannten. Man lernt unmittelbar, etwas Neues zu probieren, und das ist ein Schritt, der zur Gesundung führt. Man überwindet dabei den gewohnten Zustand: Das kann ich, so bin ich, so bleibe ich! Wenn ich so eine Übung mache, kann ich mir eine Woche das Diskutieren mit Studenten sparen, indem ich sie auffordere, sich zu verändern.

Interesse für die Welt

W.W.: Ist der Kardinalweg zur Überwindung des Egoismus nicht die Wendung, von sich selbst loszukommen, indem man sich für andere Menschen, für die Probleme der Zeit und die Welt interessiert?

R. Hasselberg: Auf jeden Fall. Die Überwindung des Egoismus geschieht in allererster Linie dadurch, daß ich mich für die Welt interessiere. Ich interessiere mich für meine Mitmenschen, und ich will meinen Betrag für diese Welt leisten. Es ist ein Höchstmaß an Egoismusüberwindung, alles, was ich gelernt habe und was ich tue, der Welt zur Verfügung zu stellen. Das soll kein kategorischer Imperativ sein, sondern ein Handeln im Sinne der „Philosophie der Freiheit“: Man weiß, was man tut, man will es, man liebt das, was man tut, und man will nichts anderes als diese Taten tun. Und wenn man diese Taten nicht tut, so ist dies ein Erkrankungsprozeß. Es ist des Menschen Bestimmung, das, was er bekommen und erfahren hat, was er gelernt und erlebt hat, unter allen Umständen an die Welt weiterzugeben. Das ist der durchgreifendste Moment, Egoismus zu überwinden. Und dieser metamorphosierte Egoismus, diese Kraft der Egoismusüberwindung ist die gleiche Kraft, mit der ich in der ersten Lebenshälfte meine Persönlichkeit aufbaue.

Menschliche Beziehungen als Glück oder als Todesurteile

W.W.: Auf einer einsamen Insel kann man diesen Egoismus schlecht überwinden. Inwiefern gehören zu diesem Überwindungsprozeß andere Menschen?

R. Hasselberg: Beziehungen zu anderen Menschen sind überlebensnotwendig. Es gibt ein schönes Wort von Schiller: „Sagt mir der Freund, was ich kann, so sagt mir der Feind, was ich soll.“ Das bedeutet, daß andere Menschen mich auf meine eigenen Grenzen aufmerksam machen, andererseits können menschliche Beziehungen meine Grenzen aber auch erweitern. Wir alle stehen in Beziehungen zu verschiedensten Menschen und entwickeln unter ihren Augen, unter ihrem Wohlwollen, unter ihrer Kritik die verschiedensten Fähigkeiten. Menschliche Beziehungen – das kann ich aus meiner langjährigen therapeutischen Erfahrung sagen – können ein ungeheures Glück, aber sie können genausogut auch Todesurteile sein. Das meine ich sehr ernst!

Menschliches Glück hängt sehr davon ab, wie Menschen untereinander menschliche Beziehungen gestalten. Es ist ein ungeheurer Schatz, wenn wir wissen, daß wir in den Herzen und in dem Bewußtsein vieler Menschen leben. Dann fühlt man sich sicher und aufgehoben. Andere Menschen fordern uns also zur Veränderung auf, zeigen uns Grenzen, aber sie geben uns auch die Möglichkeit, uns zu erweitern. Eigentlich erlebt man alles in menschlichen Beziehungen: Mitleid, Liebefähigkeit, Abgrenzung, Entwicklung neuer Fähigkeiten, wir können uns wohl fühlen, genausogut aber auch unverstanden, einsam und verlassen, verletzt, ausgebeutet und mißbraucht. Die gesamte Palette seelischer Fähigkeiten und Eigenschaften kann im Zwischenmenschlichen erlebt werden. Und das kann des Menschen Glück oder auch sein Todesurteil sein!

W.W.: Gibt es noch andere Übungen zur Überwindung des Egoismus?

R. Hasselberg: Steiner spricht darüber, daß der Mensch in bezug auf andere Menschen sehr stark in Sympathien und Antipathien lebt. Diese Sympathien und Antipathien erleben wir besonders stark in menschlichen Gemeinschaften. Ohne sie wären wir gar keine Menschen, sondern nur Fragmente. Vor Jahren erlebte ich z.B. eine Frau auf einem Seminar, die sich mir gegenüber sehr devot verhielt, was mir fürchterlich auf den Wekker ging. Der Höhepunkt ihrer Unterwürfigkeit war, daß diese umkippte und sie nun mit mir zu konkurrieren begann. Das ärgerte mich noch mehr, und ich gestehe, daß ich ihr gegenüber eine ungeheure Antipathie entwikkelte. Ich wußte nicht, wie ich mich ihr gegenüber verhalten sollte.

Ich nahm etwas Abstand von ihr, was mir sehr schwer fiel, da ich sehr giftig auf sie war. Währenddessen schaute ich sie mir innerlich an, dazu ihren Mann, und habe dann das Ganze auf mich wirken lassen. Durch diesen Abstand zu ihr und zu meiner Antipathie stieg einfach Mitleid auf mit dieser Frau auf, und zwar weil ich mit ihrer inneren Not, die sie mit sich selbst hatte, ansichtig wurde. Ich bin später zu ihr hingegangen und habe sie herzlich in den Arm genommen habe. Das war wie eine Erlösung für uns beide.

So etwas gelingt mir natürlich nicht immer. Aber die Voraussetzung für die Überwindung von Sympathie und Antipathie ist der Abstand und das Lernen, eine Situation neutral und in Freiheit anzuschauen. Auch das ist eine Übung, Egoismus zu überwinden.

Auf der anderen Seite ist man natürlich genauso unfrei, wenn man für einen anderen Menschen schwärmt. Auch in so einer Situation sollte man einmal zurücktreten und sich diese andere Person genau anschauen. Dann wird einem vielleicht bewußt, daß dasjenige, für das man schwärmt, gar nicht so zu beschwärmen ist oder daß das Gefühl des Schwärmens etwas ist, was man aus Eigennutz kultivieren möchte.

Die durchgreifendste Übung zur Überwindung des Egoismus ist aber die Meditation. Das ist die einzig wirklich freie Tat, die wir tun können. Und ich möchte mit dem Kernsatz zur Überwindung des Egoismus schließen, dem Paulus-Wort: „Nicht ich, sondern der Christus in mir."

Zuerst komme ich

Interview mit Josef Kirschner

von Wolfgang Weirauch

Josef Kirschner, *geb. 1931, verheiratet, Vater von zwei Söhnen. Er durchlebte alle drei Klassen unserer Gesellschaft. Als ein zur Unterordnung erzogener Dummer, dem nichts wichtiger war, als anderen zu gefallen. Als Schlauer trieb er als Chefredakteur, TV-Moderator und Werbe-Guru seine Karriere auf die Spitze. Heute lebt er frei und glücklich in einem Bauernhaus in Österreich und erprobt mit seiner Familie das Leben, wie er es immer schon leben wollte.*

Buchveröffentlichungen u.a.: „Manipulieren, aber richtig" (Zürich 1974); „Die Kunst, ein Egoist zu sein" (Locarno 1976); „Die Kunst, ohne Überfluß glücklich zu leben" (Locarno 1980); „So siegt man, ohne zu kämpfen" (München 1987); „Die 100 Schritte zum Glücklichsein" (München 1997); „Die Egoisten-Bibel" (München 1999); „Das Egoisten-Training" (München 2000); „Das Partner-Training" (München 2001).

Josef Kirschners Egoismusbegriff ist der der Selbstverantwortlichkeit. Erst wenn man bei sich beginnt, mit sich im Reinen ist, seine Fähigkeiten steigert, einen ausgeglichenen Lebensrhythmus pflegt, sich der Manipulation des Lebens und der Menschen erfolgreich versagt, ist man auch in der Lage, aus Freiheit für die anderen Menschen oder die Welt da zu sein. Aber an erster Stelle steht man selbst, in jeder Hinsicht!

Kirschner hat die Menschheit in ein Drei-Klassen-System eingeteilt: in die Dummen, die Schlauen und die Gescheiten. Die breite Masse, die keine eigenständigen Gedanken hat und sich manipulieren läßt, sind die Dummen, diejenigen, die sie steuern und ihnen Befehle erteilen, die Schlauen, während die Gescheiten diejenigen sind, die aufgrund einer selbsterworbenen Lebenskunst wissen, was sie tun und lassen wollen.

Das Leben ist für Josef Kirschner ein manipulatives Spiel, in dem jeder vorerst ein Gegner von einem selbst ist. Deshalb bedarf es gewisser Künste und Taktiken, um in diesem Spiel des Lebens, im Kampf um die individuelle Vorherrschaft, nicht unterzugehen. Dabei geht es aber nicht vordergründig um Kampf, sondern um Selbstverwirklichung und Selbstbehauptung, um die Entwicklung einer freien Persönlichkeit, die nicht die anderen Menschen besiegen möchte, sondern sich selbst.

Egoismus heißt Selbstverantwortlichkeit

Wolfgang Weirauch: Was ist für Sie Egoismus?

Josef Kirschner: Egoismus ist eine individuelle Lebenseinstellung. Diese Definition verstehe ich im Gegensatz zur allgemein gebräuchlichen Definition des Begriffs Egoismus, die meist einer moralisierende Strategie dient. Egoisten seien schlecht, Altruisten gut, so heißt es dann meistens. Meine Definition von Egoismus ist Selbstverantwortlichkeit. Ich glaube, daß das Zusammenleben mit anderen Menschen erst an zweiter Stelle steht, während ich mich zuvörderst derjenigen Kategorie des Lebens unterordnen möchte, das Leben mit mir selbst zu klären.

Ich habe während meines Lebens immer wieder beobachtet, daß viele der Schlauen – so wie ich diese Definition verstehe – Gemeinschaftsmoral dazu benutzen, um sich vor der Eigenverantwortlichkeit zu drücken. Viele, die uns die Gesetze vorschreiben, auch die moralischen, befolgen sie selbst nicht und benutzen sie nur als manipulatives Instrument. Und jemand, der sich moralischen Maßstäben unterwirft, ist leichter manipulierbar. Meine Einstellung zum Egoismusbegriff ist weder theoretisch noch moralisierend, sondern es ist meine ganz eigene persönliche Lebensphilosophie, nach der ich bereits 40 oder 50 Jahre lebe und aus der ich Strategien entwickle. Und diese Erfahrungen und Ideen beschreibe ich in meinen Büchern.

W.W.: Ist jeder Mensch ein Egoist, bzw. sollte jeder Mensch ein Egoist werden?

J. Kirschner: Ich empfinde mich nicht als Prediger, der von anderen etwas fordert. Ich messe alle Bereiche des Lebens immer an mir selbst. Natürlich wird jeder Mensch als Egoist geboren, um im weiteren Verlauf sein Leben selbst zu bestimmen. Wenn dem nicht so wäre, dann würde die Menschheit eine Schafherde sein. Jeder Mensch hat die Fähigkeit, für sich selbst zu denken und zu handeln. Es scheint mir schon ein Naturauftrag zu sein, daß man in erster Linie dafür sorgt, daß man selbst überlebt, körperlich und geistig. Insofern glaube ich schon, daß jeder Mensch auch ein Egoist werden sollte.

„Mein Leben selbst bewältigen"

W.W.: Was hat Sie auf die Idee gebracht, bzw. welche Lebenserfahrungen haben Sie dazu geführt, „Die Egoisten-Bibel" (München 1999) zu schreiben?

J. Kirschner: Als Kind habe ich den Zweiten Weltkrieg miterlebt und war 14 Jahre alt, als er zu Ende war. Ich habe Bomben, verschüttete Menschen und zerstörte Häuser erlebt und wohnte in einem Bundesland Österreichs, das von den Russen besetzt war. Ich habe Hunger erlitten und bin quasi ohne Vater aufgewachsen, da er erst später aus der Kriegsgefangenschaft heimkam – und solche schweren Zeiten prägen einen natürlich. Durch diese Zeit bedingt ist in mir das Bedürfnis entstanden, mein Leben selbst zu bewältigen.

Nach dem Krieg, als man wieder alles lesen durfte, bekam ich viele literarische und wissenschaftliche Werke in die Hand, in denen der Individualismus als Lebensziel beschrieben worden ist. Hinzu kam noch, daß ich eher ein introvertierter Typ war, der von anderen Menschen ausgenutzt worden ist.

Später hat sich diese Lebenseinstellung verfestigt, als ich mit Henri Kissinger an der Harvard-Universität studierte und in Massachusetts einen Wahlkampf miterlebte. Durch die Art der amerikanischen Wahlkämpfe habe ich mich dann näher mit der Problematik der Manipulation von

Menschen beschäftigt: Wie werde ich manipuliert? Wie kann ich mich wehren? Wie kann ich mich durchsetzen? Das Ergebnis war mein Buch „Manipulieren – aber richtig" (Zürich 1974). Später haben sich dann daraus meine Bücher über das Thema Egoismus entwickelt. Aber ich betone noch einmal, daß alle meine Werke aus meiner eigenen Entwicklung entsprungen sind.

Ab einem gewissen Punkt verdiente ich auch mehr Geld, als ich benötigte, und dann habe ich über die Kunst, im Überfluß glücklich zu leben, geschrieben. Alles sind Phasen meiner eigenen Lebensbewältigung hin zu dem Ziel, das mir immer vorgeschwebt hat: ein freier, mündiger und aus eigener Kraft glücklicher Mensch zu sein. Das ist bis heute mein oberstes Lebensziel.

Die drei Klassen der Gesellschaft

W.W.: In einigen Ihrer Bücher teilen Sie die Menschen in drei große Gruppen ein, in die Dummen, Schlauen und die Gescheiten. Können Sie diese kurz charakterisieren?

J. Kirschner: Die Dummen sind die Leute, die nicht selbst für sich denken. Sie suchen sich andere Menschen, die ihnen sagen, was sie denken und glauben sollen. Die Schlauen erkennen diesen Zustand und geben den Dummen das, was sie brauchen bzw. wollen, und davon profitieren sie selbst. Die Schlauen nutzen das Bedürfnis der Dummen nach Orientierungshilfe aus und ziehen daraus ihren Gewinn. Die Gescheiten stehen gelassen beiseite, denn sie sind diejenigen, die selbst wissen, was sie brauchen und wollen, und sie suchen nach Möglichkeiten, ihre Lebensziele aus eigener Kraft zu erreichen.

Um ein Gescheiter zu werden, erfordert es Alternativstrategien zu denen, die in unserer Gesellschaft vorliegen. Schon von der Kindheit an werden wir geprägt, durch Eltern und Schule werden wir nach dem Prinzip des Angstmachens, der Bedrohung und Erpressung erzogen. In der Schule darf man nur reden, wenn man aufgefordert wird, und in den meisten Berufen muß man das ausführen, was die Chefs sagen. Nach meiner Beobachtung sind die meisten Menschen froh darüber, in irgendwelchen geordneten Bahnen eingeordnet zu sein, und wenn ihnen jemand sagt, wo es langgeht. Viele Menschen haben wirklich Angst vor der Freiheit. Seit meinem 17. Lebensjahr ist es mein Bedürfnis und mein Wunsch, meine alternative Selbsterziehungsstrategie zu finden und auch zu praktizieren.

„Zuerst frage ich mich selbst“

W.W.: Sie schreiben in Ihrer Egoisten-Bibel, daß man Entscheidungen für sich und nicht für andere fällen und daß man an sich und nicht an andere glauben solle. Warum soll man Entscheidungen für sich fällen, und warum mindert der Glaube an andere den Glauben an sich selbst?

J. Kirschner: Wenn ich selbst nicht weiß, was ich will, und wenn ich selbst nicht bereit bin und die Kraft habe, meine Bedürfnisse und Wünsche durchzusetzen, um sie zu befriedigen, dann nützen einen die anderen Menschen immer mehr aus. Das ist dann tatsächlich so wie der bekannte Spruch, daß man jemandem einen kleinen Finger reicht, dieser aber die ganze Hand nimmt.

Wenn ich mich daran gewöhne, Mercedes zu fahren, weil ich diesen Wagen als Bestätigung meines Selbstwertgefühls brauche, dann werde ich von dieser Marke in hohem Grad abhängig, und diese Abhängigkeit vermindert mein wirkliches Selbstwertgefühl. Der Mercedes übt dann eine Ersatzfunktion aus. Und je mehr ich von solchen Ersatzbefriedigungen abhängig bin, desto weniger Selbstwertgefühl habe ich. Und um so weniger traue ich mir zu. Denken Sie nur an die zigtausend Zuschauer in einem Fußballstadion: Das sind Voyeure zur Befriedigung der Selbstbestätigung, die sie sich selbst nicht geben können. Statt dessen haben sie ihre Helden, ihre Popstars, ihre Idole. Ich will das nicht werten, aber es gibt viele Menschen, die so etwas brauchen.

W.W.: Alles, was man fürs Leben brauche, sei in einem, schreiben Sie in Ihrer Bibel. Man solle auf die eigene Stimme hören, um niemanden zu fragen. Kann man nicht auch durch andere Menschen etwas lernen?

J. Kirschner: Selbstverständlich! Meine Kategorie ist allerdings: Zuerst frage ich immer mich selbst, zuerst tue ich alles, was ich durch Eigenverantwortlichkeit für mich tun kann. Wenn ich hier an Grenzen stoße, einfach deswegen, weil ich etwas nicht weiß, werde ich selbstverständlich auch andere Menschen und ihre Erfahrungen miteinbeziehen. Aber meine Kategorie ist: Zuerst ich selbst!

Wenn ich alles, was ich selbst tun kann, für meine Gesundheit aufwende, brauche ich nur sehr selten einen Arzt. Wenn ich aber alles aus der Beschäftigung mit mir selbst herausfinden kann, dann ist auch der Arzt für mich ein Partner und nicht jemand, an den man die gesamte Verantwortung für die eigene Gesundheit abgibt. In letzterem Fall verweigere ich dem Arzt die Partnerschaft, und mir selbst gestehe ich nicht die Verantwortung zu nachzudenken. Man sollte täglich nachdenken, was man selbst braucht.

Ich selbst meditiere jeden Tag eine halbe Stunde, und plötzlich entstehen aus mir heraus Ideen, oder ich merke an meinem Körper, wo etwas nicht stimmt. Diese Signale des Körpers würde ich im Trubel des Alltags nicht wahrnehmen. Das Problem sehr vieler Menschen ist, daß sie sich ihrer Körperkräfte berauben, und das Skurrile ist, daß sich viele auch noch für gesund halten, wenn ihnen gerade ein Magengeschwür herausoperiert worden ist. Statt dessen sollten sie lieber daran denken, was sie vorher hätten tun können, um dieses Magengeschwür nicht zu bekommen.

Auch die meisten Raucher erkennen, daß ihr Zigarettenkonsum nicht unbedingt gesund für sie ist, aber sie haben nicht das Instrumentarium, sich das Rauchen abzugewöhnen. Ich war früher auch Raucher und habe es mir durch autogenes Training abgewöhnt. Und ich bin heute in meinem 71. Lebensjahr in einem erstaunlich guten Zustand, was wahrscheinlich daran liegt, daß ich sehr bewußt lebe. Ich mache jeden Tag Gymnastik und meditiere eine halbe Stunde, gebe also meinem Körper und meinem Geist das, was sie brauchen. Das heißt nicht, daß ich nicht hin und wieder mit meinen Nachbarn eine Schnapsrunde im Dorf einnehme und dann feuchtfröhlich nach Hause marschiere. Aber dann gebe ich am nächsten Tag meinem Körper ganz bewußt die Chance, sich davon wieder zu erholen.

Jeder Mensch ein Gegner

W.W.: Sie sehen das Leben bzw. das gegenseitige Verhältnis zwischen Menschen als manipulatives Spiel an, in dem jeder Mensch ein Gegner ist. Wie kommen Sie zu dieser Ansicht?

J. Kirschner: Meine Beobachtung ist es, daß wir alle das Bedürfnis nach Geborgenheit, Verständnis und Liebe haben, aber kaum treffen sich zwei Menschen, beginnt schon der Kampf um die Vorherrschaft. Man braucht sich nur die Ehen anzuschauen. Es ist sicher kein Zufall, daß jede dritte Ehe geschieden wird, und bald wird es wahrscheinlich jede zweite sein. Das heißt, daß man keine Lösungen für die Gemeinsamkeit der Menschen unter- und miteinander hat. Zu diesem Thema erscheint von mir in diesem Herbst ein Buch mit dem Titel „Partner-Training". Ich sage in diesem Buch, daß wir es in diesem Leben lernen müssen, daß wir trainieren müssen, miteinander zu leben und nicht gegeneinander.

Ich finde es höchst seltsam, daß man aus einem Moment heraus eine Partnerschaft eingeht, sich Treue schwört, bis einen der Tod scheide, obwohl man gar nicht weiß, wie man das im Miteinander machen soll. Die Kirche gibt dazu die Sanktion, der Standesbeamte spricht ein paar Sprüche, die er auswendig gelernt hat, und dann werden die Ringe getauscht. Aber was kommt dann? Es reicht nicht, daß man verliebt ist oder glaubt, sich zu lieben, sondern man muß das Zusammenleben trainieren. Auch ich trainiere mich selbst, um meinem Ziel, frei und glücklich zu sein, mit jedem Tag meines Lebens näherzukommen.

W.W.: Hat Ihnen noch nie jemand selbstlos etwas Gutes getan?

J. Kirschner: Nein, ich kann mich nicht erinnern. Das muß auch nicht sein.

W.W.: Ein solcher Mensch wäre nach meiner Auffassung kein Gegner.

J. Kirschner: Das mag sein. Aber um es ein wenig provokant zu formulieren: Ich glaube auch nicht, daß Mutter Teresa selbstlos war, sondern daß sie ihren größten Wunsch, ihr größtes Bedürfnis erfüllt hat, Zigtausende von Menschen beim Sterben zu begleiten. Ihr Opfern war Teil ihres egoistischen Wunsches, glücklich zu sein. Selbstlos als Begriff bedeutet für mich, daß sich ein Mensch vollkommen aufgibt, und ich halte es nicht für ratsam, daß jemand, der von Natur aus dazu geschaffen ist, auf seine individuelle Weise zu überleben, sich selbst aufgibt. Aber wer das als sein Bedürfnis empfindet, erfüllt sich auch den egoistischen Wunsch, auf seine Weise glücklich zu sein. Und da jeder das Recht hat, auf seine Weise glücklich zu sein, hat auch jeder das Recht, egoistisch zu sein. Das gilt für jeden Menschen, auch wenn nicht jeder davon Gebrauch macht, weil er sich in der Masse der Menschen wohler fühlt.

Den Gegner ins Leere laufen lassen

W.W.: Sie geben sieben Verhaltensweisen an, die Aggressionen des Gegners im manipulativen Spiel des Lebens ins Leere zu lenken, bis er sich mit seiner eigenen Energie selbst besiegt. Die sieben Verhaltensweisen sind: „Wenn ein Gegner Dich beleidigt, unterbrichst Du ihn nicht. Du hörst ihm geduldig zu, bis er nichts mehr zu sagen hat. – Wenn er ernst ist, bringst Du ihn zum Lachen. – Du lenkst ihn mit Fragen, bis er für Dich ist statt gegen Dich. – Du gibst ihm recht, auch wenn er im Unrecht ist. – Du machst entschlossen Deinen Standpunkt klar, damit der Gegner weiß, wie weit Du gehen willst. – Du wiederholst beharrlich Deinen Standpunkt, bis der Gegner es aufgibt, Dich von seinem Standpunkt überzeugen zu wollen. – Du rechtfertigst Dich nie, sonst bist Du in der Defensive." (Egoisten-Bibel, S.51 f.)

Sind Sie zu dieser Strategie aufgrund Ihrer Lebenserfahrung gekommen?

J. Kirschner: Nein, das ist eine Abwehrstrategie, die aus dem Japanischen kommt. Bei diesem Aikido gibt es keinen Wettkampf, es ist lediglich Abwehr. Oder nehmen Sie den Grundsatz des Jiu-Jitsu: „Beuge Dich so wie die Weide und laß Deinen Gegner ins Leere laufen." Ähnliche Elemente gibt es auch im Zen-Buddhismus. Durch diese östlichen Praktiken wurden mir meine eigenen Ideen erst bewußt, und sie mündeten in dem Buch: „So siegt man, ohne zu kämpfen" (München 1987). Dieses Buch ist jetzt in Japan erschienen, und es wurden innerhalb von sieben Monaten 73.000 Exemplare verkauft.

Ich habe für mich die Regel entwickelt: Laß den Angriff des Gegners an Dir vorbei ins Leere gehen, bis er einsieht, daß es keinen Sinn mehr hat. Er kann mich nicht besiegen, weil ich ihn nicht besiegen will. Das ist eine Vorstellung, die sich bei mir im Laufe der Zeit gebildet hat. Ich lasse den Gegner so lange ins Leere laufen, bis er bereit ist, mit mir partnerschaftlich zusammenzuarbeiten.

Ich schreibe auch, daß die Menschen, die einen lieben, Gegner sind, denn diese Menschen wollen einen für sich haben. Das ist eine sehr starke Einschränkung der persönlichen Freiheit. So etwas kommt in den meisten Ehen vor, und dann erlebt man, daß die Frauen ausbrechen, weil die Männer meistens die Frauen für sich haben wollen. Ich meine damit nicht, daß der vertraute Mensch ein Feind ist, aber er ist ein Gegner im manipulativen Spiel des Lebens. Deshalb muß man es in der Partnerschaft lernen, miteinander und nicht gegeneinander zu leben.

W.W.: Sie stellen auch verschiedene Gesetze auf; das Gesetz der Wiederholung besagt z.B.: Wenn Du eine Lüge oft genug glaubhaft wiederholst, wird sie zur Wahrheit. Das Gesetz des Täuschens besagt: Mache im Kleinen Lärm, um vom Großen abzulenken. Das Gesetz des Bewegens besagt: Halte den Gegner in Bewegung, während Du wachsam auf seine Schwäche wartest. Das Gesetz des Umweges besagt: Du läßt den Gegner große Wege machen, während Du nur kleine Kreise ziehst. – Hier interessiert mich besonders das Gesetz des Täuschens. Wie überwindet man einen Gegner durch Täuschung?

J. Kirschner: Überwinden will ich den Gegner nicht. Die Gesetze, die Sie erwähnt haben, sind nicht von mir, sie kommen aus dem Japanischen, von Moltke, Clausewitz oder Mao Tse-tung. Besonders gehen sie auf Sun-Tsi zurück, einen Heerführer im japanischen Mittelalter, und die Regeln des Sun-Tsi wurden auch in den 80er Jahren unter den Managern verbreitet.

In dem Kapitel „Die Kunst, Dich mitzuteilen“ in der „Egoisten-Bibel“ beschreibe ich, wie man praktisch in der Kommunikation mit anderen Menschen vorgeht. Indem ich z.B. einen Gegner, der mich angreift, ausreden lasse, helfe ich ihm dabei, seine Aggressionen loszuwerden. Ich aber verhalte mich neutral.

Die Kraft der Kraftlosigkeit

Das extremste Beispiel für mich war, daß jemand mir sagte: „Kirschner, Du bist das größte Arschloch Europas.“ Wenn ich ihn jetzt vor Gericht verklagen würde, dann nähme ich einen Kampf auf, der wahrscheinlich nie wirklich enden würde. Statt dessen kann ich ihm sagen: „Ja, lieber Freund, Du hast vollkommen recht, ich bin das größte Arschloch Europas.“ Wenn ich so etwas sage, nimmt diese gegnerische Beziehung einen völligen anderen Verlauf. Ich nenne das die Kraft der Kraftlosigkeit. Ich setze dem Gegner keine Kraft entgegen, sondern ich weiche ihm aus. Wenn er mir ins Gesicht schlagen will, dann schlage ich nicht zurück, sondern ich weiche so lange aus, bis er vielleicht aus eigener Kraftlosigkeit zu Boden stürzt.

Natürlich muß ich lernen, wie man ausweicht, und das ist ein ganzes Gedankenkonzept. Mann muß z.B. lernen, mit der eigenen Angst fertigzuwerden. Die alten Samurai haben bis zu sechs Stunden am Tag meditiert, um sich ganz von den Wurzeln der Angst zu befreien, weitere sechs Stunden haben sie mit der Waffe geübt. Und bei den Kämpfen, die immer auf Leben oder Tod gingen, hat der gewonnen, der keine Angst gehabt hat, weil er aus innerer Überzeugung zum Sterben bereit war.

Und diese Überzeugung hat er durch tägliches sechsstündiges Meditieren erreicht. Ich bin zwar kein Meditationsfanatiker, aber ich möchte erreichen, daß man durch die Meditation alle seine Abhängigkeiten los wird.

Freundschaft als höchste Kategorie der Partnerschaft

W.W.: Wie steht in diesem Zusammenhang ein Freund? Muß man ihn auch als Gegner von morgen betrachten?

J. Kirschner: Auch eine Freundschaft ist ein manipulatives Spiel, denn hier geht es um das richtige Verhältnis von Geben und Nehmen. Freundschaft ist für mich die höchste Beziehung der Partnerschaft. Über die Frage, die Sie mir gestellt haben, habe ich oft nachgedacht. Freundschaft ist für mich eigentlich das Persönlichste. Eine österreichische Tageszeitung hat vor kurzem eine Umfrage gemacht, bei der ich auch gefragt wurde, ob ich einen Freund, der wegen Mordes von der Polizei gesucht wird, verraten würde. Alle Prominenten, die auch gefragt wurden, äußerten sich in etwa so, daß sie erst mit dem Freund reden würden usw. usf., aber ich war der einzige, der ganz klar gesagt hat, daß ich diesen Freund nicht verraten würde, denn dann wäre er nicht mein Freund.

Ein Freund spürt, wann ein Freund ihn braucht, ohne daß der Freund es ihm sagen muß. Wenn ich Hilfe brauche, würde ich es einem Freund nicht sagen, um ihn nicht in Verlegenheit zu bringen, mir eventuell nicht helfen zu können. Dieses Freundesprinzip ist aber das höchste Prinzip im menschlichen Miteinander, die höchste Kategorie der Partnerschaft. Von diesen Freunden hat man allerdings auch meist nur zwei oder drei.

Das Leben – ein Spiel

W.W.: Empfehlen Sie in diesem manipulativen Spiel des Lebens auch, eine Lüge auszusprechen, wenn die Lüge einem persönlich nützt?

J. Kirschner: Selbstverständlich. Ehrlichkeit ist Teil des Versuchs, mich manipulativ auszuspielen. Wenn jemand von mir Ehrlichkeit verlangt, will er mir die Möglichkeit nehmen, ihn zu täuschen. Aber Täuschen ist Teil des manipulativen Spiels. – Ich habe den Eindruck, daß Sie das manipulative Spiel als etwas Kämpferisches betrachten?

W.W.: Ja, so habe ich es verstanden.

J. Kirschner: Ich sehe es sehr konsequent als Spiel. Der Unterschied zwischen Kampf und Spiel ist, daß man den Gegner im Kampf besiegen muß, denn sonst steht er wieder auf und schlägt einem vielleicht den Schädel ein. Auf der Spielwiese dagegen muß man verlieren und gewinnen können und dem Gegner immer wieder eine Chance geben, sonst verliert man ihn als Spielpartner. Und ich brauche den anderen Menschen als Spielpartner zur eigenen Belebung.

W.W.: Aber dieses Spiel, wie Sie es bezeichnen, bleibt ja nicht ein vom Leben abgehobenes Spiel, sondern hat fortwährend Berührungspunkte oder wird Ernst des Lebens.

J. Kirschner: Wenn ich das Leben als Kampf betrachte, dann muß ich natürlich fortwährend kämpfen, in meinem Job, in der Familie, ich muß um Geld kämpfen usw. Aber das will ich nicht. Sobald ich kämpfe, bin ich abhängig und nicht frei. Mein Ziel ist es aber, frei zu sein. Sobald ich kämpfe, muß ich siegen und bin vom Gegner abhängig. Ich will aber nur von mir selbst abhängig sein.

Der einzige Sieg, den ich erringen möchte, ist der Sieg über mich selbst. Ich muß nicht siegen, ich muß nicht reich sein, ich brauche keinen Mercedes, ich brauche auch kein riesiges Haus. Ich will auch nicht von der Bank abhängig sein und habe deswegen, soweit ich mich erinnere, noch nie einen Kredit aufgenommen. Ich habe meinen Söhnen immer beigebracht: Die Freiheit erfordert die Disziplin, kein Geld auszugeben, das man nicht hat. Genauso verpflichte ich mich nicht gegenüber einer Partei, einer Kirche oder irgendwelchen Ideologien.

Wahrheit, Moral und Gewissen

W.W.: Sehen Sie das Leben dann nicht als ein Spiel ohne Moral, Wahrheit und Gewissen an, in dem der andere Mensch eine Art gegnerische Schachfigur ist?

J. Kirschner: Ohne Moral auf jeden Fall. Jede Moral verschafft Abhängigkeit. Denn meist bestimmen die anderen die Moral, nach der ich mich zu richten habe, und ich werde bestraft, wenn ich mich nicht danach richte. Ich strebe aber die Freiheit an. In diesem Spiel gibt es in hohem Maße ein Gewissen, allerdings ein Gewissen, das auf mich selbst bezogen ist. Wenn ich mit mir selbst in Harmonie bin, bin ich auch mit anderen Menschen in Harmonie. Alles beginnt bei mir selbst.

W.W.: Die Wahrheit beziehen Sie dann auch nur auf sich?

J. Kirschner: Natürlich. Es gibt immer zwei Wahrheiten: meine und die der anderen. Und nachdem ich festgestellt habe, daß sehr viele andere Menschen mir immer ihre Wahrheiten aufdrängen wollten, habe ich beschlossen, nach meiner Wahrheit zu leben. Wenn es meine Wahrheit ist, frei und glücklich zu leben, muß ich niemanden besiegen, um mich selbst zu erhöhen. Alle Autorität beruht darauf, den anderen zu erniedrigen, um sich selbst zu erhöhen. Dafür aber brauche ich keine anderen Menschen, denn ich weiß selbst, wie gut oder schlecht ich bin, und bin mein größter Kritiker.

W.W.: Gibt es für Sie nur die Wahrheit der jeweilig einzelnen Person, oder sehen Sie auch eine Wahrheit an sich, die außerhalb des Menschen existiert?

J. Kirschner: Eigentlich sehe ich diese unabhängige Wahrheit nicht, es sei denn, man denkt an die große Ordnung des Universums.

W.W.: Wie steht es mit der Mathematik: Drei mal drei ist neun, auch wenn alle Menschen sagen, daß es zehn sei?

J. Kirschner: Da wäre ich nicht so sicher. Vielleicht hat man eingeführt, daß drei mal drei neun ist, und wenn man einführen würde, daß drei mal drei zehn ist, dann würde vielleicht dieses gelten.

W.W.: Ich glaube nicht, daß dieses mathematisch möglich wäre.

J. Kirschner: Was ich wirklich als Wahrheit bezeichnen könnte, ist die große Ordnung des Universums. Schauen Sie sich an, wie eine Blume wächst, wie ein Baum wächst oder wie ein Ameisenhaufen funktioniert – das ist für mich Wahrheit; Wahrheit, die dazu da ist, um ihre Schönheit genießen zu können.

Ich glaube, daß jeder seine eigene Wahrheit hätte, aber die meisten suchen sie nicht und orientieren sich lieber an den Wahrheiten der anderen. Und so wird die Wahrheit, die sogenannte eine Wahrheit oder der eine Gott, schnell zu einer manipulativen Wahrheit. Natürlich bin ich bereit, meinen Wahrheitsbegriff ständig zu verändern. Meine Wahrheit von gestern muß nicht unbedingt meine Wahrheit von heute sein, denn ich könnte z.B. in der Nacht eine neue Erkenntnis haben, die die Wahrheit von gestern aufhebt. Ich muß jederzeit bereit sein, mich zu verändern. Wenn ich mich dagegen starren Moralbegriffen unterwerfe, kann ich das nicht.

Zuerst komme ich, dann die anderen

W.W.: Ich habe persönlich Schwierigkeiten, egoistisch zu handeln. Die Wahrheit bzw. Verabredungen sind mir heilig, und ich kann sie nicht beugen. Ich bemerke allerdings genau, daß ich in meinem Leben immer dann auf die Schnauze falle, wenn ich Menschen, vor allem Freunden, vertraue und sie mich anschließend hintergehen. Gehöre ich damit in die Kategorie der Dummen?

J. Kirschner: Da Sie Ihre Situation erkennen und in Zweifel ziehen, sind Sie wahrscheinlich schon auf dem Weg zu den Gescheiten. Wirklich gescheit sind Sie allerdings erst dann, wenn Sie daraus Schlußfolgerungen ziehen und zum wahren Egoisten würden, denn dann hätten Sie keine Schuldgefühle und Hemmungen mehr, das zu tun, was für Sie das Richtige ist. Und das gilt natürlich auch dann, wenn es auf Kosten anderer geht.

Das Motto muß sein: Zuerst komme ich, dann die anderen, und zwar in der breitesten Konsequenz.

Die Erleuchtung ist unbeschreibbar

W.W.: Sie schreiben in Ihrer Bibel, daß zwei Kräfte das Leben bestimmen: die Kraft des Kosmos, und die Kraft, die man aus sich selbst schöpfe. Was bedeutet für Sie der Kosmos?

J. Kirschner: Es klingt vielleicht ein wenig pathetisch, aber ich komme aus dem Kosmos und gehe wieder in ihn hinein, und in der Zwischenzeit habe ich die Chance, mich selbst zu gestalten. Mein denkendes Meditieren hat das Ziel, mich aus meinem Gewohnheitsdenken herauszulösen, in das ich hineinerzogen worden bin, um dann eine Dimension des Nichtdenkens zu erreichen. Ob es mir gelingt, ob es noch viele Jahre dauert, weiß ich nicht. Aber ich bin überhaupt nicht ungeduldig. Mein Ziel ist es zu erkennen, daß nicht das Denken das Allumfassende ist, sondern daß es jenseits des Denkens Kräfte gibt, die bedeutender sind als das, was wir als Denken bezeichnen. Ich versuche eins zu werden mit der Ordnung des Universums. Hier kommt auch das Begriffspaar Mikrokosmos und Makrokosmos ins Spiel, also der Mensch auf der einen Seite und das Universum auf der anderen. Eigentlich kann ich es nicht richtig beschreiben, denn es ist, wie die Zen-Meister es sagen: Du kannst die Erleuchtung nicht beschreiben.

W.W.: Würden Sie sagen, daß Sie vor Ihrer Geburt und nach Ihrem Tod Individualität in diesem Kosmos sind?

J. Kirschner: Das weiß ich nicht. Es beschäftigt mich eigentlich auch nicht, es sei denn, daß ich es in meinem Lebensalter während der Meditation als eine Vorbereitung auf das Sterben betrachte. Ich möchte genauso sterben, wie ich gelebt habe, nämlich frei und glücklich. Und ich habe schon die Vorstellung, daß ich im letzten Augenblick meines Lebens genauso glücklich bin wie während meines Lebens. Auch wenn es nicht so kommen wird, werde ich es wahrscheinlich gelassen zur Kenntnis nehmen. Ich glaube auch nicht, daß ich dem Leben nachweinen werde, weil ich jeden Tag bewußt gelebt habe. Diejenigen Menschen, die glauben, etwas versäumt zu haben, glauben das nur deswegen, weil sie ihr Leben vorwiegend nach den Vorstellungen anderer gelebt und sich selbst verleugnet haben. Wenn diese Menschen bei ihrem Tod bemerken, daß sie das Leben anderer gelebt haben, werden sie höchstwahrscheinlich unglücklich sterben.

W.W.: Wie meditieren Sie? Bekommen Sie durch Meditation auch übersinnliche Wahrnehmungen, oder schöpfen Sie nur aus sich selbst?

J. Kirschner: Übersinnliche Wahrnehmungen möchte ich nicht haben, sondern nur mich selbst immer besser wahrnehmen. Meditation ist für mich eine Technik, die eine gewisse Disziplin erfordert. Ich meditiere täglich eine halbe Stunde. Die drei Elemente des Meditierens sind ganz einfach: die Haltung, die Atmung, die Einstellung. Ich setze mich so hin wie die Zen-Mönche und merke bei dieser Haltung, daß ich mich automatisch entspanne. Warum das so ist, interessiert mich nicht.

Eine weitere Grundmethode des Meditierens und der Entspannung ist die bewußte Atmung. Man atmet mit dem Rhythmus des Lebens und nicht gegen ihn. Beim ruhigen tiefen Einatmen spürt man, wie die Energie des Kosmos in einen strömt, beim langen Ausatmen, wie sich der Geist und der Körper mit der Kraft des Kosmos füllen.

Zur inneren Einstellung gehört, daß ich bereit bin, loszulassen und alles zuzulassen, was kommt. Mein Denken zu überwinden ist schon ein Kraftakt, und deshalb lasse ich mich in das hineinfallen, was auch immer während der Meditation kommt. Manchmal kommen ganz wilde Gedanken, aber nach längerem ruhigen Atmen setzt sich diese Ruhe auch in meine Gedanken um. Eigentlich ist meine Meditation etwas Individuelles, und ich habe mich immer wieder gefragt, ob die Atmung und die Meditation überhaupt das Richtige für mich sind. Dieses tiefe Hineinfallen in die Meditation ist im Laufe meines Lebens immer schöner geworden, und in dieser Schönheit liegt zugleich auch das Bestreben nach Freiheit, auch nach der Freiheit von meinem Denken bzw. davon, was mir mein Denken vorschreibt.

Die sieben Fähigkeiten

W.W.: Zu dem Kapitel „Buch der Übungen“: Wie trainiert man, um ein Ziel bzw. die eigene Lebenspyramide Stein um Stein zu erbauen?

J. Kirschner: Das ist im Grunde das, was ich in meinem Folgebuch „Das Egoisten-Training“ (München 2000) beschrieben habe. Ich bin auf sieben Fähigkeiten bzw. Stufen gestoßen, die man braucht, um diese Lebenspyramide zu erbauen. Die erste Übung ist, sich bewußtzumachen, wer man wirklich ist und wie man leben will. Denn wer nicht weiß, was er will, dem reden es andere ein.

Zweitens muß ich die Grundentscheidung fällen: Will ich weiter fremdgelenkt werden, oder will ich von nun an mein Leben ändern, indem ich lerne, die Entscheidungen für mein Handeln selbst zu treffen. Wenn ich nach den Vorschriften und Moralvorschriften anderer leben würde, bräuchte ich keinen eigenen Lebensplan und keine eigenen Entscheidungen treffen.

Aber wenn ich mich entscheide, mein eigenes Leben zu leben, muß ich mir klar sein, welche Konsequenzen dies hat, welche Widerstände es auslöst, was ich an mir selbst tun muß, um mich von dem alten Ballast zu befreien: der Erziehung, Schuld und Sühne, Lob- und Tadelbegriffen. Dieser Lebensplan ist die dritte Übung.

„Meine Mutter hat mich mißbraucht"

Und wenn ich den Plan habe, muß ich mich – viertens – mit den Hindernissen auseinandersetzen, die meinem Plan im Wege stehen. Nur wenn ich diese kenne und sie auch verstehe, kann ich an den Hindernissen etwas verändern. Um zu erfahren, wie dies ist, habe ich ein Jahr lang mit einer Selbsthilfegruppe für schwer angst- und depressionsgeschädigte Menschen zusammengearbeitet. Ich habe mit ihnen besprochen, daß wir auf drei Ebenen leben. Die erste Ebene ist die, auf der wir jetzt leben. Die zweite ist die Zukunft, vor allem die Visionen, wie ich mir mein Leben in der Zukunft vorstelle. Und die dritte Ebene, mit der wir uns auseinandersetzen müssen, ist die Ebene der Vergangenheit. Wir haben dabei auch einige Techniken praktiziert, die mich in meinen eigenen Anschauungen sehr bereichert haben. Wir sind in unseren Vorstellungen in einen Zug eingestiegen, sind mit ihm in die Vergangenheit gefahren und haben alle die Stationen betrachtet, wo etwas passiert ist, das uns heute noch nachhängt. Da waren dann z.B. Frauen dabei, die sich nach 50 Jahren zum ersten Mal bewußt wurden, daß sie als Kinder von ihrer Mutter und eine andere von ihrem Onkel mißbraucht worden sind. Die Frau, die als Kind von ihrer Mutter mißbraucht wurde, war dreimal verheiratet, hatte aber niemals ein befriedigendes Sexualleben. Und sie wußte nie warum. Sie war immer vollkommen verschlossen. Diese Gruppe Gleichgesinnter, in der sich andere auch offenbart haben, hat sie so aufgemuntert, daß sie zum ersten Mal ausgesprochen hat: „Meine Mutter hat mich als Kind mißbraucht."

Wenn ich meinen Lebensplan mache, muß ich gleichzeitig die Hindernisse kennen, die mich aus der Vergangenheit hindern, diesen Lebensplan umzusetzen.

„Ich bin der Ball"

Der nächste Schritt ist die fünfte Übung. Man muß Techniken lernen, die einen befähigen, daß man immer weniger von anderen Menschen manipuliert wird. Meine erste Technik war das autogene Training. Das hat bei mir bewirkt, daß ich damals aufgehört habe, Alkohol zu trinken. Später habe ich es in mentales Training für mich selbst umgearbeitet, eine Art Selbstsuggestion.

Der österreichische Nationaltorwart Franz Wohlfahrt ist mit 18 Jahren zu mir gekommen und hat mich um eine Technik gebeten. Ich habe ihm eine Technik ausgearbeitet, die letztendlich dazu beitrug, daß er sehr erfolgreich u.a. beim VfB Stuttgart wurde. Der Elfmeterschuß beispielsweise ist die totale Gegnersituation: Zwei Menschen stehen sich gegenüber, und dann kommt es darauf an, wer die besseren Nerven hat. Ich habe Wohlfahrt eine Samurai-Methode entwickelt. Die heißt beim Elfmeterschuß: Ich bin der Ball, und der Ball ist ich. Wo der Ball ist, bin ich auch. Schon wenn ich aufs Spielfeld laufe, ist in meinem Kopf nichts anderes als das totale Einssein mit dem Spiel und eine 90minütige Konzentration auf den Ball. Auf diese Weise hat er eine ganze Reihe von Elfmeterschüssen gehalten. Der Hintergrund war die langjährige Anwendung der eben beschriebenen Technik. Ein solcher Praxisbeweis hat mir gezeigt, daß ich mit meinen Techniken auf dem richtigen Weg bin.

Im sechsten Schritt muß ich lernen zu trainieren. Ich muß etwas so lange trainieren und ständig wiederholen, bis es ganz von selbst passiert. Das kann ich nur durch Geduld und Ausdauer, und ich kann es nicht erzwingen.

Der siebte und letzte Schritt ist, daß man sein Handeln und Denken kontrolliert, um aus seinen eigenen Erfolgen und Fehlern lernen zu können.

Keine Schuldgefühle

W.W.: In der Egoisten-Bibel gibt es auch ein „Buch der Künste". Sie schreiben dort, daß man wenigstens eine Kunst beherrschen solle, beispielsweise die Kunst, ein freier Mensch zu sein. Über die Freiheit haben Sie schon einiges ausgeführt, aber vielleicht sagen Sie noch einmal, was für Sie ein wirklich freier Mensch ist.

J. Kirschner: Frei bin ich, wenn ich den größeren Teil meiner Wünsche und Bedürfnisse befriedigen kann, ohne dabei Schuldgefühle zu haben.

Und es ist mein Bestreben, mir jeden Tag davon mehr und mehr zu erfüllen.

W.W.: Hat man, wenn man den von Ihnen beschriebenen konsequenten egoistischen Lebenswandel führt, überhaupt in irgendeiner Weise Schuldgefühle?

J. Kirschner: Wenn man den Weg konsequent geht, hat man keine. Schuldgefühle sind meist Ängste. Im Grunde haben die Menschen drei Ängste: die Angst, etwas falsch zu machen und dafür kritisiert bzw. bestraft zu werden, die Angst, daß man ihnen etwas wegnimmt, was sie einst bekommen haben, und drittens die Angst vor dem Unvorhersehbaren. Besonders wenn ich diese dritte Angst habe, mache ich nichts Neues und lebe nur aufgrund meiner Erfahrung oder nach dem, was mir der Chef oder andere Menschen sagen. Wer die erstgenannte Angst hat, der verstößt nicht gegen die Regeln, verzichtet aber auf so manchen Wunsch, den er eigentlich gern erfüllt hätte; er hat Angst vor dem Regelverstoß. Wenn man eine Regel bricht, und wenn dieser Regelverstoß als unmoralisch gilt, dann bekommt man Schuldgefühle und hat Angst vor Bestrafung. Man versucht dann, den Regelverstoß zu verbergen und verstrickt sich dadurch immer mehr in einen Teufelskreis.

Auch mit dem Glauben an Gott ist es ähnlich: Sehr viele Menschen glauben an Gott, aber im Grunde ihres Herzens zweifeln sie an ihm, weil sie fühlen, daß er sie im Stich gelassen hat. Daraus entstehen ungeheuer viele Konflikte, an denen viele Psychiater gut verdienen. Es ist ein Konflikt zwischen Wollen und Dürfen bzw. zwischen Erfüllen und Unterdrücken.

W.W.: Angenommen, Sie geraten in einen Konflikt mit einem Bekannten, und während dieses Konflikts verletzen Sie ihn, aber für Sie kommt bei dieser Situation etwas Nützliches heraus. Hätten Sie dann in bezug auf den anderen Menschen bzw. die Verletzung des anderen durch Sie Schuldgefühle?

J. Kirschner: Das ist eine Frage der partnerschaftlichen Vereinbarung. Ich betrachte den Streit, auch den verletzend geführten Streit, als eine Art Therapie, dabei ist gleichgültig, ob der Hintergrund dieses Streits berechtigt oder unberechtigt ist. Hierbei sollte es um den Sieg ohne zu kämpfen gehen. Der andere müßte sich also über meine Beleidigung freuen, und es wäre unvernünftig, wenn man nur Liebe voneinander haben wollte, aber nicht den Zorn und die Aggression.

Insofern ist es eine partnerschaftliche Therapie, daß jeder alles herauslassen darf, auch seinen größten Zorn. Und der Zorn ist nur dann beleidigend, wenn ich den Zorn als Beleidigung auffasse. Durch den Satz: „Kirschner ist das größte Arschloch Europas“ könnte ich mich natürlich beleidigt fühlen, statt dessen sage ich mir aber, daß dieser Satz für den Urheber wahrscheinlich wichtig war, um sich danach entspannen und wieder vernünftig mit mir reden zu können. So bekommt die Situation einen ganz anderen Aspekt. Und wenn ich das partnerschaftliche Miteinander zwischen den Menschen in dieser Art betrachte, dann stellt sich mir die Frage, die Sie mir gestellt haben, gar nicht.

„Der Dialog mit mir selbst endet nie“

W.W.: Führt ein konsequenter egoistischer Lebenswandel nicht irgendwann zur Einsamkeit?

J. Kirschner: Einsamkeit entsteht nur bei Menschen, die sich selbst nicht freuen und leiden können. Einsamkeit entsteht bei Menschen, die mit sich selbst keinen Dialog führen können. Zum Egoismusbegriff – wie ich ihn verstehe – gehört, daß bereits in der Meditation der Dialog mit sich selbst beginnt. Wenn ich diesen Dialog mit mir selbst aufnehme, werde ich auch keine Hemmungen haben, alle Schattenseiten meiner Vergangenheit aufzuarbeiten. Ich frage mich z.B.: Bin ich glücklich? Warum bin ich nicht glücklich? Wie möchte ich sein? Das ist ein Dialog mit mir selbst, der nie endet. Jeder Tag bringt hier etwas Neues.

Wenn ich imstande bin, diesen Dialog mit mir zu führen, mich alles zu fragen, und mir selbst auch ehrliche Antworten gebe, dann lerne ich, mich zu artikulieren. Und indem ich diesen Dialog mit mir selbst lerne, vermag ich, ihn auch leichter mit anderen zu führen. Dann brauche ich anderen gegenüber nichts zu verbergen. Einsamkeit bedeutet eigentlich, daß ich mich verschließe. Und Einsamkeit beginnt schon auf der Stufe, daß ich mich mir selbst gegenüber verschließe, wenn ich den Dialog mit mir selbst verweigere.

Also führt ein konsequenter Egoismus nicht zur Einsamkeit, sondern zum Gegenteil: Je mehr ich über mich erfahre, um so neugieriger werde ich und kann immer mehr in mich hineinfragen. Alle meine Bücher sind auf diese Weise entstanden, nicht durch das Studium anderer Bücher, sondern aus dem Dialog mit mir selbst. Meine Bücher sind ständige Partner von mir, in die ich bis heute immer wieder hineinschaue. Allein durch diesen Dialog kann ich mir nicht vorstellen, jemals einsam zu sein.

„Ich freue mich über die Freude anderer"

W.W.: Würden Sie jemals im zwischenmenschlichen Bereich etwas geben, ohne etwas dafür zu bekommen?

J. Kirschner: Ja, selbstverständlich. Aber ich bekomme immer etwas dafür.

W.W.: Vielleicht nehmen Sie das Beispiel der Pflege Ihrer kranken Mutter oder einer anderen nahen Angehörigen bis zu ihrem Tod.

J. Kirschner: Wenn es ein nahestehender Mensch ist, der mir im Leben viel gegeben hat, ist es für mich eine Selbstverständlichkeit, ihm auch zu helfen und ihn zu pflegen. Es kommt auch vor, daß ich jemandem Geld gebe und einfach an meinem Geschenk Freude habe. Und durch diese Freude bekomme ich auch etwas zurück. An Selbstlosigkeit glaube ich zwar nicht, aber ich freue mich über die Freude desjenigen, dem ich etwas geschenkt habe. Oder ich freue mich darüber zu sehen, was er daraus macht.

W.W.: Was tun Sie, wenn Sie eines Tages in die Lage kommen, Hilfe annehmen zu müssen, z.B. von Freunden? Streichen Sie diese Hilfe konsequent ein, weil sie Egoist sind, oder verzichten Sie auf die Hilfe?

J. Kirschner: Ich habe die Vorstellung, so frei sein zu wollen, daß man mich auch in ein Gefängnis sperren könnte und daß ich auch im Schmerz und im Sterben frei bin. Diese wirkliche Freiheit kann aber nur in meinem Kopf sein. Als Vorbild dafür habe ich immer den amerikanischen Astrophysiker Hawkins vor mir, der schwer gelähmt ist und sich nur über Computer äußern kann. Trotzdem ist er der berühmteste Astrophysiker dieser Zeit. Für ihn ist es überhaupt nicht störend, daß er nicht reden, sich nicht artikulieren kann und ihm der Speichel rausrinnt, wenn er bei seinen Studenten sitzt.

Ich erinnere mich an ein Interview eines Journalisten mit einem Menschen, der früher rauschgiftsüchtig war und sich vor die Wiener Untergrundbahn geworfen hat. Dadurch hat er beide Beine verloren und sitzt jetzt im Rollstuhl. Er hat gesagt, daß ihm überhaupt nichts Besseres passieren konnte als dieser Selbstmordversuch mit der Folge, jetzt im Rollstuhl zu sitzen. Das hat ihn geläutert. – Ich habe auch oft mit Blinden gesprochen. Und dabei habe ich die Überzeugung gewonnen, daß das, was wir vordergründig für wichtig halten, gar nicht so wichtig ist.

Aber um zu Ihrer Frage zurückzukommen: Erstens habe ich Vorsorge getroffen, und ich kann es mir leisten, gepflegt zu werden. Zweitens habe ich in meiner Familie Partnerschaften aufgebaut, so daß ich an dieser Stelle keine Befürchtungen habe. Es wird zurückkommen, was ich gegeben habe. Das ist wahrscheinlich auch der Grund, warum ich seit über 40 Jahren mit der gleichen Frau verheiratet bin. Ich glaube, daß ich in mir selbst und in meiner Umgebung alles getan habe, um in einer solchen von Ihnen angesprochenen Situation die besten Voraussetzungen zu haben. Ob sie dann wirklich zutreffen, weiß ich nicht. Aber auch vor dem Unvorhergesehenen habe ich keine Angst und werde es gelassen entgegennehmen.

W.W.: Eine hypothetische Frage zum Schluß: Angenommen, alle Menschen würden Ihre Bücher lesen und zu Gescheiten, zu Egoisten werden. Wie würde dann das soziale Miteinander aussehen?

J. Kirschner: Es ist unmöglich, daß es so kommen wird. Die Gescheiten werden immer nur eine kleine elitäre Minderheit bleiben. Wenn es aber so kommen würde, dann wäre es eigentlich das Idealbild des Zusammenlebens, denn jeder wäre dem anderen gegenüber offen, jeder würde zuerst bei sich selbst mit dem Lösen der Probleme beginnen, und wir bräuchten keine Helfer mehr, weil wir uns zu 80 % selbst helfen. Wir würden auch dem Prinzip der Aggression als therapeutische Strategie nachkommen. Viele Menschen würden allerdings ihren Job verlieren.

Es gibt das Volk der Hunzas im Hindukusch, ein Volk von etwa 80.000 Menschen, das in 4.000 m Höhe lebt und inzwischen von der UNO geschützt wird. Die Hunzas leben ein wenig in diesem Idealzustand. Sie haben keine Ärzte, denn sie leben gesund. Sie haben keine Polizei und keine Gefängnisse, denn sie regulieren alle entsprechenden Vorfälle familiär. Aber auch solche Inseln werden eines Tages untergehen, irgendwann wird einer eine Krankheit einführen, die sie selbst nicht mehr regulieren können.

Ich sehe die gesellschaftliche Ordnung in den drei Klassen der Dummen, Schlauen und Gescheiten, und soweit ich orientiert bin, bin ich der Erfinder dieser drei Klassen. Dieses Dreiklassenmodell ist natürlich schwer anzunehmen, das aber ist die Herausforderung, mit der ich spiele, mit der ich in meiner Egoisten-Bibel mit dem Leser spiele. Ich sage ihm dort, daß er natürlich ruhig dumm bleiben kann, aber dann sollte er sich auch dazu bekennen.

Über die Unmöglichkeit, ein Egoist zu sein

Jutta Mardorf

Bin ich zu dumm für diese Welt, oder habe ich die falschen Freunde? Irgend etwas stimmt nicht zwischen mir und vielen Menschen! Vielleicht bin ich auch nur zu gutmütig. Ich weiß es nicht. Aber vor einiger Zeit wurde mir schlagartig klar, daß es viele Lebenssituationen gibt, in denen es mir schwerfällt, ein Egoist zu sein. Andere Menschen dagegen – und das war eine bittere Erkenntnis – haben damit scheinbar überhaupt kein Problem.

Miriam

Da ist z.B. Miriam*, eine Freundin aus alten Tagen, die in dem gleichen Vorort einer süddeutschen Stadt wohnt wie ich. Sie wohnt mir gleich gegenüber. Wir beide haben Kinder an der hiesigen Waldorfschule. Täglich fahre ich in meinen Betrieb, eine Strecke von gut 15 Kilometern. Dreimal pro Woche steigt Miriam in meinen Wagen und fährt mit mir gemeinsam zum Betrieb, da sie ganz in der Nähe einen Teilzeitjob ausübt. Fast drei Jahre geht das nun schon so, aber eine Benzinzulage oder gar eine anteilige Kilometerpauschale hat sie noch nie gezahlt. Nicht einmal einen Blumenstrauß bekam ich als Dankeschön.

Aber sie ist die Fröhlichkeit in Person, unterhält mich während der Fahrt, ist lustig und erfrischt mich oft, wenn ich – ganz Morgenmuffel – leicht verstimmt zur Arbeit fahre. Sie bedankt sich auch jedesmal überschwenglich fürs Mitnehmen ...

Ich gebe zu, daß ich nach einigen Monaten sauer war, weil sie die Mitfahrgelegenheit einfach so selbstverständlich annahm, ohne etwas dafür zu geben, aber irgendwann habe ich meinen Frust runtergeschluckt und mich mit der Situation abgefunden. Wenn nicht neulich etwas vorgefallen wäre.

Wir fuhren – diesmal in ihrem Auto – zu einem Konzert; die Hin- und Rücktour etwa 500 km. Als wir wieder zu Hause waren, verlangte sie von

---

* Die Namen wurden von der Redaktion geändert.

mir Benzingeld. Mir blieb die Luft weg! Und als ich mich zu zahlen weigerte und sie darauf ansprach, daß sie seit drei Jahren dreimal pro Woche mit mir umsonst zur Arbeit führe, sagte sie: „Das ist doch etwas ganz anderes. Du fährst doch sowieso!"

Wir konnten uns nicht einigen. Ich zahlte. Jetzt sind wir zerstritten. Miriam muß jetzt mit ihrem eigenen Wagen zur Arbeit fahren, und ich habe eine Freundin verloren.

Der Arbeitskreis

An der Waldorfschule leite ich einen regelmäßigen anthroposophischen Arbeitskreis. Die letzten Wochen sprachen wir über Reinkarnation und Karma. Eine der Teilnehmerinnen bat mich dringend, einen Abend über karmische Partnerschaften und Beziehungen in der ersten und zweiten Lebenshälfte vorzubereiten; dies sei ihr aus persönlichen Gründen ein dringendes Anliegen. Eigentlich wollte ich nicht so ausführlich auf dieses Thema eingehen, aber da sie es so eindringlich wünschte und auch die anderen Teilnehmer nichts dagegen hatten, verabredeten wir, während des nächsten Arbeitskreises über die karmischen Beziehungen in der ersten und zweiten Lebenshälfte zu sprechen.

Ich wußte ungefähr, wo ich bei Steiner nachschlagen mußte, hatte aber just in dieser Woche wenig Zeit und mußte mir zu Lasten meiner Familie einige Nächte um die Ohren schlagen, um ausreichendes Material für den nächsten Arbeitskreis zusammenzutragen. Aber irgendwie gelang es mir, und ich freute mich auf das nächste Treffen.

Wir trafen uns wie üblich in einem Klassenraum der Waldorfschule. Es wurde 20 Uhr, ich wartete noch einige Minuten – alle kamen, nur die Dame nicht, für die ich den Abend vorbereitet hatte. Ich kam mir total verschaukelt vor, redete mir aber noch ein, daß sie vielleicht urplötzlich verhindert war, denn sonst hätte sie sich doch bestimmt bei mir abgemeldet.

Einige Tage später traf ich sie im Bioladen und sprach sie an, warum sie denn nicht gekommen sei, schließlich hätte ich mich extra für sie vorbereitet und ihretwegen einen ganzen Abend gestaltet. Ihre Antwort war verblüffend ehrlich und unverschämt zugleich: „Ich hatte keine Lust zu kommen. Das Thema war für mich nicht mehr wichtig." Sagte es und ging.

Klaus

Sehr viel dreister aber verhielt sich Klaus, auch ein Freund aus alten Tagen. Er war gerade klamm, wollte sich einen neuen PC-Arbeitsplatz einrichten, und ich lieh ihm 2.000 DM. Natürlich ohne Vertrag, denn wir waren schließlich gute Freunde. Zwischen uns zählte bisher immer die klare mündliche Absprache, und wir verabredeten die Rückzahlung des Geldes nach einem halben Jahr. Das halbe Jahr verging, weitere Monate verstrichen, Klaus sprach seine Geldschuld aber nicht an, obwohl wir uns regelmäßig trafen. Gutgläubig wie ich war, erwartete ich, daß er mir die Summe – wie verabredet – ganz von selbst zurückzahlen würde. Weit gefehlt!

Die Geldschuld, und vor allem der Bruch der Vereinbarung standen unausgesprochen, aber deutlich belastend zwischen uns. Alle möglichen Gedanken schwirrten mir durch den Kopf, und alle waren sie von der Tendenz so, daß ich meinen Freund entschuldigte: Vielleicht hat er es vergessen! Vielleicht steckt er in echten Schwierigkeiten! Vielleicht ist es ihm peinlich, mich anzusprechen, daß er mir das Geld noch nicht zurückzahlen kann! Vielleicht wagt er es nicht, mich um Aufschub zu bitten!

Als er fast ein halbes Jahr überfällig war, sprach ich ihn an. Und wie reagierte er? Keineswegs überrascht. Als sei es das Selbstverständlichste der Welt, versicherte er mir, Hand aufs Herz, daß ich die Summe von 2.000 DM plus Zinsen bereits in der nächsten Woche auf meinem Konto habe.

Fast ist es müßig zu erwähnen, daß das Geld nicht auf meinem Konto eintraf, auch nicht, nachdem er es mir weitere zwei Male versprochen hatte. Irgendwann kam es zum offenen Streit zwischen uns, der damit endete, daß Klaus mir vorwarf, daß ich doch genug Geld hätte, vor allem viel mehr als er, so als wäre dies eine Entschuldigung dafür, daß er seine Schulden nicht zurückzuzahlen bräuchte.

Mittlerweile ist unsere Freundschaft zerbrochen. Klaus hat die 2.000 DM bis heute nicht zurückgezahlt, und nun verkehrt er in der Öffentlichkeit Ursache und Wirkung: Ich hätte Schuld, daß unsere Freundschaft zerrüttet sei, weil ich eine so gute und langjährige Freundschaft durch nachhaltigen Streit und Kleinkrämerei aufs Spiel gesetzt hätte. Da bräuchte ich mich doch wirklich nicht zu wundern, wenn er nicht alle Hebel in Gang setzen würde, um ausgerechnet für mich 2.000 DM zusammenzusparen. Aber natürlich, irgendwann werde er mir das Geld schon zurückgeben ... – Daß Klaus ein hinterlistiger Egoist ist, der es von vornherein darauf abgesehen hat, seine Geldschulden niemals zurückzuzahlen, weil er auf meine Gutmütigkeit setzte – auf diesen einfachen Gedanken bin ich erst gekommen, als es bereits zu spät war.

Vivianne

Vivianne kenne ich am allerlängsten, mittlerweile fast drei Jahrzehnte, und wir sind zusammen durch dick und dünn gegangen. Sie ist tief melancholisch, gepaart mit einer großen Portion Eitelkeit. Eine halbe Stunde vor dem Spiegel am Morgen ist für sie ein Minimum. Wesentlich ausgeprägter aber ist ihre seelisch-geistige Eitelkeit, die fast schon egomanische Züge hat. Ich mochte sie trotzdem, denn sie ist blitzgescheit, sehr tiefgründig, und die Gespräche mit ihr – sofern sie sich nicht um sie selbst drehten – gehörten zu den besten, die ich je hatte. Noch heute erinnere ich mich gern an manche Nacht, die wir bis zum Morgen durchdiskutiert haben.

Aber dann geriet Vivianne auf eine schiefe persönliche Bahn: Eine Beziehung nach der anderen zerbrach, Kinder kamen, die Männer gingen, beruflich scheiterte sie mehrfach, und wirtschaftlich steht sie seit mehreren Jahren vor dem Ruin. Das gab viel Gesprächsstoff zwischen uns, der sich aber ausschließlich um sie selbst und ihre Probleme drehte, um den Scherbenhaufen, den sie wegen ihres egomanischen Zuges selbst hinterlassen hatte. Und ich war immer für sie da, hörte mir jahrelang ihre ständig wechselnden Katastrophen an und versuchte, ihr durch Rat und Tat zur Seite zu stehen.

Und dann kam meine Krise. Ich stand am Tiefpunkt meines Lebens und wußte nicht mehr weiter. In diesem Moment hätte ich Vivianne gebraucht, aber sie kam nicht. Sie hatte zu viel mit sich selbst zu tun. Meine Krise zog sich über viele Monate hin, aber Vivianne rief nicht ein einziges Mal an, um zu fragen, wie es mir geht, obwohl sie genau um meinen Zustand wußte.

So etwas gehört zu den bittersten Erfahrungen des Lebens, zu erkennen, daß eine gute Freundin überhaupt keine gute Freundin ist, weil sie als Egomanin fortwährend nur um sich selbst kreist. Auch diese Beziehung ist mittlerweile zerbrochen, denn nun zieht sie durch die Welt und verbreitet Schlechtigkeiten über mich und eine Angelegenheit, von der sie überhaupt keine Ahnung hat und über die sie mit mir nicht ein einziges Mal gesprochen hat. Das ist nicht nur schmerzvoll, sondern ist mir ein Rätsel. Warum tut sie das? Ist es das schlechte Gewissen, nicht für mich dagewesen zu sein, obwohl ich immer für sie da war? Projiziert sie ihr schlechtes Gewissen unbewußt so auf mich, und ist ihr Blick so getrübt, daß sie sich nur dadurch reinwaschen kann, daß sie mich in der Öffentlichkeit bloßstellt und mit Lügengeschichten überhäuft, um überhaupt noch in den Spiegel schauen zu können?

Der Teilhaber

Den krassesten Egoismus aber erlebte ich mit meinem Teilhaber Jochen. Unsere Firma gehörte uns zu gleichen Teilen, seit fast 20 Jahren arbeiteten wir vertrauensvoll und erfolgreich zusammen. Aber vor einem Jahr brach für mich eine Welt zusammen.

Letztes Jahr wollte Jochen aus dem Betrieb ausscheiden, und gemeinsam planten und beschlossen wir das für ihn beste Ausstiegsszenario. Im Vertrauen ging ich auf einige interne Scheinverträge ein, die nur der Form halber gemacht wurden, aber nie zur Anwendung kommen sollten. Aber dann entdeckte ich durch einen dummen Zufall plötzlich Unstimmigkeiten in der Buchhaltung. Ich forschte weiter und entdeckte, daß Jochen im Laufe des letzten Jahres sehr trickreich Gelder zweckentfremdet in die eigene Tasche geleitet hatte. Das waren zwar keine großen Summen, aber ich war doch sehr empört.

Als ich ihn daraufhin ansprach, kam es zum großen Krach. Er gab seine offenkundige Schuld nicht zu, verweigerte jede weitere Mitarbeit, zückte auf einmal die Scheinverträge und leugnete alle freundschaftlichen mündlichen Vereinbarungen, die wir getroffen hatten. Auf die Scheinverträge war ich eingegangen, um ihm einen Gefallen zu tun! Jetzt brachten sie mich in eine fast ausweglose Lage, weil er daraus erhebliche Geldforderungen ableiten konnte.

Schon kurz darauf saßen wir bei unseren Anwälten, und um die Firma nicht zu ruinieren, mußte ich auf einen Großteil seiner gestellten Geldforderungen eingehen. Vor Wut hätte ich fast einen hysterischen Anfall bekommen, aber ich bin darauf eingegangen, um einen jahrelangen Weg durch die Instanzen zu vermeiden.

Nun hat sich mein mir jahrelang freundschaftlich und menschlich verbundener Teilhaber aus purer Geldgier einen großen Teil des Firmenvermögens in die eigene Tasche gezogen, während ich die Scherben in meiner Firma kehre.

„Ein Freund von heute kann morgen dein Feind sein", so heißt es in der „Egoisten-Bibel" von Josef Kirschner (München 1999). Ich studiere gerade sein Buch, finde in jedem Kapitel eine Bestätigung und die Gewißheit, daß mir alle meine privaten und beruflichen Katastrophen nicht widerfahren wären, wenn ich zuerst – ganz im Sinne der Kirschnerschen Egoismus-Definition – an mich gedacht hätte. Trotzdem beschleicht mich dabei ein ungutes Gefühl, denn ich möchte gar nicht immer zuerst an mich denken, und ich weiß auch nicht, ob ich zukünftig in ähnlichen Situationen anders handeln möchte.

Na klar, ich habe gelernt, bitter gelernt! Ich bin aufmerksamer geworden und werde alle zukünftigen menschlichen Verhältnisse feiner ausloten. Aber ob das ausreicht?!

Was habe ich falsch gemacht? War ich zu naiv bzw. zu vertrauensselig? Habe ich mit meinen Freunden einfach nur Pech gehabt, oder ist die menschliche Natur letztendlich doch so bösartig, daß man auf Kosten egoistischer Eigeninteressen die beste Freundschaft aufs Spiel setzt?

Der umzingelte Egoist

Interview mit Ursula Nuber

von Wolfgang Weirauch

Ursula Nuber, *geb. 1954, Diplompsychologin, stellvertretende Chefredakteurin des Wissensmagazins „Psychologie Heute". Ursula Nuber ist verheiratet und lebt in der Nähe von Heidelberg.*

Buchveröffentlichungen u.a.: „Depression. Die verkannte Krankheit" (Zürich 1991, Stuttgart [8]2001); „Die Egoismusfalle" (Zürich 1993); „Der Mythos vom frühen Trauma" (Frankfurt a.M. 1995); „10 Gebote für erfolgreiche Frauen" (Bern/München/Wien 2001).

Der Egoismusbegriff von Ursula Nuber ist wiederum ein ganz anderer. Während Renate Hasselberg die beiden Seiten, die gute und die schlechte Seite, der Medaille Egoismus beschreibt, Josef Kirschner nur die gute Seite, beschränkt sich Ursula Nuber bei ihrer Egoismusdefinition weitgehend auf die negative Seite des Egoismus. Von gesundem und berechtigtem Egoismus möchte sie nicht sprechen.

Wir diskutieren in nachstehendem Interview vor allem über die gegenwärtige Situation der Menschheit der westlichen Zivilisation, über den Wertewandel in der Gesellschaft. Durch den Zusammenbruch vieler Sozialformen entstand in den letzten Jahrzehnten ein Vakuum, das von vielen Menschen nun mit materiellen Konsumgütern, Streben nach Erfolg und Süchten scheinbar erfüllt wird. Die steigende Tendenz zum Egoismus in der Gesellschaft ist unverkennbar.

Wer den Egoismus überwinden will, muß soziale Bindungen eingehen und seinen gesamten Lebensstil überprüfen. Dann wird er sehr viele Zeitdiebe in seinem Alltag entdecken. Diese Zeitdiebe, deren Ursprung die persönlichen Egoismen, Eitelkeiten und Oberflächlichkeiten sind, gilt es zu entlarven.

„Der Mensch ist dem Menschen ein Wolf"

Wolfgang Weirauch: Wie definieren Sie Egoismus?

Ursula Nuber: Unter Egoismus verstehe ich ein Verhalten und Denken, das ausschließlich um das eigene Selbst kreist. Ein egoistischer Mensch denkt nicht nur in erster Linie, sondern *ausschließlich* an sich selbst zuerst: Was will ich? Was nützt mir? Was schadet mir? Ein Egoist hat keine anderen Maßstäbe als sich selbst.

W.W.: Gibt es Unterschiede zwischen berechtigtem und krankhaftem Egoismus?

U. Nuber: Wenn man Egoismus so definiert, wie ich es tue, dann gibt es keinen berechtigten Egoismus. Natürlich kenne ich den Spruch vom angeblich „gesunden" Egoismus, der notwendig sei, will man im Leben nicht zu kurz kommen. Ich finde aber, wir sollten diesen Begriff aus dem Wortschatz streichen. Er ist irreführend. Egoismus kann meiner Ansicht nach niemals gesund sein. Wenn damit gemeint ist, daß wir uns selbst wichtig und ernst nehmen sollen und müssen, dann stimme ich dem voll und ganz zu. Allerdings spreche ich lieber von „Selbstliebe" als von „gesundem Egoismus".

W.W.: Welchem Wandel unterlag der Egoismus im Laufe der letzten Jahrtausende in bezug auf die Stellung des Menschen im Gemeinwesen bzw. Staat? Wann hat man erkannt, daß der Mensch ein Bedürfniswesen ist und ein Recht auf die Befriedigung seiner Bedürfnisse hat?

U. Nuber: Eigennutz und Egoismus sind keine Erscheinung unserer Zeit. Evolutionsbiologen behaupten sogar, egoistisches Verhalten läge in der Natur des Menschen. Schon immer hätte er zunächst an sich und an seine Sippe gedacht und ums eigene Überleben gekämpft. Auch Darwin sprach vom „Survival of the fittest" – also nur der Stärkere überlebt. Und auch die Diagnose von Philosophen und Sozialkritikern im 17. Jahrhundert scheint dies zu belegen: Der Mensch sei dem Menschen ein Wolf, klagte z.B. Thomas Hobbes. Der Selbsterhaltungstrieb des Menschen bestimme sein Handeln. „Wettstreben, Argwohn und Ruhmsucht" würden die Menschen einander zu Feinden machen, meinte er damals.

Auf dem Weg zum Bedürfniswesen

Doch im 19. Jahrhundert wendete sich das Blatt. Die Abhängigkeit des einzelnen von Staat und Kirche wurde als einengend und bevormundend erkannt und ein Recht auf Individualismus postuliert. Der einzelne sollte seinen Bedürfnissen gemäß leben können, forderten Philosophen und Sozialkritiker wie John Stuart Mill, Henry Thoreau oder Friedrich Nietzsche. Der Mensch, hieß es damals erstmalig, sei ein „Bedürfniswesen", und er habe ein Recht auf die Befriedigung seiner Bedürfnisse. Den regelnden Vorschriften von Institutionen setzten die Kritiker damals das Recht des einzelnen auf Selbstverwirklichung entgegen. Dieser Gedanke war im 19. Jahrhundert aufklärerisch und emanzipatorisch. Es ging den Philosophen und Sozialkritikern nicht um die Verherrlichung eines wie auch immer gearteten Egoismus, sondern sie wollten den einzelnen aus der Bevormundung von Staat und Kirche befreien.

W.W.: Inwieweit konnte der Gedanke des von Kirche und Staat unabhängigen Individuums im 19. Jahrhundert von den Massen verwirklicht werden?

U. Nuber: Die Freiheit, die die Denker einforderten, war, wie wir heute längst wissen, die Freiheit der Privilegierten, des Bürgertums. Es war ganz sicher keine Massenbewegung. Die Mehrheit der Menschen konnte kaum ihre Grundbedürfnisse befriedigen, wie sollten sie sich da um ihre individuellen Freiheiten kümmern?

W.W.: Sind wir heute zu einer Gesellschaft individueller Bedürfniswesen geworden?

U. Nuber: Heute sieht das Bild in der Tat anders aus. Heute stellt die Mehrheit ihre Bedürfnisse und deren Befriedigung ganz selbstverständlich in den Vordergrund. Ein „gutes" Leben wollen wir führen, und die Bedingungen dafür sind gegeben: Heute sind wir befreit von äußeren Zwängen – wer läßt sich noch Vorschriften machen vom Familienverbund oder von der Religion? –, und die meisten können es sich auch materiell leisten, optimale Bedürfnisbefriedigung anzustreben. Diese massenhafte Verbreitung egoistischen Denkens ist ein Merkmal der heutigen Gesellschaft: Sie besteht aus „Ichlingen", die völlig losgelöst von Traditionen und Werten nach dem Motto leben: „Ich bin meines Glückes Schmied!"

W.W.: Ist die ständig ansteigende Zahl der Single-Haushalte Form einer notwendigen Freiheit, einer neuen Selbständigkeit oder des Egoismus?

U. Nuber: Daß immer mehr Menschen alleine leben – vor allem in den Großstädten –, hat natürlich vielfältige Gründe. Nimmt man aber die Alten und/oder Verwitweten aus der Statistik und konzentriert sich auf die Personen, die im besten Mannes- und Frauenalter sind, dann stellt man in deren Singledasein auch egoistische Züge fest. Ich will nicht behaupten, daß alle Singles Egoisten sind, auf gar keinen Fall: Aber es hat zumindest einen egoistischen Anklang, wenn alleinlebende Frauen und Männer betonen, wie wichtig ihnen ihre individuelle Freiheit ist, wie sehr sie Kompromisse hassen, und daß sie sich nicht anpassen wollen. Möglicherweise steckt dahinter auch Angst vor Bindung und zu großer Nähe, möglicherweise haben junge Menschen heute auch das Vertrauen in familiäre Strukturen und Paarbeziehungen verloren, weil sie keine guten Vorbilder hatten und miterleben müssen, daß fast jede dritte Ehe scheitert. Wie auch immer: Die Sorge um das eigene Ich und Wohlbefinden übertrifft den Wunsch nach Liebe und Geborgenheit, der ja auch bei Singles sehr stark ist.

W.W.: Inwieweit taucht Egoismus in einer Partnerschaft auf?

U. Nuber: Ich möchte dazu Erich Fromm zitieren, dessen Buch „Die Kunst des Liebens" (1956 erschienen) auch heute noch viel gelesen wird. Er schrieb: „Wir sind glücklich, wenn unsere Wünsche erfüllt werden, oder [...] wenn wir haben, was wir wollen." Wahrscheinlich gehen wir alle eine Paarbeziehung ein, weil wir hoffen, daß unsere Wünsche und Bedürfnisse in dieser Beziehung erfüllt werden. Und im Idealfall geschieht das auch gegenseitig. Doch selbst dann bleiben Enttäuschungen nicht aus. Mit diesen Enttäuschungen, so scheint es, wollen sich aber heute viele nicht mehr abfinden. Sobald eine Beziehung schwierig wird, sobald es darum geht, Kompromisse zu schließen, mal zurückzustehen, den anderen zu sehen und nicht nur sich selbst, werfen sie die Flinte ins Korn. Auch in Partnerschaften gilt heute oft: Jeder ist sich selbst der Nächste. Daß das auf Dauer nicht gutgehen kann, liegt eigentlich auf der Hand. Ich meine: Viele Trennungen könnten vermieden werden, wären die Partner bereit, von ihrem Ego-Trip runterzukommen und sich auch mal in den anderen hineinzuversetzen und etwas ihm oder ihr zuliebe zu tun.

Hauptsache, die Menschen helfen

W.W.: Wie stark sind die Menschen heute noch bereit, in gemeinnützigen Vereinen unentgeltlich zu arbeiten und sich anderweitig sozial zu engagieren? Nimmt diese Bereitschaft ab?

U. Nuber: Als ich mein Buch „Die Egoismusfalle" schrieb, Anfang der 90er Jahre, sah die Situation düster aus: Soziale Organisationen und auch Vereine klagten, daß sich nur noch wenige unentgeltlich für eine gute Sache engagieren. Wenn die Frage „Was bekomme ich dafür?" nicht positiv beantwortet werden könne, fände man niemanden mehr, der ehrenamtlich arbeite, so lauteten damals die Klagen. Die Situation hat sich heute etwas geändert. Das mag daran liegen, daß in der Öffentlichkeit die Notwendigkeit zu sozialem Engagement wieder stärker thematisiert wurde und zugleich die sozialen Organisationen das Image des Ehrenamtes modernisiert haben. So spricht man jetzt von „Freiwilligenarbeit" oder „bürgerschaftlichem Engagement". Wie neuere Zahlen belegen, zieht das moderne Ehrenamt wieder mehr Menschen an.

W.W.: Geschieht diese Hilfe aus Selbstlosigkeit, oder ist es nur verkappter Egoismus?

U. Nuber: Psychologen haben die Motive der Ehrenamtlichen untersucht und festgestellt: Viele wollen nur kurzfristig ehrenamtlich arbeiten, um sich für ihren Beruf zu qualifizieren. Kurzzeitarbeitslose oder auch Studenten wollen Erfahrungen sammeln, die sich in ihrer beruflichen Biographie gut ausmachen. Einige suchen nach einem Sinn in ihrem Leben, oder sie wollen – z.B. nach der Pensionierung – ihr Wissen weitergeben. Andere wieder suchen eine Belohnung, wollen geliebt werden und Anerkennung bekommen. Wer sich heute ehrenamtlich betätigt, fragt also zunächst nach seinem eigenen Gewinn und erst dann nach dem Gewinn für die Menschen, die er betreut, oder der Sache, der er dient.

Das ist so. Aber man sollte darüber nicht die Nase rümpfen. Karlheinz Böhm, dem Gründer von „Menschen für Menschen", kann ich nur zustimmen: Er meinte einmal, es sei ihm völlig egal, warum Menschen helfen – Hauptsache, sie helfen!

W.W.: Kann Helfen süchtig machen?

U. Nuber: Der amerikanische Sozialwissenschaftler Allan Luks hat in einer Studie mit ehrenamtlichen Helfern und Helferinnen festgestellt, daß diese durch ihre Hilfeleistungen in eine emotionale Hochstimmung versetzt werden. Er brachte das mit dem Wort vom „helper's high" auf einen griffigen Punkt, doch von Sucht kann man deshalb noch nicht sprechen. Richtig ist sicherlich: Wer einmal erfahren hat, wie gut es ihm persönlich tut, wenn er für andere da ist, dessen Leben fühlt sich leer und sinnlos an, wenn er nicht mehr hilft. So gesehen, kann Helfen abhängig machen. Man braucht es fürs eigene Wohlbefinden und weil man dadurch einen Sinn im Leben findet.

Das leere Selbst wird gefüllt

W.W.: Kann man bei den Menschen innerhalb der letzten zehn bis 15 Jahre einen Wertewandel feststellen; z.B. Zunahme des Materialismus, Abkehr vom Politischen, Rückzug ins Private?

U. Nuber: Der Wertewandel der letzten Jahrzehnte ist in zahlreichen Abhandlungen dokumentiert. Der Zerfall traditioneller Institutionen – wie Familie, Kirche, Gemeinwesen – hat ein Vakuum entstehen lassen. Der einzelne ist nun mit der ungewohnten Frage konfrontiert: Wie leben, wenn niemand mehr sagt, was richtig und was falsch ist? Dieses Vakuum füllte der – nach dem Zusammenbruch des Sozialismus – nun ungebremste Kapitalismus mit seiner Warenwelt. Sozialwissenschaftler sprechen davon, daß der Mensch, aus seinen Traditionen gelöst, ein „leeres Selbst" habe, das er verzweifelt versucht zu füllen: mit Konsumgütern, mit Freizeiterlebnissen, mit Partnerschaften oder auch mit Kalorien und Drogen. Viele Menschen haben heute nur noch materielle Werte; immaterielle Werte wie Moral, politische Überzeugungen, Interessen treten hinter den materiellen Werten zurück. Zwangsläufig verbunden damit ist der Rückzug ins Private: Indiz dafür sind unter anderem die neu auf den Markt gekommenen Hochglanzzeitschriften, die sich ausschließlich mit dem Körper *(Fit for Fun)*, mit der Ausstattung der Wohnung *(Modern Living)* oder dem persönlichen Erfolg *(Focus)* befassen. Viele Menschen sind nur noch an ihrem ganz begrenzten eigenen Leben interessiert. Darum kümmern sie sich mit Hingabe.

W.W.: Welche Folgen hat dies für die Gesellschaft, die Politik?

U. Nuber: Solange es uns privat gutgeht, solange wir unsere persönlichen Ziele erreichen, kümmert uns das große Ganze wenig. Die heutige Politikverdrossenheit ist sicherlich auch den politischen Skandalen anzulasten, aber nicht nur: Politisches Engagement erscheint vielen Menschen heute überflüssig. Nach dem Motto „Mir geht es gut, was soll ich mich da aufregen?" machen es sich viele im Privaten bequem. Ähnliches ist im Umweltbereich zu beobachten. Psychologische Studien zeigen immer wieder: Die Menschen wissen, daß sie sich umweltbewußt verhalten müssen, doch sie tun es nicht. Erst dann, wenn es an ihren Geldbeutel geht, interessieren sie sich für Umweltschutzmaßnahmen. Zum Beispiel: Erst wenn das Benzin sehr teuer wird, erwägt man, mit der Bahn zu fahren. Erst wenn die Müllgebühren steigen, fängt man an, Müll zu reduzieren.

Und wenn gegen eine Müllverbrennungsanlage oder ähnliches demonstriert wird, dann kann man sicher sein: Die Motive der Demonstranten sind mehrheitlich egoistisch. Es geht in erster Linie darum, die Anlage vor der eigenen Haustür zu unterbinden. An anderer Stelle kann sie ruhig gebaut werden.

W.W.: Verhalten sich nicht auch die reichen Industrienationen egoistisch gegenüber den Ländern der sogenannten Dritten Welt?

U. Nuber: Dafür könnte man zahlreiche Beispiele anführen: Von der Ausbeutung der Kaffeepflanzer über die Abholzung der Regenwälder bis hin zum Absatz von veralteten oder gar schädlichen Medikamenten in den armen Ländern. Ein ganz aktuelles Beispiel für den Egoismus der reichen Staaten lieferte der amerikanische Präsident George W. Bush. Er verweigert die Zustimmung der USA zum Klimaschutzabkommen mit dem Hinweis, er müsse die Interessen seiner Nation, sprich: der Wirtschaft, vertreten. Dieser sollen keine gewinnmindernden Umweltauflagen zugemutet werden. Und die Bevölkerung soll nach wie vor in beispiellosem Maße Energie verschwenden und Müll anhäufen dürfen.

Die sozialen Antennen der Männer sind kürzer

W.W.: Ist der Egoismus bei Männern ausgeprägter als bei Frauen?

U. Nuber: Man könnte diesen Eindruck gewinnen, wenn man sich die Geschlechterverteilung z.B. im Ehrenamt ansieht: Etwa drei Viertel aller freiwillig Tätigen sind Frauen. Aber nicht nur in den sozialen Ehrenämtern dominiert das weibliche Geschlecht. Auch Berufe im Sozial- und Gesundheitsbereich werden vorwiegend von Frauen gewählt. Und wenn es um die Frage geht, wer sich um die Sozialkontakte im privaten Bereich kümmert, wer kranke oder alte Familienangehörige pflegt, dann sind es auch wieder mehrheitlich die Frauen, die helfend tätig werden. Und noch etwas hat die psychologische Forschung festgestellt: Frauen werden u.a. deshalb häufiger depressiv als Männer, weil sie sich deutlich mehr als diese um die Probleme und Sorgen anderer kümmern. Die sozialen Antennen der Männer sind eindeutig kürzer, d.h. sie merken oft gar nicht, daß andere Hilfe bräuchten.

Man könnte diese Situation natürlich auf zu viel bzw. zu wenig Egoismus zurückführen. Ich möchte das anders ausdrücken: Die Beziehungsfähigkeit von Frauen ist aufgrund ihrer Sozialisation ausgeprägter als bei Männern. Wichtig wäre, daß Frauen lernen, mehr auf sich selbst zu achten, und daß Männer lernen, ihre Einfühlungsfähigkeit in andere zu entwickeln.

Es sind also beidseitig Sozialisationsdefizite vorhanden, die es zu beheben gilt. Würde man ein Geschlecht als egoistischer bezeichnen als das andere, wäre das bei diesem Prozeß wenig hilfreich.

W.W.: Viele Jugendliche leben in Cliquen und können oft nicht ohne diese leben. Befinden sich diese Jugendlichen aus Schwäche oder aus Stärke in einer solchen Gemeinschaft? Könnten sie auch ohne diese Clique leben, oder würden sie vereinsamen?

U. Nuber: Jugendliche brauchen Cliquen. Die Gruppe der Gleichaltrigen ist für sie eine wichtige Instanz: Die Gruppe hilft ihnen, sich vom Elternhaus zu lösen, in der Gruppe können sie eventuell vorhandene Defizite ausgleichen, wichtige Entwicklungsschritte tun. Im Idealfall hat eine Clique ein gemeinsames Interesse (z.B. den Umweltschutz, oder sie macht zusammen Musik). In solchen Gruppen wird der einzelne junge Mensch gestärkt – auch für das Alleinsein.

Doch dieser Idealfall ist leider nicht immer gegeben. Jugendlichengruppen heute sind oftmals nur lockere Zusammenschlüsse von jungen Menschen, die gemeinsam ihre Freizeit konsumieren. In solchen Gruppen kann nur Mitglied werden, wer die Konsumvorschriften der Clique erfüllt: Er muß die richtigen Klamotten haben, die richtige Musik hören und natürlich auch über das entsprechende Geld verfügen, um mit der Clique mithalten zu können. Kinder und Jugendliche, die da nicht mithalten können, sind schnell Außenseiter. Auch Cliquen können durch und durch egoistisch sein. Das zeigt nicht zuletzt die Zunahme des Mobbings auf den Schulhöfen: Kinder, die anders sind, werden schikaniert und ausgegrenzt.

W.W.: Was ist für Sie der Prototyp eines Egoisten?

U. Nuber: Prototypen begegnen mir ständig, z.B. im Arbeitsleben. Hier ist der Egoismus eine gewünschte und geförderte Eigenschaft: Wer vorankommen will, darf sich nicht durch zu viel Rücksichtnahme ausbremsen lassen. Kooperation wird zwar allenthalben propagiert, doch im Alltag ist immer noch Konkurrenzverhalten erfolgreicher. Zwar gibt es in den letzten Jahren ein Umdenken. Seit der Psychologe Daniel Goleman seinen Bestseller „Emotionale Intelligenz" (München 1996) veröffentlichte, bemühen sich Unternehmen, ihren Führungskräften die Bedeutung von Gefühlen und von Einfühlungsvermögen nahezubringen. Doch auch dies wiederum nur mit dem Ziel, die Motivation der Mitarbeiter und damit deren Produktivität zu erhöhen. Daß dahinter ein wirkliches Interesse am Menschen steht, wage ich zu bezweifeln.

Narzißtische Störungen

W.W.: Kann Egoismus zu einer Störung führen, wenn die entsprechende Anerkennung von außen ausbleibt?

U. Nuber: Darin liegt die eigentliche Gefahr des modernen Egoismus. Einerseits braucht unsere Gesellschaft Menschen, die möglichst perfekte Leistung bringen, die sich in den Wettbewerb mit anderen begeben und konsumfreudig sind. Andererseits treiben uns diese Eigenschaften auf Dauer in die Isolation, wenn wir keinen sozialen Ausgleich haben. Die Gefahr ist groß, daß diese Menschen eine narzißtische Störung entwickeln. Das heißt: Sie sind extrem abhängig von der Bestätigung und Anerkennung durch andere, die sie aber nicht bekommen, weil sie andere zu sehr nach dem Schema „nützlich/unnütz" bewerten. Die Folge: Sie sind tief verunsichert, weil sie ihren eigenen Wert nicht kennen, und schwanken häufig zwischen Größenwahn („Ich kann alles") und der Depression („Ich tauge nichts"). Narzißtische Störungen können, wenn sie schwer ausgeprägt sind, häufig nur noch mit Hilfe einer Psychotherapie behandelt werden.

W.W.: In Ihrem Buch die „Egoismusfalle" schreiben Sie, daß auch die Psychotherapie den Egoismus verstärken kann. Wie ist das gemeint?

U. Nuber: Der amerikanische Psychologe James Hillman hat ein Buch geschrieben mit dem Titel: „Hundert Jahre Psychotherapie, und der Welt geht's immer schlechter" (Düsseldorf 1999). Darin führt er aus, daß, seit

Sigmund Freud die Psychoanalyse begründete, zwar unzählige Menschen in diversen Psychotherapien an ihrer eigenen Entwicklung gearbeitet haben, der Welt insgesamt hätte dies aber nichts gebracht. Sie sei nicht sozialer, gerechter, humaner, demokratischer geworden. Seine Kritik, daß Psychotherapie die Selbstbespiegelung fördert, nicht aber die Verantwortung des einzelnen für die Gemeinschaft, die Gesellschaft thematisiert, teile ich. Wichtig ist mir dabei aber zu unterscheiden: Es wäre völlig falsch, von Menschen, die wegen schwerer psychischer Beeinträchtigungen, wie Psychosen, Suchterkrankungen, Depressionen, in therapeutischer Behandlung sind, zu verlangen, sie sollten sich nicht um sich selbst, sondern auch noch um andere kümmern.

Anders verhält es sich mit Therapieklienten, die mit Humanistischen Psychotherapien ihr Selbst entwickeln wollen. Damit meine ich die Gesprächs- und Gestalttherapie und alle Ableger, die den Menschen versprechen, daß sie durch Therapie glücklich würden. Diese Methoden werden auch „Therapie für Gesunde" genannt, weil sie nicht die Behandlung seelischer Krankheiten, sondern die Selbstverwirklichung und Autonomie in den Mittelpunkt stellen. Sie sehen nur das Individuum, kaum aber sein Eingebundensein in die Gesellschaft. Gerade in den 70er und 80er Jahren haben die Humanistischen Psychotherapien das egoistische Denken ungemein gefördert.

In den letzten Jahren haben diese Therapien allerdings an Einfluß verloren. Therapieformen wie z.B. die Systemische Therapie sehen den einzelnen immer auch eingebunden in ein System – das der Familie, der Firma, der Gesellschaft – und individualisieren sein Problem nicht in dem Maße, wie das Humanistische Therapien tun.

Einsame erkranken häufiger

W.W.: Ist eine soziale Bindung an andere Menschen eine unabdingbare Voraussetzung, wenn man egoistische Tendenzen bei sich überwinden möchte?

U. Nuber: Ich meine ja. Wie heißt es bei Martin Buber? „Der Mensch wird nur am Du zum Ich." Wir brauchen andere Menschen, um zu wissen, wer wir selbst sind. Das beginnt schon ganz früh, in den ersten Lebensmonaten. Der Säugling muß „den Glanz im Auge der Mutter" sehen, meinte der Psychoanalytiker Heinz Kohut, damit er Lebensmut und Selbstvertrauen entwickeln kann. Auch als Erwachsener brauchen wir ein enges

Gegenüber, dem wir vertrauen können. Ist eine solche Bindung vorhanden, dann ist es gar nicht möglich, egoistische Tendenzen ungehemmt auszuleben.

W.W.: Ist der Kontakt zu Mitmenschen auch gesundheitsfördernd?

U. Nuber: Es leuchtet unmittelbar ein, daß Menschen, die in eine soziale Gemeinschaft eingebunden sind, eine größere emotionale Stabilität haben als isolierte, einsame Menschen. Zahlreiche Studien belegen diesen Zusammenhang. Aber nicht nur diesen: Sie zeigen auch, daß wir körperlich gesünder sind, wenn wir enge Bindungen zu anderen haben. Das verlängert unsere Lebenserwartung und stärkt unser Immunsystem. Wem dagegen Gesprächspartner fehlen, und wer sich mehr oder weniger allein durchs Leben schlagen muß, erkrankt häufiger und früher.

Egoismusüberwindung?

W.W.: Kann man Egoismus ganz aus der Welt schaffen?

U. Nuber: Das wohl nicht. Evolutionsbiologen haben sicher recht, wenn sie darauf hinweisen, daß wir unseren Vorfahren einen Überlebenstrieb verdanken, der uns zunächst für uns selbst, dann für unsere „Sippe" und dann für andere sorgen läßt. Doch mit dem Egoismus verhält es sich wie mit vielen anderen „Erbstücken" unserer Vergangenheit: Wir sind keine Jäger und Sammler mehr, wir können den Egoismus zähmen und ihn in seine Schranken weisen. Purer Egoismus ist ebenso zerstörerisch wie totale Selbstaufgabe. Deshalb geht es darum, eine gesunde Balance zwischen Selbstfürsorge und Altruismus zu finden.

W.W.: Wie kann das gelingen?

U. Nuber: Indem wir anstreben, was C.G. Jung „Individuation" genannt hat. Damit ist gemeint, daß zunächst jeder Mensch seine Anlagen, seine Fähigkeiten entwickeln und sich selbst gut kennenlernen muß. Dabei darf er dann aber nicht stehenbleiben. Er muß sich selbst und das, was aus ihm geworden ist, wieder in Beziehungen einbringen, er muß von sich selbst wieder absehen und zum anderen hinsehen können. Wenn es gelingt, ein Gleichgewicht zwischen Eigenständigkeit und Beziehungsfähigkeit herzustellen, dann ist die Gefahr gebannt, ein selbstsüchtiger Egoist oder ein aufopfernder Altruist zu werden.

W.W.: Was kann Erziehung zur Individuation beitragen?

U. Nuber: Eltern haben einen großen Einfluß darauf, ob ein Kind sich zum Egoisten entwickelt oder ob es die Bedürfnisse anderer respektieren kann. Man weiß heute, daß eine sichere Bindung an die Eltern für das Selbstvertrauen und die Beziehungsfähigkeit eines Kindes unerläßlich ist. Wächst das Kind in einem liebevollen, von Einfühlung und Warmherzigkeit geprägten Erziehungsklima auf, dann entwickelt es sich in der Regel auch zu einem einfühlsamen, rücksichtsvollen Menschen. Kinder mit egoistischen, gefühlskalten Eltern dagegen verhalten sich bereits in jungen Jahren Gleichaltrigen gegenüber eher gleichgültig, sie kooperieren nicht mit ihnen und neigen dazu, andere zu verpetzen.

W.W.: Wie können Erwachsene den Egoismus überwinden? Wie können Menschen, die ihre Individuation vernachlässigt haben, diesen Entwicklungsschritt nachholen?

U. Nuber: Wenn wir in Einklang mit uns selbst, den anderen und der Umwelt leben wollen, müssen wir unseren Lebensstil überprüfen. Hat in der Vergangenheit der Egoismus unser Leben bestimmt, dann ist es sehr wahrscheinlich, daß wir – so paradox es klingen mag – nicht nur auf andere zu wenig Rücksicht genommen haben, sondern auch zu wenig auf uns selbst geachtet haben. Werden wir von egoistischen Zielen getrieben, dann beurteilen wir alles nach dem Nützlichkeitsprinzip: Diesen Menschen muß ich treffen, er könnte ein nützlicher Kontakt sein. Dieses Projekt muß ich annehmen, es könnte mich auf der Karriereleiter eine Stufe weiterbringen. Im Golfclub muß ich Mitglied sein, denn da treffe ich wichtige Leute. Eine Begleiterscheinung des Egoismus ist es, daß wir uns mit Menschen und Dingen abgeben, an denen uns eigentlich gar nichts liegt. Aus reinem Pragmatismus geben wir uns damit ab.

Zeitdiebe

Das aber hat zwei fatale Folgen: Zum einen wissen wir irgendwann gar nicht mehr, an was und an wem wir wirklich interessiert sind, was uns entspricht. Zum anderen stehlen uns diese egoistisch motivierten Aktivitäten so viel Zeit, daß wir gar keine Möglichkeit finden, um in Ruhe über uns, unser Tun und Wollen nachdenken zu können. Egoisten sind umzingelt von Zeitdieben und haben dann das Gefühl: Ich würde mich ja gerne mehr um andere und anderes kümmern, aber dazu habe ich nun wirklich keine Zeit.

Wenn wir also eine Balance zwischen unseren Bedürfnissen und denen anderer herstellen wollen, dann müssen wir in einem ersten Schritt diese Zeitdiebe entlarven und aus unserem Leben schmeißen. Erst wenn wir

Platz geschaffen haben, können wir Neues, Sinnvolleres in Angriff nehmen.

W.W.: Was verstehen Sie genau unter Zeitdieben?

U. Nuber: Zeitdiebe sind für mich z.B. oberflächliche Bekanntschaften, die man pflegt, obwohl einem an den anderen Menschen gar nichts liegt. Zeitdiebe sind all die Freizeitaktivitäten, die wir unternehmen, weil es andere auch tun: fernsehen, den Körper im Fitneßstudio quälen, langweilige Partys besuchen, einkaufen gehen ... Jeder kann seine persönlichen Zeitdiebe ganz leicht entlarven, indem er sich kritisch fragt: Was tue ich häufig, aber ohne wirkliche Freude? Warum bin ich immer so erschöpft, wenn ich bestimmte Menschen getroffen habe? Wie sinnvoll finde ich, was ich tue? Wenn man sich darauf ehrliche Antworten gibt, dann merkt man sehr schnell: Ich könnte sehr viel mehr Zeit haben, wenn ich sorgsamer mit ihr umgehen würde.

W.W.: Muß man eine gesunde Portion Egoismus entwickeln, um wirklich unegoistisch handeln zu können?

U. Nuber: Ich möchte das anders ausdrücken: Man muß sich das Recht nehmen, sich von überflüssigem Ballast zu befreien, um sich dem Wesentlichen zuwenden zu können. Ich halte es nicht für egoistisch, wenn man den Kontakt zu Personen einstellt, die einen nur ausnützen oder ihre eigenen egoistischen Bedürfnisse befriedigen wollen. Ich halte es auch nicht für egoistisch, wenn wir uns dem zeitraubenden Konsumzwang oder Schönheitskult entziehen. Das alles ist wichtig, um zu sich selbst zu finden. Befreit von all dem Unwesentlichen können wir dann als Person, die mit sich im Reinen ist, unsere Kraft jenen Menschen und Dingen widmen, die es aus unserer Sicht wirklich verdienen. Was für einen selbst wichtig ist, diese Entscheidung muß natürlich jeder für sich selbst treffen.

„Da hab ich keine Probleme mit ...“

Beobachtungen in einem narzißtischen Zeitalter

Rolf Lutzebäck*

Deutsches Reality-Feature: Irgendwo in der maritimen Weltstadt Kiel, Juni 2001, ungefähr zwölf Uhr mittags, Filiale einer Feinkostkette. Endlose, nicht ganz ungiftige Schlange vor der einzigen besetzten Kasse. Belagerungszustand. Erbitterter, wehrtüchtiger, weißhaariger Rentner, bereits Nummer sechs in der Reihe: „Ich steh mir hier die Beine in den Bauch! Unglaublich. Machen Sie doch 'ne weitere Kasse auf! Sie haben hier Mängel im Kundenservice, deutliche Mängel. Das ist kundenfeindlich! In Amerika wäre das undenkbar – undenkbar! Da tragen die Verkäufer einem die Taschen noch zum Auto.“ Er prustet in die Runde: „Hier macht man was mit. Ich will hier nicht übernachten!“ Verständiges Nicken der Leidensgenossen vor und hinter ihm; feenartige, zu bewundernde Geduld der jungen Kassiererin mit den schnellen Fingern. Eine schwitzende Mittdreißigerin mit dem viel zu engen Nylonpullover und der viel zu weiten Trainingshose zeitloser Eleganz hinter dem Rentner postiert; wie es scheint, Mutter von zwei Piraten, die sich spätestens bei der Haribo-Auslage als ihre Kinder outen: „Dennis, komm her, sonst setzt' was! Laß Sarah in Ruh. Die ist viel kleiner wie Du. Gleich setzt' was, hörst Du! Ich sag sonst heut abend Papa, was los ist!“ Aufatmen: Dennis gönnt sich eine schöpferische Pause. Eigentlich doch ein liebes Kerlchen.

Dann, endlich: In mittäglicher Supermarkt-Dunstglut naht aus der Ferne eine kernige Kollegin der zarten, feindlichen Blicken ausgesetzten Kassiererin. Sie zwinkert ihr verständig zu. Heiter stimmende Worte werden in die Runde geworfen: „Kommen Sie doch bitte auch hier rüber!“ Kaum hat sich ihr Mund in Falten gelegt, heulen schon die Motoren des Feinkost-Hockenheims. Der ausgeschlafene Rentner verjüngt sich in Sekundenschnelle um Jahrzehnte, die schwitzende Mutter gleicht in Windeseile der jungen Heide Rosendahl vor dem Olympiasieg. Doch beide haben das Pech des Tüchtigen. Denn ein junger, sonnenbankgestählter Maurer, Start-

* **Dr. Rolf Lutzebäck,** geb. 1958, Lehrer, unterrichtete zuletzt von 1996–2001 als Oberstufenlehrer an der Freien Waldorfschule Rendsburg (Deutsch, Geschichte, Kunstgeschichte).

position sieben, zieht mit ganzer, nicht zu dürftiger Muskelkraft, ein ältliches Mütterchen noch rasch übersehend und fast zu Fall bringend, mit deutlichem Abstand an ihnen vorbei. Sieg! Die blecherne Bullenpalette Vollbier knallt kräftig aufs leidgeprüfte Laufband. Der Tag scheint für den Muskelmaurer gerettet. Siehste wohl! Die Mutter meckert merklich muffig: „Mensch, ich war doch vor Ihnen hier!“ Der Dosenbierträger kontert: „Dann müssen Sie halt schneller sein. Ist nicht mein Problem!“ –

Eine auswechselbare, auf den ersten Blick belanglose Beobachtung irgendwo und mittendrin in bundesdeutscher Alltäglichkeit.

„Das ist Dein Problem!“ oder: „Was geht mich das an?“ einerseits, „Kein Problem!“ oder: „Da hab ich keine Probleme mit!“ andererseits; wer kennt diese Sätze eigentlich nicht? Im vermeintlichen alltäglichen Wrestling unserer Zeit ums Bessersein und Besserwissen sind diese Sprüche vertraute, sehr beliebte und wirkungsvolle Wortwaffen. Wer sich ihrer bedient, fühlt sich überlegen, lebenstüchtig und psychologisch gewitzt, und diejenigen, an die sie gerichtet sind, kommen sich nicht selten unangenehm berührt und beschämt vor. Größer könnte das Gefühl der Trennung von Mensch zu Mensch gar nicht empfunden werden als im Moment des schroffen, verächtlichen Abgewiesenwerdens, des „seelischen Korbes“.

Welche Kraft verbirgt sich hinter dieser Form der Verachtung, einer Spielvariante dessen, was egoistische Selbstliebe, Narzißmus, ausrichten kann? Ist sich der Verachtende eigentlich seines Verhaltens bewußt? Welche unterschiedlichen Formen des Narzißmus gibt es? Wo liegen die Ursachen der jeweiligen Verhaltensweise begründet? Welche Möglichkeiten der Therapie gibt es? Welcher geisteswissenschaftliche Bezugsrahmen ist für den narzißtischen Lebensstil auszumachen? Nicht wenige sprechen heute gar von einem narzißtischen Zeitalter zwischen Größenwahn, Exhibitionismus und einer mysteriösen Angst vor dem Versagen. Diesen und weiteren Fragen soll in diesem Artikel nachgegangen werden, wobei auch Bezug genommen werden soll auf die inzwischen etablierte psychologische Narzißmusforschung.

Narzißmus

Nach Narziß, dem antiken Jüngling, der sich in sein eigenes Spiegelbild verliebte, heißt jene neurotische Störung, die heute als die am weitesten verbreitete gilt (Hoffmann-Axthelm, S.19).

Heike Schmoll beschreibt eine aktuelle Ausprägung des Narzißmus am Beispiel der vielen Talksendungen und Features im Fernsehen:

„Dem Exhibitionismus auf der einen Seite entspricht ein grenzenloser Voyeurismus auf der anderen Seite. Mit kulturkritischer Larmoyanz ist beiden Phänomenen nicht näherzukommen, zumal auch die Kritik daran immer beim Fernsehen endet. [...] Leute, die früher beim Kaffeeklatsch der Nachbarin, am Gartenzaun oder im Tante-Emma-Laden über andere herzogen, sitzen jetzt auf den Plüschsofas der Talkshows." (Schmoll, *FAZ*, 30.04.97)

Mit anderen Worten: Eine Störung ist zum „Lifestyle" avanciert, der gekennzeichnet ist durch die Verleugnung der Tatsache, „daß wir uns mit unserer Besserwisserei und Überheblichkeit den Boden, aus dem Lebensfreude und Lebenssinn wachsen und gedeihen könnten, selbst unter den Füßen wegziehen. Denn wie der einzelne Mensch, so verliert auch eine Gesellschaft, die das Wissen um ihre Verletzlichkeit lähmt und leugnet, damit die eine Hälfte ihrer Ganzheit: ihre Menschlichkeit und ihr Mitgefühl, ihre Seele, ja auch ihre Spiritualität." (Hoffmann-Axthelm, S.13)

Ein Lebensstil, der die ohnehin mächtige Illusion des Getrenntseins der Menschen voneinander noch fördert.

Kulisse der Selbstdarstellung

Der Mythos vom Jüngling Narziß fand seinen Weg von der klassischen Antike über die Psychoanalyse, wo er ein komplexes psychopathologisches Syndrom umschreibt, z.B. bei Freud, bis in die Alltagserfahrung und -sprache: Ein Narziß, das ist auch der Typ von nebenan, sei er Beamter, Angestellter oder Freiberufler, der seiner Umgebung entweder durch sein desinteressiertes Gehabe auf die Nerven geht oder sie mit endlosen monologische Ausführungen über alle Themen der Welt langweilt. Beide, der stille wie der redselige Typ, scheinen auf der Welt letztlich nur sich zu lieben und die anderen lediglich als Kulisse ihrer Selbstdarstellung zu benutzen, sie letztlich verachtend.

Erst auf den zweiten Blick, aber dann um so nachhaltiger, fallen uns der Narzißmus und die Verachtung als Lebensstil in der traditionellen Paarbeziehung ins Auge: Der Mann als kompetenter Macher und Könner und eigentlicher Lenker jedes Pkw erweist sich als Beifahrer als ein wendiger Fahrpädagoge („Du, da vorne ist Rot! Da mußt Du halten!"), sie als bewundernde Zulieferin von Güte und Mütterlichkeit („Magst Du noch Apfelkuchen? Ich hol schnell noch die Sahne!"). Das ist ein Muster, das sich auch heute noch über die Generationenfolge vererbt: So springt – wie

Christa Wolf in ihrer Kassandrastudie feststellt – noch heute die älteste Großmutter in Windeseile auf, wenn der kleinste Enkelsohn mit der Gabel klopft, so promenieren disputierend noch heute die Herren bei gemeinsamen Spaziergängen in gefällig anmutender Selbstverständlichkeit stolzer Pfaue in merklichem Respektabstand vor den dezent plauschenden Damen, nahezu unbeeindruckt von der Emanzipationsbewegung seit den 60er Jahren.

Der Mythos vom Jüngling Narziß

Verblüffenderweise scheint der moderne Narziß viel mit seinem antiken Namensgeber gemein zu haben, dem griechischen schönen Jüngling Narcissus, der Sage nach Sohn des Flußgottes Kephissos und der Nymphe Leirope.

Dieser Schönling war kalt gegen alle Liebe und wies auch die in ihn verliebte Bergnymphe Echo zurück. (vgl. Rose, S.165) Die Ungeliebte magerte ab, schwand schließlich gramvoll dahin, ihr Gebein wurde zu Felsen, und es blieb nur ihre Stimme, „das Echo" zurück. Doch der kaltherzige Jüngling mußte für seine Kälte und Verschlossenheit teuer bezahlen. Die Götter straften ihn mit unstillbarer Liebe zu sich selbst: Als er sich über eine klare Quelle beugte, um aus ihr zu trinken, sah er „ganz unverhofft" sein Antlitz, das sich im Wasser spiegelte. Gebannt vom Anblick der eigenen Schönheit blieb er, wo er war, und konnte sich nicht trennen. Eine schier unstillbare Sehnsucht nach Verschmelzung mit seinem Ebenbild dort unten im Wasser ergriff ihn und ließ ihn fortan nicht mehr los, so daß er schließlich aus Trauer über die Unerfüllbarkeit seines Verlangens und vor Erschöpfung starb. Der Unglückliche fand – zum Trost aller Leidensgenossen sei dies vermerkt – jedoch später Erlösung durch die Erdmutter, die ihn in eine Narzisse verwandelte.

Es mag angesichts der im westlichen Kulturkreis verbreiteten Attitüde des Selbstdarstellens und Verstellens (es gibt dafür die nicht nur negativ konnotierte Wendung des „Sich-Verkaufens") nicht verwundern, daß sich im Verlaufe der vergangenen Jahrzehnte eine umfangreiche Forschung der Narzißmusproblematik etabliert hat.

So weisen beispielsweise Volkan und Ast in einer jüngeren, empirisch gestützten Narzißmusstudie auf die gängige begriffliche Prämisse hin, daß der Narzißmus an sich, die Selbstliebe, noch nichts „Schlechtes" sei. Im Seelenleben des Menschen sei ein „gesunder Narzißmus" normal wie Sexualität, Aggression und Angst. Dennoch, wie andere Persönlichkeitseigenschaften, sei er anfällig für Störungen und führe dann unausweichlich auch zu Störungen der Ich-Identität. (Volkan/Ast, S.9)

Diese Störungen werden besonders augenfällig in der menschlichen Begegnung. Es sei daher an dieser Stelle ein kurzer Blick auf die Psychologie der Begegnung erlaubt.

Antisozialer und sozialer Trieb

Rudolf Steiner erwähnt im Zusammenhang der Herstellung der sozialen Begegnung von Mensch zu Mensch die fortwährende, unbewußte Neigung einzuschlafen, das Verhältnis im Schlafe zu erleben. Dagegen wirke die Gegenkraft des Wachhaltens. Und diese „ist aber antisozial in diesem Fall, Behauptung der eigenen Individualität, der eigenen Persönlichkeit gegenüber der sozialen Struktur in der Gesellschaft. Einfach indem wir Mensch unter Menschen sind, pendelt unser inneres Seelenleben zwischen Sozialem und Antisozialem hin und her. Und dasjenige, was so als diese zwei Triebe in uns lebt, was zu beobachten ist zwischen Mensch und Mensch, wenn man Mensch und Mensch einander gegenüberstehen sieht und sie okkult beobachtet, das beherrscht unser Leben." (GA 186/1979/12.12.1918/S.163)

Und weiter:

> „Er ist gerade für seine Stellung in der Zeit angewiesen, die antisozialen Kräfte zu entwickeln. Und es würde nicht die Aufgabe unseres Zeitraums vom Menschen erreicht werden können, wenn nicht gerade die antisozialen Triebe, durch die der Mensch sich auf die Spitze seiner eigenen Persönlichkeit stellt, immer mächtigere und mächtigere werden. Die Menschheit hat heute noch gar keine Ahnung davon, wie mächtig immerwährend bis ins dritte Jahrtausend hinein die antisozialen Triebe sich entwickeln müssen. Gerade damit der Mensch sich richtig auswächst, müssen die antisozialen Triebe sich entwickeln." (ebd./S.164)

Des einzelnen Selbst, der eigenen Selbstdefinition willen, darf der Mensch unseres Zeitalters die im Inneren unvermeidbaren antisozialen Triebe demnach nicht bekämpfen, denn das ist nicht möglich und der Entwicklungsdynamik abträglich, sondern im Äußeren, im gesellschaftlichen Leben, muß in bewußter Wahl ein soziales Gegengewicht zur inneren Entwicklungstendenz gesetzt werden:

„Nicht darum handelt es sich, Rezepte zu finden, um die antisozialen Triebe zu bekämpfen, sondern darauf kommt es an, die gesellschaftlichen Einrichtungen, die Struktur, die Organisation desjenigen, was außerhalb des menschlichen Individuums liegt, was das menschliche Individuum nicht umfaßt, so zu gestalten, so einzurichten, daß ein Gegengewicht da ist für dasjenige, was im Innern des Menschen als antisozialer Trieb wirkt. Daher ist es so notwendig, daß der Mensch in diesem Zeitraum mit seinem ganzen Wesen ausgegliedert wird von der sozialen Ordnung." (ebd./S.165)

Dabei kann nach Steiner bekanntlich nur das sozial gegliedert werden, „was nicht am Menschen hängt: seine Position, der Ort, an den er hingestellt ist; nicht etwas, was in ihm selbst ist." (ebd.)

Mit Einschränkungen könnte das, was Steiner als entwicklungsnotwendigen antisozialen Trieb kennzeichnet, mit dem gleichgesetzt werden, was das Ich zur Behauptung seiner selbst gerade in Kontrast mit den anderen benötigt, um den Restbeständen des archaisch Gruppenhaften zu entwachsen. Das, was sich hier als eine gewaltige Chance seelischen Wachstums darstellt, muß sich dann im alltäglichen Spannungsfeld zwischen belebender Freiheitserfahrung und belastendem Freiheitsübergriff, zwischen freibeuterischem Abenteuer und schrankenlosem Seelenimperialismus behaupten. Hilfreich mag es sein, die Formen einer notwendigen, gesunden und einer defizitären Form des Narzißmus zu unterscheiden.

„Gesunder" und „gestörter" Narzißmus

Wenn ein Kind einen „gesunden Narzißmus" entwickeln konnte, liebt es sein Selbst und dessen Darstellung (Repräsentanz) nicht nur dann, wenn es sich von seiner Familie geliebt fühlt, sondern mit wachsender Unabhängigkeit auch dann, wenn es durch andere zurückgewiesen wird. Bei positivem Verlauf führt der Narzißmus zu besonders kreativen Leistungen und Erfolgen. Menschen in exponierten Positionen, beispielsweise Schauspieler und Lehrer, können in ihrem Berufsumfeld ihre Fähigkeiten ausleben und bekommen jene Anerkennung, die sie in ihrer jetzigen Inkarnation brauchen.

Bei negativem Verlauf sind die Folgen schier unberechenbar. Haben derart veranlagte Menschen in einer Ehe oder in einer partnerschaftlichen Beziehung gelebt und werden von ihrem Partner verlassen, so ist die Wahrscheinlichkeit sehr groß, daß sie infolgedessen dazu neigen, ihren ehemaligen Partner nicht loszulassen, bis hin zu dem, was man aktuell „Stalking" nennt. (Schumacher, S.147 f.) Sie belagern den ehemaligen Partner geradezu, spionieren ihm nach, bleiben ständig auf seiner Spur, und aufgrund der Kränkung des Verlassenseins kommt es oft auch zu massiven Drohungen.

Ambivalenz der Störung

Wann gilt der menschliche Narzißmus als „gestört"? Als gestört gilt nach üblichem Verständnis der Narzißmus dann, wenn der sogenannte dominante Teil der Selbstrepräsentanz entweder grandios erscheint oder vom Gefühl der Unterlegenheit geprägt ist.

Eine Redensart besagt, daß extreme Gegensätze sich einander annähern. Und klinische Erfahrungen scheinen zu belegen, daß Patienten mit gestörtem Narzißmus immer wieder beide Seiten – das Gefühl der Grandiosität und der Inferiorität – gleichzeitig besitzen, wobei eine Seite im Licht und die andere im Schatten steht.

Bei der narzißtischen Persönlichkeitsorganisation wird in der Terminologie der Psychologen von zwei Teilen des Selbst gesprochen, dem „grandiosen Selbst" (eine Art pervertiertes höheres Selbst) und dem „hungrigen Selbst" (Zerrbild des niederen Selbst), welches jeweils dominant oder verborgen sei.

Wenn jemand in seinem alltäglichen Leben eher an den entwerteten Aspekten seiner Selbstrepräsentanz festhält als an den mit übermäßig viel Libido besetzten, werden seine masochistischen Tendenzen das klinische Bild bestimmen (Volkan/ Ast, S.16). Durch Masochismus und Unterwerfung wird der Kontakt mit einem idealisierten Objekt oder dessen Repräsentanz aufrechterhalten, d.h. der Masochist wird gerade aus Enttäuschungen durch das idealisierte Objekt Genugtuung erhalten.

„Moralische Masochisten" (Freud 1924, zit. nach Volkan/Ast, S.19) sehen sich als Opfer des Schicksals, dazu verurteilt, sich unterlegen zu fühlen und keinen Anspruch auf das zu haben, was sie sich wünschten und deswegen auch nie bekamen.

Die menschliche Seele vergißt nichts auf Dauer

Da die menschliche Seele ein auf Ganzheit und Ausgleich bedachtes Geschöpf ist, kennt sie kein dauerhaftes Vergessen. Sie steht als Wesen der

Liebe und der Emotion per se für mitfühlende Menschlichkeit ein und versucht, dafür Sorge zu tragen, daß der von ihr beseelte Mensch nicht nur seine hellen, sondern auch seine dunklen Seiten kennenlernt und immer wieder neu erfährt. Wenn nun jemand seine Verletzlichkeit quasi im Seelenkeller ablagert, so ist eines sicher: Die Seele wird irgendwann schon Wege finden, daß z.B. Angst und Schmerz als Sendboten jener mitfühlenden Menschlichkeit trotz aller Hindernisse doch noch ihren Adressaten oder ihre Adressatin erreichen, „und so läßt sie die beiden Gefühle dort unten kräftig gären und rumoren, bis dann dieses Rumoren in den oberen Stockwerken allen Betonwänden zum Trotz ankommt – vielleicht als Schuldgefühl, vielleicht als Langeweile und burning-out, als Treuebruch an Partnern oder Idealen, als Sinnleere oder belastender Alptraum; vielleicht auch als Krankheit, als berufliches Versagen oder als Migräne.

Der Besitzer oder die Besitzerin eines solchen Seelenhauses hat jetzt die Wahl, diesem liebevoll nachhaltigen Fingerzeig zu folgen oder ihn wie so oft zuvor als unangenehme Beeinträchtigung seiner oder ihrer reibungslosen Lebenshaltung zu mißachten. Wird dann der zweiten Möglichkeit gefolgt, empfinden sie den Lärm nur als lästig, dann werden sie weiteren Beton aufschütten. Vielleicht wird sich die Lärmbelästigung dadurch sogar reduzieren lassen, das Mauerwerk wird dicker, die Persönlichkeit einsamer und lebloser werden. Selbstverständlich kann sie, die stundenglaszertrümmernde Seele, sich immer weniger bemerkbar machen, doch die Gefühle erstarren unter der Last des aufgehäuften Materials, und im schlimmsten Fall mögen die Hausbesitzerin und der Hausbesitzer – wie einst Citizen Kane – für den Rest ihres Lebens scheintot vegetierend in ihrem schalldicht isolierten Heim sitzen als bedauernswerte Opfer ihrer hausgemachten Lebens-Verächtlichkeit.“ (Hoffmann-Axthelm, S.10 f.)

Das ist eine Seelenerfahrung, die so mancher von uns sich gegenwärtig wählt.

Verachtung

Woher nun aber stammt diese Verachtung? Wir haben es bei der Verachtung mit einer erstarrten, intellektualisierten Negativität eines Erwachsenen zu tun, der in sich alte Kinderwunden trägt.

Diese Kinderwunden entstanden durch Beschämung ursprünglich vertrauensvoll gezeigter Bedürfnisse, und sie haben sich, da sie nie behandelt wurden und heilen konnten, als ebenso unerforschter wie unheimlicher und zu meidender Ort in der Persönlichkeit festgesetzt. Man denke an den über viele Jahrhunderte tabuisierten Bereich der natürlichen kindlichen Sexualität! Man denke an die unnatürlichen Stillsitz- und Ruhe-Appelle oder gar an das einer Kindesmißhandlung nahekommende „Eckestehen", leider auch an Schulen, die sich vom Ideal her dem Kindeswohl besonders verpflichtet fühlen. Wer als werteorientierter Erwachsener die kindliche Begeisterung durch Mißachtung, einen verächtlichen „bösen" Blick oder gar durch das Verweisen auf die „Hölle" abstraft, ist sich der Tragweite seines Handelns nur selten bewußt.

Anpassungsstrategie

Von diesem unheimlichen Seelenort aus verunsichern die immer noch klaffenden Wunden den betroffenen Menschen durch ihre ungreifbare, allenfalls als diffuses Unbehagen spürbare Existenz. Die Verachtung ist also eine auf versteckter Unsicherheit und nicht mehr wahrgenommenem Schmerz basierende Anpassungsstrategie an die Erfordernisse einer Erwachsenenwelt, die Unsicherheit und Leid nicht brauchen kann und die ihrerseits unsichere und leidende Menschen schnell zu verachten geneigt ist.

Der verächtliche Mensch hat gelernt, die eigene Angst und Unsicherheit dadurch zu lähmen, daß er sie im anderen sieht, ob dieser andere nun der Partner oder die Partnerin, das eigene Kind, der Bruder, die Schwester, der Untergebene, der Chef, bestimmte Kollegen, „die Politiker", „die Ausländer" oder „die Staatsschule" ist. Wieviel Leid und Unsegen durch diese „Zwänge" im sozialen Miteinander entstehen, weiß so mancher im sozialen Verbund tätige Mensch! Tröstlich mag für alle LeserInnen sein, daß losgelöst von dem geisteswissenschaftlich nicht tragenden „Opfer"-„Täter"-Dualismus zugunsten eines seelenverwobenen, irdische Erfahrungen ermöglichenden Einvernehmens uns der Spiegel des narzißtischen Gegenübers reichliche Möglichkeiten seelischen Wachstums bietet!

Je virtuoser jemand den beschriebenen Lebensstil im Laufe seines Lebens zu beherrschen lernt, desto erfolgreicher wird er in „der Gesellschaft" sein, denn als getreuer Spiegel des Individuums funktioniert die gesellschaftliche Kommunikation weitgehend nach diesem Prinzip! Wer mag sich da noch als unsicher oder gar „nackt" den eigenen Zeitgenossen präsentieren? In Zeiten drohender oder tatsächlicher Arbeitslosigkeit werden „Durchblick" sowie die Fähigkeit belohnt, „sich durchsetzen zu können", „cool" zu sein und „das Leben im Griff" zu haben, in einer Zeit der

„Qualitätskontrolle“ und des meßbaren „Outputs“ bis in pädagogische Zusammenhänge hinein. Zurückhaltung, geäußerte Schwäche und Zögern sind „out“, und geht trotzdem etwas schief, dann sind eben – beispielsweise – die „Ossis“ oder die „Wessis“ schuld daran. Auch können es, die entsprechenden Verhältnisse vorausgesetzt, auch die „Männer“ oder die „Frauen“, die „Mütter“ oder die „Väter“, der „Partner“ oder die „Partnerin“, die „Hardliner“ oder die „Weicheier“ sein. (vgl. Hoffmann-Axthelm, S.11 f.)

> „Jede Entwertung von Andersartigkeit dient dabei dazu, die eigene Angst vor Zerbrechlichkeit und Beschämung zu betäuben und die Illusion von Unverletzlichkeit und Kontrolle über die unvorhersehbaren Dinge des Lebens aufrechtzuerhalten.“ (ebd.)

Derartiges Verhalten tötet auf längere Sicht nicht nur jede Lebendigkeit im einzelnen Menschen, sondern ebenso auch die der Gemeinschaft.

Der Lebensstil des verachtenden Narzißmus markiert etwas im Erleben und Verhalten dahingehend, daß die Betroffenen nicht mehr zwischen den gesunden, lebendigen Empfindungspolen von Lebenskraft und Verletzlichkeit pendeln, sondern zwischen den kranken, erstarrten, seelenlosen Eckpfeilern von Verachtung und heimlicher Furcht vor Beschämung.

Folgen für die Gesellschaft

Das Resultat ist ein Individuum – und entsprechende gesellschaftliche Folgen –, das kontrollierend, steif und langweilig, vermutlich auch hart und im unglücklichsten Fall sogar seelenkalt im Sinne einer bis zur Taubblindheit verkommenen Mißachtung aller mahnenden Schuldgefühle und einer Befindlichkeit, die für sich einzig die Sonnenseite der Omnipotenz proklamiert und rachelüstern diejenigen verfolgt, die Raum auch für die dunklen Seiten des Lebens beanspruchen. (Mobbing als das Golfen der erkalteten Seele?) Solche Menschen gehen im Extrem „über Leichen“, weil sie ihre eigene Verletzlichkeit nicht mehr wahrnehmen. Nicht mehr wissend, was Schmerz und Trauer sind, verletzen und erniedrigen sie seelenlos die als „schwach“ erlebten anderen im Dienste ihrer eigenen Überlegenheitsstrategien. Wen wundern die in unseren Tagen zunehmenden, nur schwer erträglichen Kinderschändungen, wen die vom Deutschen Kinderschutzbund konstatierten kontinuierlich wachsenden körperlichen und seelischen Kindesmißhandlungen? Wen wundert die Seelenkälte des auf wimmernde wehrlose Menschen eintretenden Neonazis, wen das Grinsen der Steinewerfer von Brücken?

Zu tun haben wir es mit der Verächtlichkeit und ihrem Spiegelbild, der Selbstverachtung. Beide Seiten derselben Seele verwandeln nach dem Muster „Das ist Dein Problem" Lebendigkeit und Freundlichkeit in Anpassung, Langeweile, Verrohung und Rachsucht und verhindern durch ihr Zusammenspiel den Zugang zum Wertvollsten, was ein Mensch in sich trägt, zum höheren Selbst.

Dimensionen des gestörten Narzißmus

Es soll im folgenden anhand der psychologischen Forschung auf einige der wesentlichen Dimensionen des Narzißten eingegangen werden, auf das Selbstkonzept, die zwischenmenschlichen Beziehungen, die soziale Anpassung, Liebe und Sexualität, Überwältigungsphantasien, seine Werte, Ideale und Sprache und seinen familiären Hintergrund. –

„Ich bin der schönste, reichste, intelligenteste Mensch." – „Ich fühle mich deprimiert und verwirrt, da ich das Gefühl habe, ein Nichts zu sein."

Beim Narzißten wird das Selbstkonzept offen durch die Grandiosität und verdeckt durch die Inferiorität bestimmt. Das „hungrige Selbst", das beim Narzißten normalerweise im Verborgenen bleibt, dominiert beim narzißtischen Masochisten die Gesamtpersönlichkeit; ausgesprochen würde es sich etwa so anhören:

> „Ich bin ein Weltmeister im Leiden; es gefällt mir, der größte Sammler von Ungerechtigkeiten und von Situationen zu sein, in denen ich zum Opfer gemacht werde." (Volkan/Ast, S.51)

Das offene Merkmal der zwischenmenschlichen Beziehung ist das Bedürfnis, in seichten Beziehungen Zeichen der Anerkennung durch andere zu sammeln; verdeckt zeigt sich eine Unfähigkeit, anderen zu vertrauen. Auf der sozialen Ebene können diese Personen charmant und erfolgreich sein („Pseudosubliminationen"), während sie verdeckt viele nur oberflächliche Interessen haben oder ganz ziellos sind.

Während narzißtische Menschen nach außen hin verführerisch wirken und ein ungehemmtes Sexualleben haben können, sind sie nicht wirklich fähig zu lieben. In ihrer Ethik, ihren Werten und Idealen scheinen sie eine Karikatur von Bescheidenheit zu sein, voller Enthusiasmus für bestimmte Ideale. Dahinter steht aber ihre Bereitschaft, jederzeit ihre Werte durch andere zu ersetzen, falls ihnen dies opportun erscheint. Schließlich scheinen sie auf den ersten Blick auch beeindruckend viel zu wissen. Bei genauerer Betrachtung zeigt sich jedoch meist, daß ihr Wissen sich in Trivialitäten erschöpft und ihre Fähigkeit zum Lernen beeinträchtigt ist. (vgl. ebd.)

Wie nun setzt ein Narzißt seine Ich-Funktionen für die Aufrechterhaltung seines grandiosen Selbst ein? Es scheint die eine zentrale und beherrschende Aufgabe zu sein, die sich das narzißtische Ich setzt: die eigene Überlegenheit zu schützen und aufrechtzuerhalten. Dies auch dann noch, wenn Zwänge oder andere Störungen, z.B. im Sexualverhalten, hinzukommen. Auch hierzu sei ein Beispiel aus der psychologischen Praxis von Volkan und Ast genannt:

> „Ein Patient mit narzißtischer Persönlichkeitsorganisation kann etwa Zwangsgedanken darüber haben, zwei Galaxien aufeinander zu oder voneinander weg zu bewegen. Er hat die Aufgabe, den Abstand von Himmelskörpern zu kontrollieren, und ist somit omnipotent. Ein anderer narzißtischer Patient, der homosexuell war, war nicht einfach ein durchschnittlicher Homosexueller. Er kaufte sich den besten französischen Champagner und badete darin. Wenn er aus seiner exquisiten Badewanne aufstand und am ganzen Körper mit dem wohlschmekkendsten Champagner benetzt war, ließ er sich von seinen Liebhabern bewundern und ablecken." (ebd., S.52)

„Wie unter einer Glaskugel"

Obwohl narzißtische Menschen völlig in ihrem Interesse an sich selbst aufgehen, haben sie dennoch intensive Beziehungen mit anderen Menschen, die jedoch nicht wechselseitig sind, sondern vor allem dazu dienen, die narzißtischen Bedürfnisse zu erfüllen. Sie beobachten ihre Mitmenschen gewissermaßen durch ihre Glaskugel, um zu sehen, ob sie von ihnen bewundert oder verachtet werden.

Glas, ein kaltes und undurchlässiges Material, spiegelt auch die Kälte ihrer Persönlichkeit wider. Verdichtet sind diese Glaskugelphantasien nicht selten durch den unbewußten Wunsch des Narzißten, das einzige Kind der Mutter zu sein und ihre ganze Liebe zu bekommen. Die Glaskugel – bekanntlich werden nur die allerwertvollsten Dinge, wie Juwelen und Lekkereien, unter Glas gestellt – könnte auch mit einem eigenen kleinen Raumschiff verglichen werden, in dem man zwar einsam, aber omnipotent ist. Nicht selten dienen auch unbelebte Objekte, sogenannte „Übergangsobjekte", dem Auftanken der narzißtischen Selbstrepräsentanz. Diese Objekte dienen als Brücke zum anderen Menschen, um herauszufinden, was es da draußen denn gibt.

„Ein Patient trug immer das Bild eines gutaussehenden und berühmten Schauspielers bei sich. Jeden Tag schaute er sich dieses Bild an und bestätigte sich, daß er noch schöner sei als dieser Filmstar. Ein anderer narzißtischer Patient veröffentlichte eine Sammlung seiner Gedichte. Da die Buchbesprechung nicht besonders gut ausfiel, schrieb er sich viele bewundernde Briefe und setzte die Unterschriften verschiedener namhafter Literaturkritiker darunter. Er reiste in verschiedene Städte, schickte von dort die Briefe an seine eigene Adresse und zeigte sie dann seinen Bekannten als Beweis für seine bewundernswerten Qualitäten als Dichter." (ebd., S.56)

Das mag uns an den römischen Kaiser Nero erinnern, der, als der höfliche Beifall des römischen Volkes für seine vermeintlich göttlichen, leidlich krächzenden Gesangsvorstellungen ihm zu dezent erschien, eigens 5.000 stimmgewaltige, kräftige junge Männer aus dem Volk zum Beifallklatschen abrichtete. Nero soll dabei die Männer in Gruppen eingeteilt haben, die jeweils auf eine bestimmte Art des Beifalls trainiert waren, vom Klatschen mit flacher Hand bis zum Beifallssummen der Bienen. (vgl. Lissner, S.148 f.)

Phantasie vom perfekten, unzerstörbaren Körper

Durchschnittlichkeit bedeutet für einen narzißtischen Menschen, der Angst ausgesetzt zu sein. Er schützt sich daher ständig davor, daß seine grandiose Selbstvorstellung mit seiner entwerteten Selbstvorstellung in Berührung kommt. Er scheint ständig damit beschäftigt zu sein, Dinge zu tun, die nicht dem Durchschnitt entsprechen. Der Narzißt sieht seinen Körper als perfekt und unzerstörbar an und sammelt ununterbrochen Ruhm, wobei es ihm nicht darauf ankommt, ob dieser Ruhm auf trivialen oder auf bedeutenden Dingen beruht:

„Es kann beispielsweise sein, daß jemand, der am Tag zuvor für eine wissenschaftliche Arbeit einen hochangesehenen Preis einer Universität erhalten hat, dessen ungeachtet am nächsten Tag stundenlang am Rande eines Schwimmbeckens sitzt, um sich von zufällig Anwesenden bewundern zu lassen; das Schwimmen selbst kann er nicht genießen, da während der Zeit, die er im Wasser verbringt, niemand seinen Körper sehen kann." (Volkan/Ast, S.60)

Der Narzißt und die anderen

Wenn es so aussieht, als ob ein narzißtischer Mensch sich für eine Sache einsetzt, so geht es ihm nicht um die Sache selbst. Es ist einzig seine Überzeugung für ihn maßgebend, auf alles Anspruch zu haben. Somit wechselt er opportunistisch seine Einstellung zu seinen Idealen und seinen Beziehungen mit anderen Menschen entsprechend dem, was ihm gerade am günstigsten erscheint, um seine Ziele zu erreichen. Er ist überzeugt: Die Welt ist für meinen Lebensunterhalt verantwortlich. Alles, was ich tue, sollte gutgeheißen werden. Ich kann alles tun, was ich will, und ich kann alles haben, was ich will. Meine Wünsche und Bedürfnisse sind das Wichtigste im Leben. Ich sollte bedient werden.

Hinsichtlich der Beziehung des Narzißten zu anderen Menschen ist grundlegend, daß er sie gar nicht als „ganze" Wesen sieht, sondern vielmehr in verschiedene Gruppen unterteilt: auf der einen Seite in seine Bewunderer, die er mit Charme in seinen Bann ziehen kann. Doch ist er keineswegs gegenüber seinen Bewunderern loyal, „Freundschaft" ist rasch entziehbar. Auf der anderen Seite scheint der Narzißt auch immer einen Menschen, eine Gruppe von Menschen oder eine Organisation zu haben, die „entwertet" sind. Im Vergleich zu diesen „minderwertigen" anderen kann er sich überlegen fühlen. Vieles, was im sozialen Miteinander auf den ersten Blick gönnerhaft, mildtätig, nächstenliebend erscheint, ist bei genauerem Hinsehen lediglich eine Verstellung.

Trügerische, verstellte Liebe

Das ist ein Aspekt, auf den auch Steiner verweist im Zusammenhang mit der Tatsache, daß es schwierig geworden sei, das rechte, sehr komplizierte Verhältnis von Mensch zu Mensch zu finden:

> „Sehen Sie, die bloßen, ich möchte sagen, egoistischen, das Herz erwärmenden Redereien davon, daß wir unsere Mitmenschen lieben und diese Liebe ausführen, wenn wir gerade die allernächste Gelegenheit dazu haben, die machen das soziale Leben nicht aus. Diese Liebe ist zumeist eine furchtbar egoistische Liebe. Gar mancher unterstützt von dem, was er erst, man kann sagen erbeutet, in patriarchalischer Weise

seine Mitmenschen, um sich dadurch ein Objekt zu schaffen für seine Selbstliebe, weil er sich da recht innerlich wärmen kann in dem Gedanken: Du tust das, du tust das. Man kommt nicht darauf, wie ein großer Teil der sogenannten Wohltätigkeitsliebe maskierte Selbstliebe ist.

Darum handelt es sich nicht, daß man bloß dieses Allernächste, eigentlich unserer Eigenliebe Frönende ins Auge faßt, sondern darum handelt es sich, daß man sich verpflichtet fühlt, den Blick hinzulenken auf die mannigfaltig verästelte soziale Struktur, in der wir drinnenstehen." (GA 186/1979/12.12.1918/S.169 f.)

Überwältigungsphantasien und Starkult

Wenn der Narzißt jedoch unter Druck gerät, wenn er etwa die Realität nicht mehr leugnen kann, daß seine „Widersacher" mächtiger, schöner oder intelligenter sind als er, entwickelt er paranoid anmutende Vorstellungen und Befürchtungen, von den anderen überwältigt zu werden.

Soweit wie irgend möglich trachtet der Narzißt danach, mit bedeutenden Persönlichkeiten in Verbindung gebracht zu werden. In ihnen spiegelt er sich oder „verschmilzt" gar mit ihnen. Zwar ist seine Verbindung zu diesen mehr oder weniger Prominenten nicht realistisch, aber in einer oberflächlichen Art „steckt er sich an" mit deren Ruhm. (Volkan/Ast, S.61)

Der Starkult, der heute um Popmusiker, Sportler und andere Prominente der Medienlandschaft getrieben wird, spricht hier eine beredte Sprache. Würde dieser Kult der Belanglosigkeiten nicht auf die narzistische Identifizierung des Publikums treffen, hätte er keinen Boden und könnte auch nicht diese inzwischen geradezu seuchenhaften Ausmaße annehmen. Die Berühmtheit steigert sich selbst – viele sind einfach nur berühmt dafür, berühmt zu sein –, weil der Narzißt sie nährt, um daran teilzuhaben.

Die Ausbreitung auch unbedeutendster oder intimster Einzelheiten aus dem Leben der Stars weckt in einigen den Wahn, tatsächlich aufs Engste mit den Angebeteten vertraut und verbunden zu sein. Sie werden zu Stalkern, d.h. sie nehmen die Spur der Stars auf, reisen ihnen nach, lauern ihnen auf, schreiben obszöne Briefe, überziehen sie mit Telefonterror, brechen bei ihnen ein oder bedrohen sie mit dem Tod, falls ihre Wünsche nicht erfüllt werden. Stalking ist in den USA ein Straftatbestand, der konsequent geahndet wird, weil die Gefährdung Prominenter oft erheblich ist.

Die Sprache des Narzißten

Narzißtische Menschen weisen sprachliche Besonderheiten auf. Sie verwenden die Sprache in einer egozentrischen Art, um ihr Selbstwertgefühl zu regulieren.

Die bloße Verwendung der Sprache für die Kommunikation mit anderen dagegen ist sekundär. So entsteht der Eindruck, als ob der Narzißt vor allem zu sich selbst spricht. „Ich nehme an“, „Ich glaube“, werden häufig gebraucht, wenn es um eine Verpflichtung geht. „Ich werde heute abend mit meiner Frau ins, ich glaube, es ist das Holiday Inn, zum Essen gehen“, obwohl er die Realität, d.h. den Namen des Hotels, genau kennt. Wenn er sich über die zu erwartende Position des anderen nicht sicher ist, ob er zu seinen „Bewunderern“ oder zu den „Minderwertigen“ gehört, hilft ihm die Formulierung „Ich nehme an“ dabei, seine Verabredung zum Abendessen für sich in der Schwebe zwischen real und irreal zu halten: „Ich nehme an, ich werde heute abend mit ... zum Essen gehen.“

Die eigene Realität

Ein weiterer Abwehrmechanismus besteht im Verwischen der Realität. Ein Narzißt, der unter allen Umständen versucht, sein grandioses Selbst zu schützen und aufrechtzuhalten, wird ohne Bedenken die Realität verwischen, wenn es ihm zum Erreichen seines Hauptzieles dient. So treten bisweilen scheinbare Lernschwierigkeiten, Erinnerungslücken und Wissenslücken auf. Indem der Narzißt beispielsweise eine kränkende Bemerkung nicht oder nur in einer veränderten Version erinnert, kann er an seinem Glauben an die eigene Überlegenheit weiter festhalten. Lieber „lernbehindert“ sein, als sich der Mittelmäßigkeit aussetzen zu müssen. (Volkan/Ast, S.63)

Wen erinnert das nicht an die Allüren eines Ludwig XIV., der, als sich mit 40 Jahren sein Haar zu lichten begann, was mit seinem göttlichen Wesen unvereinbar schien, das kahle Haupt mit einer imposanten Lockenperücke verdeckte, die rasch Kultstatus erhielt. (Wir erinnern uns: Der Narzißt ist in der Regel ein erfolgreicher Mensch!) Ebenfalls zur Stabilisierung der Idee seiner göttlichen Ewigkeit ignorierte er die am Palast vorbeiziehenden Leichenzüge durch das Zuziehen der königlichen Vorhänge. Aus den Augen aus dem Sinn. Eine weitere narzißtische Strategie wurde Kult einer ganzen Epoche: Nach und nach wurde das Leben am Hofe zu einer endlosen theatralischen Vorstellung. Bei Banketten wurden die Speisen in Prozessionen hereingebracht; elf *maîtres de table* servierten die Speisen. Kleine und große Essen wurden durch ein minutiöses Zeremoniell geregelt.

Speiste Ludwig zu Mittag *a petite table,* so durfte auch die Königin bei ihm sitzen; alle anderen, auch sein Bruder Philipp, mußten stehen und sich für den Fall, daß er etwas benötigte, bereithalten. Denn sie durften ihm das Gewünschte dann reichen. Während der Messe, die er auch in Zeiten größter Ausschweifungen eifrig besuchte, vielleicht auch gerade deshalb, hatte der ganze Hof zu erscheinen. Dabei kehrten die Adligen dem Altar den Rücken zu, den Blick auf die Majestät gerichtet. Von der Zeremonie des *lever,* des Aufstehens am Morgen, bis zum bühnentauglichen *coucher,* dem Zubettgehen, immer drehte sich der gesamte Hof wie um eine Sonne. (vgl. Menegazzi, S.40 f.)

Beim Narzißten, jetzt einmal von Ludwig XIV. losgelöst, scheint auch das begrenzte Repertoire an Emotionen charakteristisch zu sein. Neid, Wut und Gier z.B. werden intensiv und häufig erlebt, während Gefühle wie Traurigkeit, Reue oder Dankbarkeit kaum oder gar nicht empfunden werden.

Der familiäre Hintergrund

Nicht selten wird als typischer Familienhintergrund, der für Narzißten prägend ist, die kalte, nichtgebende Mutter angeführt, die in der Zeit, in der das Kind sein Selbstwertgefühl aufbaut, es emotional aushungert, wodurch Omnipotenz-Phantasien die Verletztheit der Autonomie ausgleichen (so auch bei Volkan und Ast). Doch immer häufiger werden Zweifel an diesem schlichten Kausalzusammenhang geäußert und Erweiterungen eingeräumt:

> „Die modernen Nachfahren des Narziß haben mit ihrem antiken Namensvetter einen fernen, abwesenden Vater gemein. Aber nicht alle haben eine Nymphe zur Mutter, eine Kindfrau, die selbst zu bedürftig ist, als daß sie den Bedürfnissen ihres kleinen Kindes angemessen begegnen könnte. Der vordergründig umgänglichere Zwillingsbruder des abweisenden Narziß lernte sein Herz zu verschließen, nicht weil er zu wenig, sondern weil er zu viel mütterliche Aufmerksamkeit bekam. Er war – der Vater war emotional oder real nicht vorhanden – der Kronprinz seiner Mutter und damit zunächst Gegenstand mütterlicher Freude." (Hoffmann-Axthelm, S.25)

Sonderform: der maligne Narzißmus

Der Begriff des malignen (bösartigen) Narzißmus bezieht sich auf den exzessiven Einsatz sadistischer Mittel zur Bestätigung und Aufrechterhaltung des grandiosen Selbst. Mit den Menschen mit narzißtischer Persönlichkeitsstruktur hat der maligne Narzißt das ständige Bemühen gemein, die „Nummer Eins" in Bezug auf Macht, Schönheit, Brillanz und Reichtum zu sein. Wie sie ist auch er vor allem mit sich selbst beschäftigt und sehr ehrgeizig. Ebenfalls sind bei ihm Gefühle der Unterlegenheit und die Notwendigkeit, bewundert zu werden, im Schatten seiner grandiosen Phantasien zu finden. Eine andere Eigenschaft jedoch zeichnet ihn aus: Durch exzessiv sadistisches Verhalten häuft er einen aggressiven Triumph nach dem anderen an. Daneben ist er auch masochistisch.

Wie zeigt sich das? Durch Hänseleien, Verleumdungen, Sarkasmus und sogar verletzende Phantasien, um entwertete Objekte niederzumachen, die seine hungrige Selbstvorstellung repräsentieren. Und schlimmer:

> „Einen anderen Menschen umzubringen, um sich selbst überlegen zu fühlen oder seine grandiose Selbstvorstellung aufrechtzuerhalten, ist die bösartigste Form des malignen Narzißmus." (Volkan/Ast, S.92)

Wer eine narzißtische Persönlichkeitsorganisation hat, hält sich für ganz besonders schön und mächtig. Er meint, das Recht zu haben, seinen eigenen Willen durchzusetzen. Er hat ein übermäßiges Bedürfnis danach, in seinen und auch in den Augen der anderen die Nummer Eins zu sein, sein Selbstwertgefühl aufrechtzuerhalten und die Angst zu vermeiden, die aus dem Eingeständnis seines hungrigen Selbst entstehen würde.

Die Führungsrolle scheint die maßgeschneiderte für ihn zu sein. In einer kleinen Gruppe, in der er mit den zu ihr gehörenden Personen direkten Kontakt halten kann, ist er, obwohl er zu den Gruppenmitgliedern durchaus charmant sein kann, dennoch distanziert und nicht wirklich an ihrem Wohlergehen interessiert. Sein Hauptziel ist es, ständig von ihnen Bestätigung, Beifall und Lob zu ernten. Andere Menschen, die aufgrund ihres verminderten Narzißmus „objekthungrig" sind, suchen regelrecht nach solchen Personen, die geeignet scheinen, von ihnen als außerhalb gelegenes „Depot" ihres eigenen Narzißmus erlebt zu werden – Gefolgsleute, auf der Suche nach einer „Führerperson". Die meisten „erfolgreichen" Narzißten (erfolgreich im Sinne der Fähigkeit, die äußere Welt entsprechend den Erfordernissen der inneren Welt beeinflussen und möglicherweise drastisch verändern zu können, um beide in Übereinstimmung zu bringen) verwirklichen ihre Grandiosität ...

Dr. Andreas Kernbichler, Psychiater an der Fachklinik für Psychiatrie, Psychotherapie, Neurologie und Rehabilitation Heiligenhafen, der häufig als Sachverständiger bei Gericht tätig ist, sieht in der weiten Grauzone zwischen psychisch Gesunden und paranoiden Psychotikern die Persönlichkeitsstörung, die durch eine übergroße Sensibilität oder Verletzbarkeit, „Vulnerabilität", gekennzeichnet ist:

> „Wird ein solcher Mensch zurückgewiesen, empfindet er das als lebensbedrohende Kränkung, die wie ein Weltuntergang verstanden wird. Sein ganzes eigenes instabiles Selbst wird bedroht, und er reagiert mit Wut." (zit. nach Schumacher, S.147)

Diese „narzißtische Wut" erscheint als heftige Aggression gegen den vermeintlichen Verursacher, aber auch gegen die eigene Person in Form von narzißtischen Suizidversuchen. Narzißtische Persönlichkeiten zeichnen sich – wie wir oben sahen – durch hohe Ideale aus, die sie sich setzten. Sie bemühen sich, einem eigenen hohen Ideal gerecht zu werden, und leiden unter einer hohen Verletzbarkeit, so daß sie Mißerfolge subjektiv als unerträgliche Ereignisse erfahren, die ihre Welt zusammenbrechen lassen. In solchen Situationen ist bei einem vorhandenen Unrechtsbewußtsein die Steuerungsfähigkeit des eigenen Verhaltens geschwächt. (ebd., S.147 f.)

Ausblick: Behandlungsmöglichkeiten

Entscheidend bei der psychologischen Behandlung der individuellen narzißtischen Störungsbilder scheint bei der schwierigen Arbeit am Selbst vor allem das Durchleben von „entscheidenden Wendepunkt-Erlebnissen" zu sein, wodurch eine Integration von grandiosem Selbst und hungrigem Selbst entwickelt werden kann, mit dem Ziel, einen gesunden Narzißmus und eine integrierte Identität zu erreichen (Volkan/Ast, S.202 f.); ein Ansatz der durch die hilfreiche Biographiearbeit und, sofern sachkundig durchgeführt, gegebenenfalls durch die vielversprechende Reinkarnationstherapie zu stützen wäre.

Besonders vielversprechend scheinen im Zuge des allgemeinen Paradigmenwechsels auch die als „volkspädagogisches Konzept" ausgewiesenen therapeutischen Hinweise Steiners zu sein:

Imagination

„In einer Weise, wie es die Menschen gar nicht ahnen, gehen sie heute aneinander vorbei, ohne sich im geringsten zu verstehen. Die Sehnsucht, wirklich einzugehen auf den anderen Menschen, auf seine besondere Eigentümlichkeit, die ist heute eine sehr geringe. [...] Die Menschen können heute jahrelang mit anderen Menschen zusammensein und sie nicht genauer kennen, als sie sie kannten, als sie mit ihnen bekannt geworden sind. Gerade das ist notwendig, daß man, ich möchte sagen, in systematischer Weise in Zukunft zu dem Antisozialen das Soziale bringt. Innerlich-seelisch gibt es dafür verschiedene Mittel, unter anderem, wenn wir versuchen, öfter einmal im Leben auf unser eigenes diesmaliges Leben, auf die diesmalige Inkarnation zurückzublicken, wenn wir zu überschauen versuchen dasjenige, was sich abgespielt hat in unserem Leben zwischen uns und anderen Menschen, die in dieses Leben hereingetreten sind. [...] Wir sollten versuchen, im Bilde auftauchen zu lassen vor unserer Seele die Personen, die als Lehrer, Freunde, sonstige Förderer in unser Leben eingriffen, oder solche Personen, die uns geschädigt haben und denen wir von gewissen Gesichtspunkten aus manchmal mehr verdanken als jenen, die uns genützt haben. Diese Bilder sollten wir vor unserer Seele vorüberziehen lassen, uns ganz lebendig vorstellen, was jeder an unserer Seite für uns getan hat. Und wir werden sehen, wenn wir auf diese Weise verfahren, daß wir allmählich uns selber vergessen lernen, daß wir finden, wie eigentlich fast alles, was an uns ist, gar nicht da sein könnte, wenn nicht diese oder jene Personen fördernd oder lehrend oder sonst irgendwie in unser Leben eingegriffen hätten." (GA 186/1979/12.12.1918/S.170 f)

Der weiterführende Blick auf länger zurückliegende Jahre, und damit auch auf viele Personen, mit denen wir keinen Kontakt mehr haben, würde einen Sinn für Dankbarkeit diesen Menschen gegenüber entwickeln:

„Weil wir uns geübt haben, Bilder von in der Vergangenheit mit uns zusammenhängenden Persönlichkeiten zu finden, so löst sich von unserer Seele ein Sinn los, nun auch dem Menschen gegenüber zu einem Bilde zu kommen, dem wir in der Gegenwart gegenübertreten, dem wir dann von Angesicht zu Angesicht in der Gegenwart gegenüberstehen." (ebd./S.171)

Das sozial Bedeutende in diesem imaginativen Prozeß ist das Erwecken eines liebe- und haßfreien Bildes des betreffenden Menschen, unabhängig von Sympathien und Antipathien.

Verobjektivierende Loslösung von der Vergangenheit

Steiner bietet noch eine zweite Möglichkeit an, um den sozialen Trieb zu stärken:

> „Das andere ist etwas, was mit dieser Rückschau der Beziehungen zu Personen verknüpft werden kann: daß wir versuchen, uns selber immer objektiver zu werden. Da müssen wir wiederum in frühere Zeiten zurückgehen. Da können wir aber, ich möchte sagen, direkt losgehen auf die Tatsachen selbst, zum Beispiel darüber nachdenken, wenn Sie, sagen wir, dreißig, vierzig Jahre alt sind: Ja, wie war es denn damals, als ich zehn Jahre alt war? Ich will mich zuerst einmal so ganz in der Situation drinnen vorstellen, ich will mich so vorstellen, wie wenn ich einen anderen zehnjährigen Jungen oder ein zehnjähriges Mädchen mir vorstelle. [...] Dieses Sich-Verobjektivieren, dieses sich in der Gegenwart loslösen von seiner Vergangenheit, dieses Herausschälen des Ich aus seinen Erlebnissen, das müssen wir in der Gegenwart besonders anstreben; denn die Gegenwart hat die Tendenz, das Ich immer mehr und mehr zu verknüpfen mit den Erlebnissen." (ebd./S.172 f.)

Im Gegensatz zum bloßen erlebnisorientierten Behalten strebt die geisteswissenschaftliche Betrachtung danach, sich – unter Loslösung von der Vergangenheit – wie ein fremdes Wesen zu betrachten, was uns die Möglichkeit verschafft, „direkt die Imagination von uns selbst zu entwickeln". (ebd./S.174)

Welche Folgen könnten sich einstellen, wenn nicht diese Verobjektivierung, sondern das erlebnisorientierte Behalten in uns weiterwirkt?

> „Denken Sie nur: Wenn unbewußt der zehnjährige Kerl oder die zehnjährige Kerlin in Ihnen weiterwirkt, so sind Sie, der Dreißigjährige oder Vierzigjährige, vermehrt um den Zehnjährigen; aber Sie sind auch vermehrt um den Elf-, Zwölfjährigen und so weiter. Der Egoismus ist ungeheuer potenziert. Er wird immer geringer und geringer, wenn Sie das Frühere von sich absondern, wenn Sie es verobjektivieren, wenn es mehr Gegenstand wird." (ebd./S.174)

Literatur:

Freud, Sigmund: Psychologie des Unbewußten, Frankfurt a.M. 1975. Darin: Triebe und Triebschicksale. Zur Einführung des Narzißmus.

Hoffmann-Axthelm, Dagmar: Wenn Narziß Athena küßt. Über die Verachtung. Frankfurt a.M. 1998.

Lissner, Ivar: So lebten die römischen Kaiser. Macht und Wahn der Cäsaren. München 1980.

Menegazzi, Claudio: Ludwig XIV. Eine Biographie. Luxemburg 1981.

Rose, Herbert Jennings: Griechische Mythologie. Ein Handbuch. München 1961.

Schmoll, Heike: Wenn die Scham verlorengeht. In: *Frankfurter Allgemeine Zeitung,* 30.04. 1997.

Schumacher: Liebeswahn: geliebt, verfolgt, gehetzt. Köln 2000.

Steiner, Rudolf: Die soziale Grundforderung unserer Zeit. In geänderter Zeitlage. GA 186, Dornach 1979. Daraus der 7. Vortrag, Bern 12.12.1918, S.158–187.

Volkan, Vamik D./Ast, Gabriele: Spektrum des Narzißmus. Eine klinische Studie des gesunden Narzißmus, des narzißtisch-masochistischen Charakters, der narzißtischen Persönlichkeitsorganisation, des malignen Narzißmus und des erfolgreichen Narzißmus. Göttingen/Zürich 1994.

„Du bist egoistisch!“

Interview mit Peter Dentler

von Arfst Wagner

Prof. Dr. Peter Dentler, *geb. 1946. Nach dem Abitur 1966 studierte er u.a. Psychologie an der Christian-Albrechts-Universität Kiel. 1978 Promotion zum Dr. rer. nat. Professur an der Fachhochschule Kiel im Fachbereich Sozialwesen, Ausbilder für Gesprächstherapie und Supervisor. Peter Dentler ist verheiratet und hat drei Kinder.*

Bereits im FLENSBURGER HEFT 64, „Liebe – Die Sonne der Welt“, haben wir mit Prof. Dr. Peter Dentler ein Gespräch geführt. Als nun das Thema „Egoismus“ anstand, war es naheliegend, ihn wiederum um ein Interview zu bitten. Peter Dentler hat beruflichen Umgang mit den verschiedensten Menschen und Menschengruppen durch seine Tätigkeit als Supervisor. Die Auseinandersetzung mit dem Egoismus gehört zu seinem Tagewerk. Aus der Praxis dieser Erfahrung heraus gab er uns das nachfolgende Interview.

Nicht nur negative Bedeutungen

Arfst Wagner: Hat der Begriff Egoismus für Sie eine eindeutig negative Bedeutung?

Peter Dentler: Nein, Egoismus ist einer der vielen janusköpfigen Begriffe, also ein Begriff mit zwei Gesichtern. Streß ist z.B. auch so ein Begriff: Es gibt guten und schlechten, gesunden und ungesunden Streß. So spricht man auch von einem gesunden Egoismus, der allerdings lange Zeit vorwiegend den Männern zugestanden wurde. Frauen durften über Generationen hinweg nicht egoistisch sein. Zumindest wurde ihnen der Egoismus heftiger vorgeworfen als uns Männern.

A.W.: Gilt das auch für den Begriff Egozentrik?

P. Dentler: Ja. Die Beobachtungen der Entwicklungspsychologie legen z.B. nahe, daß Kinder zunächst in einem guten Sinne egozentrisch sind. Die Egozentrik liegt in einem bestimmten Alter ganz einfach in der Entwicklung des Kindes. Das Kleinkind ist ein Bedürfniswesen, und wenn es dann sprechen lernt, drückt es seine Bedürfnisse oft mit Worten wie „haben", „mein" und später dann auch mit „ich will" aus. Die Egozentrik kommt z.B. auch dadurch zum Ausdruck, daß ein Kind erst ab einem bestimmten Alter, etwa mit sieben Jahren, in der Lage ist, sich in die Sichtweise eines anderen zu versetzen und zu beschreiben, wie er eine räumliche Szene aus seinem Blickwinkel sieht. Das ist einfach eine Entwicklungstatsache.

Der Begriff Egoismus ist heute weitgehend auf eine negative Bedeutung verengt. Man benutzt den Begriff als Prügel und wendet ihn als Beschimpfung an, wenn der andere nicht so will, wie man es selbst als richtig empfindet, wenn er einen nicht wie erwartet einplant, wenn er sich Freiheiten herausnimmt, die über das hinausgehen, was man ihm einräumt. In aller Regel will man mit dem Satz, „Du bist egoistisch!", den anderen abstrafen, weil er sich Freiheitsgrade erlaubt, die so nicht abgesprochen waren oder die jedenfalls nicht gewollt sind. Das soll heißen: „Du bist unsozial, Du kümmerst Dich nicht um uns, um die Familie, um die anderen. Du kümmerst Dich nur um Dich!" Jemand, der Forderungen hat, wendet dieses Mittel an, um zu warnen oder bereits abzustrafen: „Du bist böse! Du kommst nicht in den Himmel!"

Unsere Bewertung eines Begriffes richtet sich danach, wie er verwendet wird. Und oft bewerten wir Begriffe negativ, weil sie historisch mißbraucht wurden oder ständig nur negativ verwendet werden. Dazu gehören auch

Begriffe wie Macht, Leistung, Streß, Aggression, Kritik. Auch der Begriff Konflikt ist negativ besetzt, obwohl er wirklich Gutes enthält.

„Laß mich in Ruhe"

A.W.: Gibt es auch Begriffe, die fälschlicherweise ausschließlich positiv besetzt sind, z.B. der Begriff Altruismus?

P. Dentler: Ja, und Altruismus ist ein gutes Beispiel. Ich halte wenig davon, daß man postuliert, der Mensch solle altruistisch sein. Altruismus, im Sinne von Selbstaufgabe, halte ich nicht für erstrebenswert. Es besteht ein Unterschied zwischen Selbstaufgabe und sozialem Engagement, und das kann oft zu einer Gratwanderung werden. Besonders deutlich wird das an der Funktion des Ehrenamtes. Nachdem man jemandem ein solches Amt und eine bestimmte Aufgabe übertragen hat, läßt man es meist nicht mit dieser Aufgabe bewenden, sondern man lastet ihm immer mehr auf. Und wenn er nicht nein sagt, ist die Überlastung schnell erreicht. Und wenn er schließlich etwas von seinen Aufgaben abgeben will, fangen alle an zu schimpfen. Daher sollte man Ehrenämter im Hinblick auf die damit verbundenen Aufgaben und auch im Hinblick auf die zeitliche Dauer begrenzen. Dann würden auch wieder mehr Leute solche Ämter übernehmen.

Auch heute wird die Selbstaufgabe noch immer unreflektiert für selbstverständlich gehalten. Das gilt besonders für Mütter. Wenn eine Mutter sagt: „Ich will jetzt mal Zeit für mich haben", oder: „Laß mich in Ruhe", oder sogar: „Ich möchte mal wieder ins Kino gehen", dann wird das Kind krank, der Mann wird böse und die Schwiegermutter sagt: „Du bist egoistisch!" Man ist heute nicht gewohnt, diese notwendige Abgrenzung auch als gesunden Egoismus zu betrachten. Man spricht allenfalls von Selbstverwirklichung oder Selbstfindung. Und besonders in bezug auf die Mütter kommt regelmäßig der Vorwurf, ein solches Verhalten sei egoistisch.

A.W.: Es ist jeweils eine Frage des Maßes. Auf der anderen Seite wird auch manchem vorwurfsvoll gesagt: „Nun setz Dich doch mal mit Dir selbst auseinander!"

P. Dentler: Ich denke, daß eine wirkliche Entwicklung immer zwischenmenschlich geschieht. Im stillen Kämmerlein sich mit sich selbst auseinanderzusetzen kann manchmal notwendig, aber niemals alles sein.

A.W.: In welcher Hinsicht ist Egoismus für die Persönlichkeitsentwicklung des einzelnen notwendig?

Wir sind keine Schafe

P. Dentler: Beim Kind ist der Egoismus zunächst ganz einfach gegeben. Das Kind ist eben ein Bedürfniswesen, das der Fürsorge und Zuwendung bedarf. Ein gewisses Maß an Egoismus ist auch notwendig, weil sich das Kind in der Familie, im Kindergarten, d.h. im sozialen Umfeld, positionieren muß.

So gilt für jeden, der in eine Gruppe dazukommt, daß er sich erst einmal verorten muß. Er muß deutlich zeigen, was er zu bieten hat und was er will. Ich spreche immer von Haupt- und Nebenrollen in einer Gemeinschaft, und der einzelne muß deutlich machen, welche Rolle er beansprucht. Wenn der Mensch allein wäre, bräuchte er das nicht, dann gäbe es den Begriff Egoismus auch gar nicht. Egoismus kann sich nur auf Gemeinschaft und auf Gemeinschaftsaufgaben beziehen. Sonst ergibt der Begriff überhaupt keinen Sinn. Die Regeln und die Aufgaben der Gemeinschaft werden zunächst nicht von dem Hinzukommenden, sondern von den anderen der Gruppe definiert. Wenn der einzelne dadurch genötigt ist, sich gegen seinen Willen wie ein Schaf in die Herde zu fügen, kommt es zum Ausscheren aus dieser Gruppe.

Egoismus ist also keinesfalls immer negativ und verwerflich. Es gibt ja auch Seminare, die dazu auffordern: „Sei wieder Du selbst“, „Sei mal wieder egoistisch“, oder die einfach den Titel tragen: „Gesunder Egoismus“. Das ist in der Tat eine Frage des Maßes, das sich aber nicht objektiv quantifizieren läßt, denn Egoismus ist ein subjektives Phänomen, das auf eine Gemeinschaft und ihre jeweiligen Aufgaben bezogen ist. Das ist das Hauptproblem.

Egoismus und Altruismus können im Extrem ungesund sein

A.W.: Haben menschliche Begegnungen und soziale Handlungen immer auch egoistische Aspekte?

P. Dentler: Immer wenn wir auf eine Person zugehen, wollen wir etwas haben. Das ist so, und das ist durchaus nicht bösartig. Wenn manche Menschen meinen, daß man frei, völlig unbefangen und ohne jede Erwartung auf einen anderen zugehen sollte, dann halte ich das für illusionär. Ich glaube, wir haben immer einen Grund, wenn wir auf andere Leute zugehen. Wir wollen etwas. Ob uns das bewußt ist, ist eine andere Frage. Ein ganz und gar altruistisches Verhalten gibt es nicht – auch nicht bei Mutter

Teresa und Albert Schweitzer –, und es wäre genauso ungesund wie der krasse Egoismus.

A.W.: Der Egoismus schließt in seiner extremen Form den Egoisten in sich selbst ab, während der Altruismus im Extrem den Altruisten gewissermaßen in der Welt auflöst. Er verliert sich selbst.

P. Dentler: Ja, letzteres würde man Selbstaufopferung nennen. Betrachtet man Egoismus und Altruismus auf einer bipolaren Skala, dann kann man sagen, daß an beiden extremen Enden etwas nicht stimmt. Man wird krank, wenn man eines der Extreme leben will. Eine unipolare Auffassung erscheint mir ohnehin wesentlich hilfreicher und realistischer zu sein, denn wir haben beide Eigenschaften, beide Möglichkeiten in uns, die sich in Sekundenschnelle abwechseln können. Einmal leben wir die eine Möglichkeit aus, einmal die andere, und gelegentlich sind beide zugleich vorhanden. Hinzu kommt, daß mein Egoismus dem anderen sogar nützen oder mein Altruismus ihm auch schaden kann. Die vollen Auswirkungen unserer Handlungen können häufig erst im nachhinein bemessen werden. Und dann stellt sich die Sache oft ganz anders da, als wir sie im ersten Moment emotional erlebt haben.

A.W.: Muß ein Jugendlicher in der Pubertät eine ganze Portion Egoismus ausleben, um sich in seiner Entwicklung vor der Umgebung zu schützen? Muß man in diesem Alter nicht geradezu selbstisch sein, um später eine Grundlage zu haben, die es einem überhaupt ermöglicht, auch selbstlos sein zu können?

P. Dentler: Ein Jugendlicher muß sich finden und sein Selbst ausbilden, das ist klar. Also muß er auch ein gewisses Maß an Egoismus ausleben: Er muß sich vieles aneignen, sich behaupten und seinen Platz finden. Jugendliche sind in der Regel nicht selbstlos. Wenn sie sich für eine Sache einsetzen, dann hat das mit Selbstlosigkeit nichts zu tun, denn das machen sie mit Recht um ihrer selbst willen. Das sind meist Dinge, von denen sie in irgendeiner Form profitieren.

A.W.: Gibt es eine Unfähigkeit zum Egoismus?

P. Dentler: Denken Sie an die Triebe der Selbsterhaltung und Arterhaltung. Beide sind biologisch notwendig, um den Fortbestand in der Evolution zu sichern. Sonst wäre es nicht möglich, sich selbst und seine Art zu erhalten. Und der Selbsterhaltungstrieb sichert den eigenen Bestand im sozialen Gefüge. Wenn jemand zu dieser Art des Egoismus unfähig ist, dann könnte er sich letztlich auch nicht selbst erhalten. Jeder Mensch muß lernen, sich darzustellen und in der Gruppe zu positionieren. Sonst geht er unter oder ist auf ständige Hilfe angewiesen. Das kann aus Krankheitsgründen so sein, aber im Regelfall kann man nicht von einer Unfähigkeit zum Egoismus sprechen.

„Du kommst in den Himmel"

A.W.: Welche verschiedenen Formen gibt es, Egoismus auszuleben?

P. Dentler: Alles, was wir tun, hat einen Bezug zur eigenen Person. Wir wägen unsere Taten in Kategorien von Nützlichkeit ab, wenn auch eher unbewußt. Es gibt Leute, die behaupten, daß sie nicht so sind. Aber die meisten Psychologen stimmen darin überein, daß in der Begründung von menschlichem Handeln die Kosten-Nutzen-Frage eine wesentliche Rolle spielt, allerdings nicht in dem bösartigen Sinne, den man da oft hineinlegt.

Egoismus wirkt aus allen Bereichen des menschlichen Handelns heraus. Alle Lebewesen haben Verhaltensweisen entwickelt, die nützlich für sie sind, die aber manchmal für andere ins Gegenteil umschlagen können oder auch mit negativen Folgen wie ein Bumerang zurückwirken können. Das ist einfach so. Das ist keine Frage der Sinnhaftigkeit oder Moral. Wenn Sie mich interviewen, dann wollen Sie irgend etwas. Der Egoismus ist immer mit dabei ...

A.W.: Aber nein, das mache ich ganz selbstlos: für die FLENSBURGER HEFTE, für die Leserinnen und Leser und für Sie, Herr Dentler ...

P. Dentler: Genau das bezweifle ich. Wenn Sie dafür schlecht bezahlt werden, wenn Sie meinen, Sie tun das für andere, dann ist das ein Ehrenamt. Und das bedeutet: Sie bekommen die Ehre, sie wollen die Ehre. Zumindest sind doch Ihre Interessen immer mit im Spiel. Darüber sollte man sich nicht hinwegtäuschen.

Auch wenn wir Freiwilligenarbeit leisten – wie das Ehrenamt im Englischen genannt wird –, bekommen wir etwas: sei es nun Ehre oder einfach unsere Zufriedenheit darüber, daß wir so handeln. Früher wurde den Menschen für selbstloses Handeln der Himmel versprochen, was letztlich auch ein Appell an den Egoismus war. Seitdem die Menschen an der Religion zweifeln, greift dieses Versprechen nicht mehr. Aber allein die Tatsache, daß wir etwas Soziales freiwillig tun – wie es z.B. in dem Begriff „freiwilliges soziales Jahr" zum Ausdruck kommt –, bestätigt unsere Selbstliebe. Daher sollte man auch beizeiten aufpassen, daß man nicht ausgenutzt wird.

Auf der anderen Seite sollte man den Leuten auch klar sagen, was man von ihnen will. Nehmen Sie z.B. einen Verein, der Mitglieder wirbt, weil er für seine Zwecke Geld sammelt. Wenn jemand fragt, was er davon hat, dann sollte man einfach sagen: „Ein gutes Gefühl. Du machst es für die richtige Sache. Du weißt, Du hast etwas Gutes getan." Im Ausland ist diese Offenheit mehr entwickelt als bei uns.

Männer leben ihren Egoismus stärker aus

A.W.: Kann man sagen, daß es einen weiblichen und einen männlichen Egoismus gibt, d.h. eine spezifisch weibliche und eine spezifisch männliche Art und Weise, Egoismus auszuleben?

P. Dentler: Es gehört zur Kultur des Patriarchats, daß Männer ihren Egoismus – jetzt auch im moralischen Sinne – deutlich stärker ausleben können als Frauen, ohne Sanktionen befürchten zu müssen. Von Müttern wird ganz selbstverständlich verlangt, daß sie 24 Stunden am Tag für die Kinder zuständig sind, und das 365 Tage im Jahr, während es immer noch viele Männer gibt, die zu Hause keinen Finger krümmen. Wenn die Frauen das nicht machen, gibt es Ärger. Sie werden in unserer Gesellschaft auch regelrecht auf diese Rolle programmiert. Eine erstgeborene Tochter wird z.B. für die Nachgeborenen in erheblich größerem Maße mitverantwortlich gemacht als ein erstgeborener Sohn. Das macht einerseits sogar Sinn, weil die Mädchen mit ihrer Intelligenz viel früher etwas anfangen können als Jungen. Andererseits bewirkt die Tatsache, daß die Mädchen mit dieser Prägung aufwachsen, daß sie später oft unreflektiert in diesem Rollenschema weitermachen bzw. diese Rolle ganz selbstverständlich von ihnen verlangt wird.

Wenn die Frauen dann allerdings 45 oder 50 Jahre alt sind, die Kinder aus dem Haus oder zumindest einigermaßen groß sind, dann springen sie zurück und haben nun den starken Drang, die Phase des Egoismus und der Selbstverwirklichung nachzuholen. Früher fuhren dann manche nach Indien zu Bhagwan, heute werden alle möglichen Seminare und Wellness-Veranstaltungen insbesondere von Frauen in diesem Alter besucht. Viele Männer können das nur schwer verkraften, wenn die Frauen nicht mehr so eingebunden sind und wieder selbständiger werden. Sie fühlen sich dann übrig- und alleingelassen und versuchen, die Frauen weiterhin zu binden und zu bevormunden.

Früher wurden Frauen, insbesondere Mütter, noch buchstäblich eingeschlossen, wenn die Männer zur Arbeit gingen. Das hat mit Besitzstandswahrung zu tun. Die Männer haben den Frauen vorgeschrieben, was zu tun ist. Machen wir uns da nichts vor! Wenn das Objekt unserer Begierde selbst auf Ideen kam, war das geradezu unanständig.

Der Mensch geht immer wieder bis an den Rand des Abgrunds

A.W.: Leben wir heute in einer besonders vom Egoismus geprägten Zeit?

P. Dentler: Ich bin immer skeptisch, wenn „unserer heutigen Zeit" bestimmte plakative Stempel aufgedrückt werden. Das widerspricht meinem Geschichtsverständnis. Schaut man sich z.B. die entsprechenden römischen oder griechischen Schriften an, dann scheinen die menschlichen Probleme doch ziemlich die gleichen gewesen zu sein wie heute. Unsere Zeit ist keine völlig andere. Die Geschwindigkeit der technischen Entwicklung ist zwar rasanter geworden, aber die Erde dreht sich nicht schneller und der Mensch hat sich nicht wesentlich verändert. Das will man uns nur ständig einreden.

A.W.: Sie würden dem Menschen keine Entwicklung zugestehen?

P. Dentler: Die Geschichte zeigt, daß der Mensch immer wieder bis an den Rand des Abgrunds geht, und wenn ihn kein gnädiges Schicksal davor bewahrt, dann stürzt er ab. Da kann ich wirklich keine Veränderung erkennen. Ich glaube nicht einmal, daß wir aus den Fehlern der Vergangenheit lernen. Das stimmt einfach nicht. So gibt auch eine Generation der nächsten nicht nur bestimmte Errungenschaften, materielle Güter, Grundsätze des sozialen Miteinanders usw., sondern immer auch eine Menge neue Hindernisse und Probleme mit auf den Weg. – Also, ich glaube nicht, daß der Egoismus heute etwas Besonderes ist.

Gruppenegoismen

A.W.: Gibt es auch Gruppenegoismen?

P. Dentler: Sicher. Die Gruppe – sozialwissenschaftlich definiert – lebt geradezu aus Grundsätzen heraus, die einen Gruppenegoismus begründen. In jeder Gruppe entwickelt sich ein Normengefüge, und diese Normen führen zu einer Gruppenidentität. Bei Jugendgruppen bringen z.B. die Sprache, Kleidung, Frisur, Idole und ähnliches gewisse Normen zum Ausdruck. Als Gruppenegoismus kann betrachtet werden, daß die Gruppe diese Dinge für sich haben will und jeder einzelne auch. Die anderen sind anders, sie machen etwas anderes.

In Familien gibt es dieselben Erscheinungen. Besonders deutlich wird das an der ursprünglichen Form der Großfamilie. Der einzelne mußte sich dem Normengefüge der Familienordnung weitgehend unterwerfen, damit er in den Genuß des Benefits der sozialen Sicherheit kam. Da durfte niemand allzu egoistisch sein.

Auch größere Gemeinschaften – bis hin zu Volksgruppen und Staaten – bilden eine Gruppenidentität aus, z.B. durch die Sprache und Symbole. Und auch sie verfolgen bestimmte Egoismen. Man will die eigene Wirtschaft stützen, die eigenen Interessen gegenüber anderen durchsetzen usw.

Viele wollen nicht erwachsen werden

A.W.: Egoismus hat die Tendenz, andere auszubeuten. Diese Ausbeutungstendenz kann so weit gehen, daß sie dem Ausbeutenden selbst schadet. Ein Beispiel dafür ist die Ausbeutung der Natur mit der Folge der Umweltzerstörung. Gehört es zu den Mechanismen des Egoismus, daß er auch auf uns selbst zerstörerisch zurückwirkt, wenn er ungehemmt ausgelebt wird?

P. Dentler: Ja. Das kann man sich durch die Unterscheidung von Kindern und Erwachsenen verdeutlichen. Kinder sind egoistisch – nicht in einem moralischen Sinne, sondern per definitionem –, und Erwachsene übernehmen Verantwortung. Erwachsene sind mündig, und sie sind nicht nur für sich selbst verantwortlich, sondern auch für andere Menschen und die Umwelt.

Allerdings halte ich es für einen Mythos, daß wir es heute durchweg mit „mündigen Bürgern" zu tun hätten. Viele sind eben nicht erwachsen, uns sie wollen offenkundig auch nicht erwachsen werden. Ich schätze sogar, daß der Großteil der Bevölkerung – vielleicht zwei Drittel – eigentlich kindisch ist und keine Anstalten macht, erwachsen zu werden. Das äußert sich auch in demokratischen Wahlen. Wenn Kinder wählen, wählen sie vorzugsweise auch Kinder. Aber ich möchte nicht von Kindern regiert werden, weder von kleinen noch von großen. Wenn mehr Menschen tatsächlich erwachsen wären, dann würde auch mehr Verantwortung für die Natur und für die Selbsterhaltung übernommen werden, als dies heute der Fall ist. Der wesentliche pädagogische Auftrag ist, aus Kindern Erwachsene zu machen. Das ist das Bildungsziel. Und das impliziert, daß man den ungesunden Egoismus in den gesunden bzw. in die Verantwortung überführt.

A.W.: Ein Schauspieler sagte mir einmal: „Wir müssen unseren persönlichen Egoismus über die ganze Welt ausdehnen, dann gerät wieder alles ins Gleichgewicht." Er meinte damit, daß wir unsere Verantwortung über die ganze Welt ausdehnen müssen. Kann man das so sagen?

P. Dentler: Philosophisch kann man das vielleicht so ausdrücken. Ich würde aber bei dem Verantwortungsbegriff bleiben und von einer Ausweitung der Verantwortung und des Interesses sprechen. Das trifft den Kern.

Wenn wir den ungesunden Egoismus eindämmen wollen, dann müssen wir erwachsen werden und Kinder zu Erwachsenen erziehen. Das bleibt eine Aufgabe über Generationen hinweg. Ich habe aber nicht den Eindruck, daß die Mehrheit auch nur erwachsen werden will. Denn das beinhaltet ja Pflichten, und die sind etwas Unangenehmes und werden daher nach Möglichkeit gemieden. Wenn jemand Verantwortung übernimmt, muß er auch mit Sanktionen und Nachteilen rechnen, wenn er dieser Verantwortung nicht nachkommt. Verantwortung übernehmen heißt, nicht nur das Lob einheimsen, wenn es gut geht, sondern auch den Tadel, wenn es nicht gut geht. Und vorher weiß man nicht, ob es gut geht. Das stellt ein erhebliches Risiko dar.

Vor diesem Hintergrund macht es für die meisten wenig Sinn, erwachsen werden zu wollen. Man möchte egoistisch bleiben und schmeißt dann seinen Müll eben, wenn keiner guckt, in den Straßengraben. Die meisten stehen nicht zu ihren Taten, akzeptieren keine Pflichten und schon gar keine Strafen. Kinder, und damit meine ich auch große Kinder, beanspruchen von vornherein mildernde Umstände.

Abwehrmechanismen

A.W.: Warum bleibt uns der eigene Egoismus weitgehend unbewußt? Einen Gegenstand sehe ich um so besser, je größer er ist. Beim Egoismus scheint es, zumindest beim eigenen, umgekehrt zu sein.

P. Dentler: Sigmund Freud hat darauf hingewiesen, daß alle inneren Konflikte einen Bezug zur Kindheit, zur Biographie haben. Darin liegt Dynamik. Und der Löwenanteil ist unbewußt. Er hat Modelle entwickelt, um zu zeigen, wie die inneren Konflikte ausgehalten werden können. Dabei spielen Abwehrmechanismen eine Rolle, die das bewußte Selbst vor Ungemach schützen. Diese Abwehrmechanismen sorgen dafür, daß uns vieles unbewußt bleibt, sie funktionieren beim gesunden Menschen als Schutz.

Die meisten Menschen wollen egoistisch bleiben und nicht erwachsen werden. Das wird ihnen aber nicht bewußt, weil sie es verdrängen, rationalisieren oder projizieren. So ertragen sie den Konflikt zwischen den Bedürfnissen und Trieben einerseits und dem Über-Ich andererseits, das uns sagt, was wir besser lassen sollten. Wenn hier eine Dissonanz entsteht, hat das bewußte Selbst ein Problem. Daher kommt man in der Pädagogik – sei es in der Kinder- oder Erwachsenenbildung – auch nicht weiter, wenn man diese Dinge appellativ bewußt machen will: „Du mußt diesen Konflikt erleben und die erwünschten Schlüsse daraus ziehen, nämlich erwachsen werden und Verantwortung übernehmen." Damit erzeugt man bei den Betroffenen kognitive Dissonanz. Und das stößt natürlich grundsätzlich auf Ablehnung.

Eine Frage der Intelligenz

A.W.: Wie kann man mit dem zu starken Egoismus eines anderen umgehen, z.B. wenn jemand sich derart ausbreitet, daß für andere kein Raum mehr ist? Das kann auf viele Arten geschehen, z.B. durch Lärm.

P. Dentler: Was die Kindererziehung betrifft, spielt das Vorbild eine wichtige Rolle. Kinder können nicht ohne glaubhafte Vorbilder erwachsen werden. Das gilt besonders für das soziale Verhalten. Sie brauchen glaubhafte Vorbilder, die sie beeindrucken und denen sie nacheifern können. Daher wirkt es verheerend, wenn sie heute im öffentlichen Leben Vorbilder haben, die eben nicht für ihr Handeln verantwortlich gemacht werden, wenn es darauf ankommt. Das bringt ihnen eine diffuse und unverantwortliche Lebenshaltung nahe: „Da kommen wir schon durch, irgendwie werden wir schon zu den Glücklichen gehören." Hinzu kommen die Stars, Idole und Produkte, die ihnen anstelle von glaubhaften Vorbildern in Familie, Schule oder Politik geboten werden. Und die transportieren eigentlich nur die Botschaft eines materialistischen und hemmungslosen Glücksstrebens.

Allerdings ist auch der Begriff Vorbild janusköpfig. Er ist zur Zeit sogar eher negativ besetzt, weil auch er oft mißbraucht wurde. Wir müssen wieder dahin kommen, gute Vorbilder öffentlich zu loben. Wir müssen zeigen, daß es Sinn macht, sich bestimmte Fähigkeiten und Eigenschaften anzueignen und sich nicht nur dem Stumpfsinn, dem Spaß um jeden Preis und der Sofortbefriedigung hinzugeben. Ob das bei den Leuten ankommt, ist allerdings auch eine Frage der Intelligenz, die ja auch schon fast verpönt ist.

Soziale Kompetenz hat mit Intelligenz zu tun. Wenn wir sozial kompetent handeln wollen, auch wenn wir die Umwelt schützen wollen, brauchen wir Geschichtsbewußtsein und eine Kenntnis der Zusammenhänge, um auch Verantwortung für die Zukunft übernehmen zu können. Unsere Verantwortung erstreckt sich auch auf die Vergangenheit. Unsere Verantwortung muß uns auch aus der Vergangenheit erwachsen, sonst sind wir zu einem umfassenden verantwortlichen Handeln gar nicht fähig. Wenn jemand sagt, daß er mit dem Dritten Reich nichts zu tun habe, weil er einfach zu jung sei, kann er auch keine Verantwortung für die Zukunft übernehmen. Es wird hier nicht genügend unterschieden zwischen Schuld und Verantwortung.

Krankheit ist eine Definitionsfrage

A.W.: Wo liegt die Grenze zum krankhaften Egoismus?

P. Dentler: Freud hat sich mit den drei Instanzen Es, Ich und Über-Ich auseinandergesetzt. Er kam eigentlich nur so recht zum Es-Begriff und zum Über-Ich. Zum Ich selbst kam er durch seine Krankheit und durch den Krieg nicht mehr. Im englischsprachigen Raum bestand ein großes Interesse an der Psychoanalyse, und in den USA haben sich Generationen nach ihm mit dem Ich bzw. dem Selbst beschäftigt. Diese Ich-Psychologen haben seine Theorie weiterentwickelt.

So entstand die sogenannte Narzißmus-Theorie, bei der es um die Frage geht: Wann springt das Ich bzw. das Selbst aus der Norm? Wann wird es krank? Krankheit ist eine Definitionsfrage. Man kann sie nach der objektiven Normabweichung definieren oder sie im subjektiven Leidensdruck feststellen. Es ist eine gesellschaftliche Definition, ob das Maß des Narzißmus schlimm ist oder nicht. Weicht ein Verhalten in ausreichendem Maße von der Norm ab? Ist der Betreffende arbeitsunfähig? Geht er anderen so auf den Geist, daß sie ihn nicht mehr ertragen können? Ist er vielleicht sogar eine Bedrohung für seine Mitmenschen?

Man unterscheidet zwischen gesundem und gestörtem Narzißmus, der auf Verletzungen und einem gestörten Selbstkonzept beruht. Mit einer vielfältigen Bandbreite der Verhaltensweisen einer egoistischen Selbstliebe geht immer die Verachtung anderer einher. Das reicht bis zum malignen (bösartigen) Narzißmus, der sich in sadistischen Formen bis hin zum Mord auslebt. (Siehe dazu den Artikel von Rolf Lutzebäck in diesem FLENSBURGER HEFT, S.132 ff.)

Festung Europa

A.W.: Hat die Eine-Welt-Problematik etwas mit Egoismus zu tun?

P. Dentler: Natürlich, denn letztlich handelt es sich um Verteilungskämpfe. Wenn alle Menschen in den Genuß eines erträglichen Lebensstandards kommen sollen, müßten wir viel von unserem Wohlstand abgeben. Und das stößt auf unseren Egoismus. Unser Gewissen kaufen wir durch Spenden oder Entwicklungshilfe frei. Gleichzeitig verschanzen wir uns in der Festung Europa, damit keine Menschenmassen aus den armen Ländern zu uns kommen.

Es gibt ein kleines Buch von Roy Lewis, das heißt „Edward" (Zürich 1998). Der Roman spielt im Pleistozän, also vor sehr langer Zeit. Er beschreibt in biographischer Form einige Tücken der Menschheitsentwicklung. Die Hauptgestalt, das Sippenoberhaupt Edward, lernt, das Feuer der Vulkane zu benutzen. Seine Söhne wollen, daß er die Entdeckung für sich behält und keinem anderen Stamm zur Verfügung stellt. Es gibt heftige Diskussionen. Dann erfindet er Pfeil und Bogen. Und wieder will seine Sippe, daß er die Erfindung für sich behält, weil sie ihnen Überlegenheit beschert. Eine schöne Geschichte, die zeigt, daß Egoismus auch mit der Machtfrage zu tun hat.

A.W.: Hat Nationalismus etwas mit Egoismus zu tun?

P. Dentler: Ja. Aber zunächst müssen wir den Patriotismus vom Nationalismus unterscheiden. Vom Patriotismus halte ich viel, denn Menschen brauchen Symbole, Rituale usw. Zumindest scheint die Mehrheit es zu brauchen, daß die Gruppenidentität auf diese Weise gestärkt wird. Nationalismus sagt aber: „Wir sind besser als die anderen." Er wertet die anderen massiv ab, möglicherweise bis hin zur Berechtigung, sie gewaltsam zu bekämpfen oder zu töten. Das ist der bedeutsame Unterschied zum gesunden Patriotismus. In unserem Land wird der aus sprachlichen Mißbrauchsgründen kaum noch vom Nationalismus unterschieden. Viele wissen um diesen Unterschied, aber kaum einer traut sich, den Patriotismus positiv zu bewerten, weil der dann häufig erst einmal als rechtsgerichtet gilt.

Ist Momo egoistisch?

A.W.: Wie kann man anderen Menschen wirklich helfen?

P. Dentler: Da gibt es eine einfache Antwort: Indem man sie ernst nimmt. In der Literatur finden sich dafür viele Beispiele. Ein Beispiel ist

„Momo“ von Michael Ende (Stuttgart 1973). Die kleine Momo nimmt die Menschen ernst, indem sie aufmerksam zuhört, und dadurch hilft sie ihnen. – Landläufig wird Hilfe fast nur so aufgefaßt, daß sie sichtbar sein muß. Man muß beim Tischetragen mit anfassen. Wenn jemand nur zuhört, wird das als keine wirkliche Geste empfunden. Man will die Probleme gelöst haben. Dabei ist klar, daß die meisten Probleme gar nicht gelöst werden können, sie können nur ausgehalten werden. Wir müssen lernen, die Probleme auszuhalten. Helfen kann man Menschen, indem man sie befähigt, mit langem Atem und möglichst unbeschwert für das Erreichen ihrer Ziele zu arbeiten.

A.W.: Ist Momo egoistisch?

P. Dentler: Natürlich. Momo hat für ihre guten Taten von den anderen das Essen erhalten. Sie wurde auch geliebt. Und Liebe zu bekommen ist sehr wesentlich, das braucht der Mensch. Momo hat ihr soziales Urteil erhalten. Das würde ich aber nur dann egoistisch nennen, wenn es nicht die heutige negative Bedeutung hat.

Wir sind verdammt zu mogeln

A.W.: Gibt es Angst vor Egoismus?

P. Dentler: Ich habe nur Angst, wenn der Begriff als Prügel benutzt wird. Die Menschen haben allenfalls Angst vor dem Egoismus des anderen, aber ansonsten sind sie eher stolz auf jeden Egoismus, den sie sich herausnehmen können und mit dem sie ungeschoren davonkommen. Wir wollen schließlich auch Spaß haben, und nicht erst, seit er neudeutsch Fun heißt. Wir wollen Bequemlichkeit, Essen und Trinken, und wir nehmen gerne etwas von anderen.

A.W.: Solange ein egoistisches Verhalten anderen Menschen nicht schadet, ist das ja auch in Ordnung. Aber was ist, wenn Menschen geschädigt werden, z.B. durch eine kriminelle Handlung?

P. Dentler: Es gibt Menschen, die so arm sind, daß sie stehlen müssen. Das finde ich zwar nicht gut, aber sie müssen es halt. Und da gibt es auch fließende Übergänge. Es ist eine Sache der Erziehung, die extremen Formen einzudämmen, indem wir Gut und Böse zur Diskussion stellen. Wann ist eine Tat böse? Diese Diskussion muß und wird in jeder Generation neu geführt werden. Das wird nie ein für allemal geklärt werden.

Selbst wenn es eine Art Kommunismus gäbe – von dem viele geträumt haben –, wo alles gerecht aufgeteilt wäre und keiner leiden würde, gäbe es trotzdem immer Menschen, die mehr haben wollen. Dazu gehört auch der Aspekt der Leistung, nämlich die Frage, ob diejenigen, die meßbar mehr leisten, auch mehr bekommen sollen. Bei uns kann man da z.B. an den öffentlichen Dienst denken. Es wird nicht nach Leistung bezahlt. In einem Dienstgrad bekommen alle das Gleiche, egal was sie leisten und welche zusätzliche Qualifikation sich jemand unter Einsatz von Zeit und Geld erworben hat. Dafür bekommt er keine Mark mehr. Das ist eine unsägliche Gleichmacherei.

Bezogen auf den Egoismus versucht jeder zu mogeln. Wir sind verdammt zu mogeln. Wir dürfen nicht zeigen, daß wir egoistisch sind, „unter der Decke" versuchen wir aber, möglichst viel rauszuholen.

A.W.: Wer nicht mogelt, der gilt als dumm.

P. Dentler: Ja, das auch noch. Die Gutmütigen sind die Dummen. Als ich während des Studiums Lastwagenfahrer war, habe ich erlebt, wieviel aus der großen Firma, in der ich gearbeitet habe, gestohlen worden ist, und zwar von den eigenen Angestellten. Das gilt als Kavaliersdelikt. Bankräuber scheren sich nicht um die Bank, die sie überfallen, und sagen sich: „Die sind doch versichert." Diese Versicherungsmentalität ist weit verbreitet, sie wird bei Diebstählen ständig ins Feld geführt. Das ist alles Kinderdenken.

Das wird man kaum ändern können. Man kann nur in jeder Generation versuchen, das Schlimmste zu verhindern. Und das sollten wir auch tun. Wir brauchen auch nicht zu verzweifeln. Aber die Hoffnung, daß sich die Mehrheit der Menschen irgendwann grundlegend ändert, ist illusionär. So ist der Mensch nun einmal konstruiert. Sonst bedürfte er ja auch keiner Erziehung. Das ist auch kein Grund für eine Leidensmiene, mit der manche Pädagogen daherkommen. Sie sind unglücklich, verbittert. Die Welt ändert sich nicht so, wie sie sich das gedacht haben ...

A.W.: Gute Laune kann sozialen Unfrieden schaffen ...

P. Dentler: Ja nicht lachen! Jesus hat auch nicht gelacht. Das können Sie in Ecos „Der Name der Rose" (München/Wien 1982) nachlesen.

Das Helfersyndrom

A.W.: Was ist das Helfersyndrom?

P. Dentler: Vor 30 Jahren hat der Psychoanalytiker Wolfgang Schmidbauer darauf hingewiesen, daß es in allen sozialen Berufen Personen gibt, die ohne das Bewußtsein, ständig anderen zu helfen, gar nicht leben können. Unter dem Vorwand des Helfens werden die anderen für die eigenen

Zwecke gebraucht bzw. mißbraucht. Er hat allerdings sehr deutlich gemacht, daß nicht jeder, der hilft, gestört ist und am Helfersyndrom leidet. Das liegt aber vor, wenn ein Helfer verzweifelt, weil niemand seiner Hilfe bedarf, und er aus lauter Verzweiflung sich sozusagen Kundschaft schaffen muß, die er braucht und die er abhängig macht. Durch diese gegenseitige Abhängigkeit entsteht ein Kreislauf, der seinen eigenen Druck und seine Dynamik entfaltet.

Schmidbauer hat diese Problematik eingegrenzt. Das Wort „Helfersyndrom" ist dann in das Populärsprachliche übergegangen. Und plötzlich wurde jedem, der sich mehr für andere eingesetzt hat, vorgehalten: „Du hast ja ein Helfersyndrom."

A.W.: Schmidbauer wurde seinerzeit sehr angefeindet, als er das Helfersyndrom beschrieb.

P. Dentler: Ja. Ein allseits bekannter Kirchenfürst im Süden der Republik hat 1972, als das erste Buch von Schmidbauer, „Hilflose Helfer", erschien, von der Kanzel herunter gesagt, das Buch würde er gerne zerreißen wie Graf Luckner die Telefonbücher. Er sagte auch, er bräuchte das Buch gar nicht intensiv zu lesen, weil er wüßte, daß darin das Ehrenamt als solches diffamiert und kaputtgemacht würde. Das half mit, eine riesige Protestwelle gegen das Buch auszulösen. Es wurde behauptet, Schmidbauer habe geschrieben, daß alle, die helfen, krank seien. Das hat er aber überhaupt nicht geschrieben.

Das Buch ist für Profis verfaßt worden. Und ein wesentlicher Aspekt der Ausbildung professioneller Helfer ist, daß sie lernen müssen, sich von ihrer Tätigkeit und allem, was damit verbunden ist, genügend zu distanzieren. Das war damals gemeint. Sie sollen lernen, nicht übermäßig in das Helfen hineinzugehen, und durchaus noch so weit egoistisch sein, wie es nötig ist, um Distanz zu halten. Sie müssen auch ihre Ressourcen immer wieder auffrischen können.

Der Altruismus stand in den katholischen Kirchenkreisen als Wert voran. Deshalb mußten sie sich auf den Schlips getreten fühlen. Aber auch Buddha, Franz von Assisi oder Mohammed lebten zunächst ihr Leben, bis sie irgendwann sagen konnten: „Jetzt bin ich soweit, jetzt kann ich anderen helfen." Bei Jesus kann man es nur vermuten, weil ein paar Jahre in seiner Biographie fehlen. Das Altruismuspostulat aus dieser Ecke fand ich immer sehr verdächtig. Es machte nur Sinn in dem Zusammenhang, daß einem dafür versprochen wurde, daß man in den Himmel kommt. – Wenn heutzutage ein Selbstmord-Attentäter sich mit einer Bombe in die Luft sprengt, dann doch nur deshalb, weil man ihm versprochen hat, daß er dafür in den Himmel kommt, ohne vor dem Jüngsten Gericht erscheinen zu müssen. So war das auch bei den germanischen Kriegern, die im Kampf fielen: Sie starben auf dem Feld der Ehre und durften gleich nach Walhall. Wir Männer haben also die Möglichkeit, direkt in den Himmel zu kommen, aber nur, wenn wir für die „gerechte Sache" sterben.

Es bedarf gravierender Einschnitte

A.W.: Können Sie uns jeweils ein Beispiel für positiven und für negativen Egoismus nennen?

P. Dentler: Ich halte es im Hinblick auf die Emanzipation der Frauen für ein sehr gutes Beispiel, daß Frauen immer mehr lernen, nein zu sagen. Das ist durchaus noch nicht selbstverständlich! Sie lernen, mit dem Risiko zu leben, deshalb nicht von allen geliebt zu werden. Das als positives Beispiel.

Als negatives Beispiel möchte ich die Umweltzerstörung anführen, die Sie vorhin angesprochen haben. Bestimmte Bevölkerungsgruppen machen sich kaum Gedanken darüber, daß die Erde zerstört wird. Und diejenigen, die sich darüber Gedanken machen, haben nicht die Machtmittel, gravierende Änderungen durchzuführen. Auch mit basisdemokratischen Mitteln wird man da kaum etwas erreichen. Denn die Änderungen müßten nicht nur gegen die Interessen der Industrie, sondern auch gegen die Interessen der einzelnen durchgesetzt werden. Wenn innerhalb absehbarer Zeit eine Wende in der Umweltpolitik erreicht werden soll, bedarf es gravierender und unpopulärer Einschnitte. Und ich sehe nicht, wie die durchgesetzt werden sollten. Das Parteiensystem, der Föderalismus und die Interessenverbände in der Bundesrepublik erlauben immer nur den kleinsten gemeinsamen Nenner. Und das ist in diesem Fall sicher nicht genug.

A.W.: Die Macht braucht Kontrolle.

P. Dentler: Ja, aber zunächst einmal brauchen wir Macht. Macht heißt, daß man etwas machen kann. Es muß immer ausreichend viel Macht da sein, wenn man etwas erreichen will. Wenn die Kontrolle stärker ist als die Machtmittel, treten wir auf der Stelle. Wenn die Menschen zu viel Angst vor Machtmißbrauch haben, kommen wir nicht weiter. Insbesondere wenn es darum geht, die Erde oder auch nur die Sozietäten zu erhalten, dann ist zuviel Kontrolle hinderlich. Deshalb kommen bei uns auch notwendige Reformen nur so schleppend voran.

A.W.: Bitte ziehen Sie noch ein abschließendes Fazit bezüglich unserer derzeitigen gesellschaftlichen Situation.

P. Dentler: Trotz allem leben wir in Deutschland nach wie vor auf einer Insel der Glückseligen. Bei uns wirken die Egoismen erheblich geringer als in anderen Teilen der Welt. Die soziale Gerechtigkeit – oder das, was wir dafür halten – sorgt dafür, daß wir möglicherweise dumpf, aber immerhin noch zufrieden leben. Zur Zeit gibt es kaum große Auseinandersetzungen innerhalb unserer Gesellschaft. Man sucht sein kleines Glück. Aber das Machtgefälle und die Egoismen werden sich wesentlich verschärfen, sobald heftige Auseinandersetzungen anstehen. Damit ist zyklisch zu rechnen.

Die geistigen Hintergründe des Egoismus

Wolfgang Weirauch

Kein Mensch ist ausschließlich böse, kein Mensch ist nur gut. Jeder Mensch besitzt gute und schlechte Eigenschaften und Qualitäten und verwandelt diese in entsprechende Taten. Genausowenig gibt es eine Gruppe, ein Volk oder eine Religionsgemeinschaft von nur guten oder nur bösen Menschen. Das Böse sitzt in jedem Menschen, ohne Ausnahme. Und es liegt an der jeweiligen Individualität, inwieweit das Böse in Erscheinung tritt, in die Gefühle, in die Gedanken oder in die Taten.

Der Astralleib des Menschen – also die seelische Hülle für sämtliche Gefühle von kaltem Haß bis zu den frömmsten Glaubenskräften – ist auch der Träger, der Sitz des Egoismus und des Bösen. Durch die Tatsache, daß wir einen Seelenleib haben, sind wir per se teilweise egoistisch und böse.

In der heutigen Zeit ist der Astralleib ziemlich fest mit den anderen Wesensgliedern des Menschen, mit seinem Ich, dem Äther- und physischen Leib verbunden. Wegen dieser festen Verankerung können die meisten Menschen heute nicht hellsehen. Schult man nun sein Bewußtsein, erkraftet man sein Denken durch Meditationsübungen, kann sich der Astralleib etwas lockern, und es können übersinnliche Wahrnehmungen in das höhere Blickfeld des Menschen treten.

Der Astralleib ist eine Wesenheit für sich. Er hat einen ganz bestimmten Charakter, eine Wesensbestimmtheit, die sich rücksichtslos ausleben würde, wenn der Eigencharakter des Astralleibes unbeschränkt wirken könnte. Aber der Astralleib ist in das Wesensgefüge des gesamten Menschen eingebunden, das ihn sozusagen im Zaum hält, so daß das Wesen des Astralleibes nur sehr beschränkt in Erscheinung tritt.

Ein Hellseher kann aber die wahre Wesenheit des Astralleibs schauen. Rudolf Steiner war so einer, und er hat in verschiedenen Zusammenhängen in Schriften und Vorträgen geschildert, was die Wesenheit des Astralleibes ist und was in ihm verborgen schlummert.

Was wäre der Astralleib, was würde er tun, wenn er könnte, was er seiner Eigenschaft nach eigentlich will? Welche Eigentümlichkeiten des Astrallleibes würden zum Vorschein kommen, wenn der Astralleib von dem Einfluß der anderen Leiber frei wäre?

„Ich will alles nur durch mich"

> „Nun, meine lieben Freunde, ich habe schon vielleicht zum Entsetzen manches hier Sitzenden auf diese Eigentümlichkeit hingewiesen. Diese Eigentümlichkeit des menschlichen Astralleibes auf der Erde ist nämlich der Egoismus. Und wenn der Astralleib, abgesehen von den übrigen Einflüssen, die von den andern Gliedern der Menschennatur herkommen, seine ureigenste Eigenschaft geltend macht, so ist dies eben der Egoismus, das Streben, in sich und bei sich ausschließlich zu sein." (GA 145/1976/26.03.1913/S.118)

Steiner führt in diesem Vortrag aus, wie die Wesenheit des Astralleibes über sich selbst spricht:

> „Ich will im Grunde genommen alles nur durch mich erreichen, will alles, was ich arbeite, in mir verarbeiten, will einzig und allein alle Sorgfalt auf mich selber verwenden." (ebd./S.118 f.)

Das ist eine rein phänomenologische Beschreibung des Astralleibes, der übersinnlich geschaut wird. Da jeder Mensch einen Astralleib hat, sind wir kraft dieses Astralleibes Egoisten, ob wir es wollen oder nicht. Wer den Astralleib übersinnlich schaut, weiß, daß er der Egoist schlechthin ist. Aber wir müssen uns noch einen Schritt weiter in den Charakter des Astralleibes hineinwagen. Angenehm wird das nicht.

Den egoistischen Charakter des Astralleibes sollte man nicht negativ werten. Er ist einfach eine Tatsache. Das Problem ist nur, daß wir den Astralleib nicht schauen können. Vordergründig mögen wir aufgrund eigener Erfahrungen mit uns selbst oder anderen Menschen zu der Ahnung kommen, daß im Unterbewußtsein des Menschen so manches an egoistischem Potential und noch Schlimmerem schlummert, aber eine absolute Gewißheit, wie es um die Natur, die übersinnliche Wesenheit des Astralleibes wirklich bestellt ist, haben wir nicht. Dazu bedarf es der Fähigkeit, übersinnlich zu schauen. Wer dies kann, schaut den Astralleib so, wie er ist, so wie er seiner inneren Bestrebung nach sein möchte, wenn er nicht durch die Hüllen physischer Leib und Ätherleib beim inkarnierten Menschen daran gehindert wird. Und diese wahre Wesenheit des Astralleibes ist erschreckend, aber sehr erhellend zugleich, wirft sie doch ein Licht auf manche zwischenmenschliche Schwierigkeiten und auf Grausamkeiten, die Menschen an anderen Menschen begehen.

Wenn der nette Nachbar durchdreht

Immer wieder habe ich mich gefragt, wie ein Freund plötzlich seinen Charakter so verwandeln kann, daß er zu einem totalen Egoisten wird, daß eine Freundschaft zerbricht, oder wie es möglich ist, daß ein Mensch einem anderen wirklich übel mitspielt. Sicherlich haben Sie eine derartige, eigentlich nicht zu erklärende Verwandlung eines anderen Menschen auch schon selbst erlebt. Tritt ein solcher Konfliktfall auf, stehen oft sehr viele Menschen bereit, die diese oder jene Erklärung im Charakter, im Verhalten beider Personen oder in einzelnen angestauten Vorfällen als Begründung für die Konfliktsituation heranziehen – sicher trifft vieles davon zu. Aber es geht nicht tief genug.

Warum verletzt ein Mensch einen anderen so tief, daß er im wahrsten Sinne des Wortes getroffen wird? Warum verhält sich ein Mensch so egoistisch und rücksichtslos, daß einem anderen fast die Luft zum Atmen genommen wird?

Was Sie vielleicht auch erlebt haben: Es vergehen ein, zwei Jahre, und derjenige, der einen anderen Menschen tief verletzt hat oder der den totalen Egoisten in einer Situation herausgekehrt hat, ist wieder völlig normal und so nett wie zuvor. Und was ist währenddessen geschehen? Nichts! Dieses Phänomen verblüfft mich seit Jahrzehnten. Das heißt doch, daß in jedem Menschen etwas schlummert, das beizeiten, in Streß- oder Konfliktsituationen, ans Tageslicht kommen kann, seine attackierenden Wirkungen aussendet und dann wieder in seinen Schlummerkasten zurücksinkt.

Dasselbe Phänomen erleben wir beim Blick in die Welt, den Blick nach Ex-Jugoslawien, Algerien, Afghanistan, Irak, Tschetschenien, Sierra Leone, Nigeria, Ruanda, Kongo. Zehntausende, mitunter sogar Hunderttausende von Menschen wurden in diesen Ländern in den letzten zehn Jahren getötet oder sogar regelrecht abgeschlachtet. Und nun kommt noch der Anschlag auf das World Trade Center (WTC) und die tickende Zeitbombe des mörderischen Terrorismus hinzu.

Warum tun Menschen das?

Werden sie plötzlich irre und kehren dann wieder zum normalen Alltagsgeschäft zurück? Das kann doch nicht sein! Natürlich können sich Menschen ändern, verwandeln, weiterentwickeln. Aber wird wirklich jemand, der wie 1994 in Ruanda in einer Art Blutrausch Hunderte von Menschen mit Macheten zerhackt hat, anschließend wieder ein für immer friedlicher Mensch sein? Dabei geht es mir jetzt nicht um äußere Strafzumessung und -verbüßung, auch nicht um wirkliche innere Reue eines solchen Täters, sondern um den zutiefst inneren Charakter eines jeden Menschen.

Die Frage, die sich mir immer wieder stellte, ist: Gibt es im Menschen – und zwar in jedem Menschen – eine Kraft, die so egoistisch, so böse, so furchtbar ist, daß sie in Krisensituationen hervorbrechen und ihre verheerenden Wirkungen in Taten ausüben kann? Und kann es sein, daß sich diese furchtbaren Kräfte eines Tages wieder beruhigen, scheinbar verschwinden, so daß der Mensch, der andere verletzt oder gar getötet hat, sich hinterher oft gar nicht selbst versteht und wiedererkennt?

Die zweite Frage, die sich mir stellte, lautet: Wenn ein Mensch eine derartige Wandlung in seinem Charakter durchmacht, nimmt dann eine ihm fremde Wesenheit von ihm Besitz, oder öffnet sich im Unterbewußtsein des Menschen ein Bereich, aus dem etwas herausschlüpft, das die besonnenen Kräfte des Menschen umnebelt oder völlig überwältigt? Oder ist etwa beides dasselbe?

Rudolf Steiner hat mir diese Fragen in einem Vortrag beantwortet. Die Erklärung ist beruhigend, erhellend und erschreckend zugleich. Er hatte die Fähigkeit, übersinnliche Zusammenhänge zu schauen und sie in präzise Begriffe zu transponieren. Und mit diesen Mitteln hat er die innere Natur des Astralleibes beschrieben, und sie beantwortet die oben gestellten Fragen und gibt die wesentliche Erklärung für alle menschlichen Untaten.

Der absolute Egoist

Vier Bilder bzw. lebendige Szenen schaut derjenige, der seine Wesenheit übersinnlich sieht, vor allem seinen Astralleib. Das erste Bild, das sich in das schauende Bewußtsein stellt, ist der eigene Astralleib mit dem eigenen Selbst. Beide zeigen übersinnlich ihre wahre Natur und werden in ihrem Bestreben nicht mehr durch die irdischen Hüllen gehindert. Dadurch erfaßt man die wahre Natur des Astralleibes: Der Astralleib ist der absolute Egoist.

Man fühlt und schaut auch gleichzeitig, wie dieser Egoismus in eine fruchtbare Richtung ausgedehnt werden kann, aber dazu später. Außerdem fühlt man bei seiner Schauung eine Art Ausgleich zu den einseitigen Kräften des Egoismus: eisige Einsamkeit. Feurige verzehrende Kräfte des Egoismus, kalte erstarrende Einsamkeitsgefühle – beides fühlt man innerlich, wenn man übersinnlich den eigenen Astralleib schaut.

Die Gestalt des eigenen Astralleibes ist so, daß sie wie ein Kometenschweif nach oben strömt, fort von der physisch-irdischen Welt.

In einem zweiten Bild sieht man einen anderen Astralleib mit einem anderen Selbst. Und man erblickt, daß dieses Wesen vollkommener als man selbst ist. Dieses Wesen steht nicht in frostiger Einsamkeit, und sein Astralleib strömt nach unten zur physischen Welt und kann alles das, was es ob seiner größeren Vollkommenheit selbst errungen hat, wie einen segensreichen Geistesregen zur irdischen Welt schicken.

Steiner schildert dann, wie die übersinnliche Schau von sich selbst und dem anderen Wesen weiter fortschreitet. Man faßt einen Entschluß! Weil man sich nahezu wertlos fühlt und die eisige Einsamkeit spürt, weil man gleichzeitig die Vollkommenheit des anderen Wesens erlebt, möchte man sich mit diesem Wesen vereinen, sich an seiner Wärme erwärmen.

Der Hüter

Dieser Vorgang ist ein imaginatives Erlebnis, d.h. man schaut Bilder. Eine höhere übersinnliche Stufe ist die der Inspiration, d.h. man hört geistige Wesen sprechen. Während des oben geschilderten Vorgangs hört man dann eine Stimme von einem höheren Wesen, die einem mitteilt, daß man der Hüter des anderen, des vollkommeneren Wesens sein darf. Zugleich erfährt man, daß man auf der irdischen Welt, während die höheren Wesensglieder in einem physischen Leib inkarniert sind, mit seinen äußeren Hüllen – physischer Leib und Ätherleib – der Hüter der inneren seelisch-geistigen Wesenheit sein soll.

Man sollte nicht die beiden Gestalten – eigener Astralleib mit Selbst, anderer Astralleib mit Selbst – auf irdische Zusammenhänge übertragen, wo ja der physische Leib der vollkommenere als z.B. der Astralleib ist. In diesem Zusammenhang geht es um das Hüterverhältnis: Man lernt durch das übersinnliche Bild, daß man mit seinen äußeren Hüllen zum Hüter seiner inneren Wesenheit bestellt ist. Steiner schildert das imaginative Erlebnis der Vereinigung, bei dem sich das eigene Bewußtsein fast auslöscht und die daraufhin ertönende inspirierende Stimme folgendermaßen spricht:

> „Der geistige Entschluß, welcher reift, ist der, daß man seine Einsamkeit zu diesem zweiten Wesen hinträgt und daß man seinen Frost erwär-

men läßt an der Wärme des anderen Wesens, daß man sich vereinigt mit diesem anderen Wesen. Man hat einen Augenblick den Eindruck, als ob jetzt das Bewußtsein auslöschen würde, als ob man eine Art Ertötung des eigenen Wesens, wie eine Art Verbrennung des Wesens bewirkt hätte. Dann tritt das ein, was man nennen kann: Es bricht in das Selbstbewußtsein, das sich wie ausgelöscht schon fühlte, etwas herein, was man jetzt erst kennenlernt: die Inspiration. Man fühlt sich inspiriert. Es ist wie ein Gespräch, wie ein typisches Gespräch, das jetzt geführt wird mit einem Wesen, das man nur kennenlernt deshalb, weil es seine Inspiration einem zuteil werden läßt. Ist man fähig, das, was dieses Wesen als seine inspirierende Stimme hereinschickt, wirklich zu verstehen, so könnte man das, was dieses inspirierende Wesen sagt, etwa übersetzen in die Worte: Weil du den Weg zu dem anderen gefunden hast und dich vereinigt hast mit seinem Opferregen, so darfst du mit ihm, in ihm, zurückkehren zur Erde und ich werde dich auf der Erde zu seinem Hüter bestellen. Und man hat das Gefühl, daß man dadurch etwas unendlich Bedeutsames aufgenommen hat in seine Seele, daß man diese Worte hat hören dürfen, die Worte durch Inspiration. Es gibt im Geistigen ein Wesen, das wertvoller ist als man selbst, das segnend seine Astralität nach abwärts ergießen darf. Daß man sich vereinigen darf mit ihm und daß man, wenn man unten angekommen ist, sein Hüter sein darf, durch diesen Eindruck lernt man erst verstehen, wie man als physischer Mensch, der auf der Erde herumgeht, sich wirklich verhält mit seiner physischen und ätherischen Hülle zu dem, was einem als höhere Kräfte imprägniert wird in das Selbst und in den astralischen Leib. Man ist mit dem, was man als physische und ätherische Hülle hat, der Hüter desjenigen, was zu höheren Sphären sich immer weiter und weiter entwickeln soll. Und im inneren Erleben hat man eigentlich erst ein richtiges, wahres Verstehen des Verhältnisses der äußeren Hüllen zu der inneren Wesenheit des Menschen, wenn man die äußere Wesenheit als Hüter der inneren Wesenheit fühlt.“ (GA 145/1976/27.03.1913/ S.141 f.)

Der Brudermord

Nun erscheinen dem imaginativen Bewußtsein aber noch zwei weitere Bilder, Spiegelungen der beiden Wesenheiten – eigener Astralleib und Selbst, anderer Astralleib und Selbst – in der physischen Welt. Man sieht sich als Gestalt in der irdischen Welt, auch seinen Astralleib. Dieses Bild vom eigenen Astralleib ist eine Spiegelung des Astralleibes, den man vorher leibbefreit geschaut hat. Der mit dem physischen Leib verbundende übersinnlich geschaute eigene Astralleib ist abwärts gerichtet, entfaltet seine Kräfte zur irdischen Welt, nicht zur geistigen Welt.

Dann sieht man das Spiegelbild des anderen Wesens, und sein Astralleib ist aufwärts zur geistigen Welt gerichtet. Und wieder taucht dasselbe Erlebnis auf: Der andere ist vollkommener als man selbst! Und jetzt dämmert in einem ein Entschluß auf:

> „Man bekommt ein Gefühl von dem Selbst, das in einem drinnen lebt, indem man da hinunterschaut, und man bekommt den furchtbaren Eindruck: In dir dämmert ein Entschluß auf, ein furchtbarer Entschluß auf – der Entschluß, den anderen, den du als besser fühlst, zu töten. Man weiß: Dieser Entschluß kommt nicht ganz aus dem Selbst; denn das Selbst hat man da oben. Es ist ein anderes Wesen, das da unten aus einem spricht; aber dieses gibt den Entschluß ein, den anderen zu töten." (ebd./S.144)

Und jetzt hört man wieder die inspirierende Stimme, die einen bei dem ersten Erlebnis zum Hüter des anderen Wesens, zum Hüter seines Bruders bestellt hat. Nachdem man aber nun den Entschluß gefaßt hat, das andere Wesen zu töten, ist diese Stimme anklagend: „Wo ist dein Bruder?" Und man wehrt sich gegen diese Stimme, man wehrt sich gegen das eigene Hüteramt und protestiert: „Ich will nicht der Hüter sein."

Wohlgemerkt, das sind imaginative und inspirative Erlebnisse der eigenen Wesenheit in der geistigen Welt. Es sind Vorgänge, die in jedem Menschen ablaufen, und man sieht und hört sie, wenn man die Natur des Astralleibes übersinnlich erforscht.

Also: Bei den ersten beiden Bildern, der Schau der leibbefreiten Astralleiber, bringt man ein Opfer, erlebt man, wie man zum Hüter eines anderen Wesens wird. Das ist keine Selbstaufgabe, sondern die Geste des erweiterten Egoismus, indem ein anderes Wesen eine höhere Bedeutung bekommt als man selbst. In den beiden anderen Bildern, den Spiegelungen, dem Schauen der mit den irdischen Hüllen verbundenen Astralleiber, erlebt man das exakte Gegenteil: die Steigerung des Egoismus bis zur Mordabsicht, ein anderes Wesen zu töten:

> „Wenn man dieses imaginative Erlebnis gehabt hat, meine lieben Freunde, dann weiß man, wessen alles eine Menschenseele fähig sein kann, und dann weiß man vor allen Dingen eines: daß, wenn sie ver-

kehrt werden in ihr Gegenteil, die edelsten Dinge der geistigen Welten zu den furchtbarsten Dingen der physischen Welt werden können. Man weiß, daß auf dem Grunde der menschlichen Seele durch Verkehrung der edelsten Opferwilligkeit der Wunsch entstehen kann, den Mitmenschen zu töten. Von diesem Augenblicke an weiß man, was mit der Kain- und Abel-Geschichte in der Bibel gemeint ist; aber erst von diesem Momente an, denn die Kain- und Abel-Geschichte, die ist nichts anderes als die Wiedergabe eines okkulten Erlebnisses, und zwar jenes, von dem eben gesprochen worden ist.“ (ebd./S.144 f.)

Das erste Erlebnis (Hüter) schildert den paradiesischen Zustand des Menschen, das zweite, die Spiegelung mit der Tötungsabsicht, schildert die Wesenheit des Menschen nach dem Sündenfall.

Wir tragen also – bedingt durch den sogenannten Sündenfall bzw. durch das, was während des Falls geschehen ist – in unserem Astralleib die Absicht, unsere Mitmenschen zu töten. Und wir würden diese Absicht jederzeit ausführen, wenn wir sie real erleben und schauen könnten. Also mußte vor die Schau dieser mordlüsternen Kräfte in unserem Astralleib ein Schleier, eine Trübung des Bewußtseins gelegt werden. Dies ist dadurch geschehen, daß der Astralleib durch den Fall in die Materie im Gefängnis des Ätherleibes und physischen Leibes steckt und seine wahre Wesenheit nicht entfalten kann, und daß der Hüter der Schwelle, ein hohes geistiges Wesen, vor unseren Blick in höhere Welten einen Schleier gelegt hat:

„Im Grunde ist erst in unserer Zeit die Möglichkeit gegeben, daß die Menschen wissen dürfen, wovon die Kain- und Abel-Geschichte die Spiegelung ist: daß sie die Spiegelung ist eines hohen Opfers. Alles das, was oben war, was vorparadiesisch war, wurde verhüllt, indem der Hüter selber es verdeckte, indem mit anderen Worten die Menschen aus dem Paradies ausgetrieben worden sind. Und das konnte nur dadurch geschehen, daß der physische und Ätherleib des Menschen nun so mit Kräften durchsetzt wurden, daß der Mensch dasjenige nicht ausführt, was sich als Spiegelbild ergibt; denn ganz gewiß würde der Mensch das ausführen, wenn er fühlen würde alles, was in dem Astralleibe ist. Der physische Leib und der Ätherleib betäuben den Menschen so weit, daß der Wunsch in ihm, den anderen zu töten, nicht Tatsache wird. Bedenken Sie, was mit diesem einfachen Satz gesagt ist: Dadurch, daß die guten fortschreitenden göttlich-geistigen Mächte den physischen und Ätherleib des Menschen ihm so gegeben haben, daß er nicht zurückschauen kann, dadurch wird zugleich etwas wie eine Art Betäubung ausgegossen über den Wunsch des Krieges aller gegen alle. Dieser Wunsch wird nicht rege in der Seele, weil des Menschen physischer und Ätherleib so zubereitet worden sind, daß dieser Wunsch betäubt wird. Der Mensch kann seinen astralischen Leib nicht schauen; daher bleibt ihm auch dieser Wunsch unbekannt, er führt ihn nicht aus." (ebd./S.146)

Ein Schattenwurf der Tötungsabsicht

Allerdings erleben wir tagtäglich ein abgeschwächtes Erlebnis dieses Tötungswunsches. Das sind unsere Gedanken, unsere Vorstellungen, unsere Erkenntnisbemühungen. Gedanken töten natürlich nicht, aber ihre Gestik ist die gleiche wie die Tötungsabsicht:

> „Wenn man mit einem Begriffe versucht, ein anderes Wesen zu durchdringen, wenn man die Vorstellung zu versenken sucht in das Wesen eines anderen, so ist diese in das Wesen eines anderen hineinversenkte Vorstellung die abgestumpfte Waffe des Kain, die in Abel hineingestoßen wurde. Und daß sie so abgeschwächt wurde, diese Waffe, das machte möglich, daß das, was mit einem Ruck in sein Gegenteil verkehrt worden ist, in Evolution übergeht. Und so kommt der Mensch in langsamer Evolution durch immer weitergehende Verstärkung der Erkenntnisse dahin, daß er, was er nicht ausleben durfte in der physischen Welt, weil es da Zerstörungstrieb geworden ist, daß er das nach und nach entwickelt – erst in der gegenständlichen Erkenntnis, dann in der imaginativen Erkenntnis, die schon mehr in das Wesen des anderen geht, in der inspirativen Erkenntnis, die noch näher in das Wesen des anderen dringt, in der intuitiven Erkenntnis, die ganz hineingeht, aber geistig mit dem anderen selbst fortlebt in dem anderen Wesen. So ringen wir uns allmählich herauf zu begreifen, was dieses Selbst eigentlich ist. Der astralische Leib ist, seiner innersten Natur nach angesehen, der große Egoist; das Selbst ist mehr als der große Egoist, das will nicht nur sich, das will *sich* noch in dem anderen, das will noch hinübergehen in das andere. Und die Erkenntnis, wie sie auf der Erde errungen ist, ist diese abgestumpfte Sucht, in das andere hinüberzutreten, auszudehnen alles, was man ist, nicht nur in sich, sondern weiter über sich hinaus in das andere hinein. Sie ist ein Steigen des Egoismus über sich selbst hinaus." (ebd./S.147 f.)

Im ersten Ansatz sind die Gedanken also ein Schattenwurf dieser Tötungsabsicht. Zugleich sind sie aber auch eine Befreiung daraus, denn mit seinen Gedanken kann man die eigene Wesenheit erkennen, man kann von dem Herd des Egoismus im Astralleib wissen, und man kann Übungen machen und sich darauf vorbereiten, daß in einer etwaigen Krisensituation dieser Herd des Egoismus nicht ausbrechen muß, so daß die Kraft des Egoismus oder die Absicht zu töten, nicht von einem Besitz ergreift. Andererseits kann man die Gedankenkräfte aber auch so lenken, daß man den Egoismus steigert und bewußt andere Wesen tötet. Das ist schwarze Magie. Bei der schwarzen Magie steigert man sein Eigensein auf Kosten eines anderen Wesens. Es ist die Höchstform des ausgelebten Egoismus und Tötung eines lebendigen Wesens. (vgl. FLENSBURGER HEFTE Sonderheft 12, „Schwarze und weiße Magie".)

Luzifer und die Vertreibung aus dem Paradies

Vor sehr langer Zeit – die Anthroposophie nennt diese Zeit die lemurische Epoche – war der Mensch mit seinen höheren Wesensgliedern noch nicht so fest mit dem damals noch sehr weichen physischen Leib verbunden. Das Bewußtsein des Menschen war traumhaft, ganz in seelisch-geistigen Bereichen lebend, und die physisch-irdische Welt nahm der Mensch nur indirekt über seelische Erlebnisse wahr. Der damalige Mensch hatte kein Eigenleben, keine Erkenntniskräfte, keine Freiheit, keine wirkliche Inkarnation, also auch kein Todeserlebnis.

Dann kam der sogenannte Sündenfall. Das mächtige geistige Wesen Luzifer, der Egoist unter den geistigen Wesen, griff in das Wesensgefüge des Menschen ein, vor allem aber in seinen Astralleib. Luzifer gab den Menschen einen ungeheuren Entwicklungsschub in bezug auf seine Freiheit, seine Individualität, seine Erkenntniskräfte. Der Mensch wurde durch ihn zu einem Wesen, das erstmals die Möglichkeit zur Erkenntnis und Freiheit bekam. Er wurde durch die luziferische Stärkung des menschlichen Eigenseins aus seiner eigentlich vorgesehenen Entwicklung herausgerissen, wurde in einen Beschleunigungsprozeß geschoben, dadurch daß Luzifer dem menschlichen Astralleib die dafür notwendige Kraft des Egoismus einpflanzte.

Damit war aber auch der Fall in die Materie verbunden, quasi als Gegengewicht von den guten geistigen Mächten bewirkt. Der Impuls zum Egoismus, zur Freiheit, zur Entwicklung der Persönlichkeit wurde durch

Luzifer eingeimpft, aber das Bewußtsein der damit verbundenen Kräfte, die Schau der tieferen Absichten, z.B. die Tötungsabsicht im Astralleib, wurde dem Menschen von anderen geistigen Mächten verdunkelt:

„Wenn wir genauer charakterisieren wollen, was mit diesem luziferischen Einfluß gemeint ist, so müssen wir uns vorstellen, daß sich Wesenheiten, eben jene Wesen, die man als die luziferischen bezeichnet, gleichsam in den menschlichen Astralleib hineingossen, so daß der Mensch, wie er gebildet worden ist durch alle die Kräfte, die wir bisher geschildert haben im Erdenwerden, nachher in sich aufgenommen hat den luziferischen Einfluß. Wir werden diesen Einfluß verstehen, wenn wir sagen: Des Menschen Begierdeleben, des Menschen Wunschleben, alles, was überhaupt im Astralleib verankert ist, das wurde durchsetzt von dem luziferischen Element, wurde dadurch, wenn ich mich so ausdrücken darf, vehementer, leidenschaftlicher, dringlicher an Begierdenhaftigkeit gemacht, wurde in sich geschlossener gemacht. Kurz, das, was wir heute mit dem Ausdruck Egoismus bezeichnen, dieses innerlich in sich Abgeschlossen-sein-Wollen, dieses Darauf-Schauen, daß man womöglich innerlich behaglich sich fühlt, das drang mit dem luziferischen Element in den Menschen ein. Alles Gute und Schlimme, was unter diesem von innerlichem Behagen Durchsetztsein verstanden werden kann, drang mit dem luziferischen Einfluß in den Menschen ein. Ein fremder Einfluß war es also zunächst. Aus dem Astralleib, wie er vorher war in der Zeit, wo er geformt worden ist von den Strömungen, die da aus der Sternenwelt hereinströmten, aus der Form, die da der Astralleib angenommen hat, wurde jetzt ein anderer Astralleib, ein solcher, der von dem luziferischen Einfluß durchdrungen war. Die Folge davon war, daß der Luftwärmeleib des Menschen zusammengezogen wurde, weiter zusammengedichtet wurde. Da entstand erst das, was man den Fleischesmenschen nennt, da entstand erst die weitere Verdichtung des Menschen. [...] Durch diese durch den luziferischen Einfluß bewirkte Zusammenpressung des Menschenleibes wurde der Mensch schwerer und sank herunter aus dem Umkreise auf den Erdboden. – Das war der Austritt aus dem Paradiese, wie er bildlich dargestellt wird. Der Mensch bekam erst sozusagen die Schwere, die Gravitationskraft, um aus dem Umkreise der Erde auf den Erdboden herabzusinken. Das ist das Herabsteigen des Menschen auf den physischen Erdboden, das ist das, was den Menschen heruntergebracht hat bis zur Erde, während er vorher in ihrem Umkreise gewohnt hat." (GA 122/1976/24.08.1910/ S.154 f.)

Aber dieses einschneidende Ereignis, dem der Mensch völlig unschuldig ausgeliefert war, wurde von den sogenannten guten Göttern bewußt zugelassen:

„Wäre kein luziferischer Einfluß gekommen, so hätte der Mensch mit seinem Herabstieg auf die Erde bis in die Mitte der atlantischen Zeit warten müssen; so ist er durch den luziferischen Einfluß früher heruntergestiegen auf die Erde. Dadurch ist er auf der einen Seite dazu gekommen, ein freies, aus seinen eigenen Impulsen heraus handelndes Wesen zu werden; denn er hätte sich sonst bis in die Mitte der atlantischen Zeit in vollständiger Abhängigkeit von der geistigen Welt erhalten, hätte bis dahin niemals irgendwie selber entscheiden können zwischen dem Guten und dem Bösen, niemals irgendeinen freien Impuls entfalten können, sondern er hätte aus seelischen Instinkten heraus gehandelt, das heißt aus Kräften heraus, welche die göttlich-geistigen Wesenheiten in seine Seele verpflanzt hätten. Aber die luziferischen Wesenheiten haben ihm die Möglichkeit verschafft, früher als sonst zu entscheiden zwischen dem Guten und Bösen, sich nicht bloß nach den Gesetzen der göttlich-geistigen Weltordnung instinktiv lenken zu lassen, sondern selber zu entscheiden, sich selber eine Art Gesetzmäßigkeit zu machen.

Diese Tatsache wird uns ja in tiefsinniger Weise ausgedrückt in der Schilderung des Sündenfalles, der in einer wunderbaren Imagination nichts anderes darstellt als das, was ich jetzt erzählt habe. Das wird im Alten Testament dargestellt, indem gesagt wird: Es wurde eingepflanzt dem Menschen die lebendige Seele von den göttlich-geistigen Wesenheiten. – Wenn diese lebendige Seele nun bloß so geblieben wäre, hätte der Mensch jetzt warten müssen, bis später durch die göttlich-geistigen Wesenheiten diese lebendige Seele, das heißt das noch unentwickelte Ich reif geworden wäre, die Entscheidungen zu treffen. Nun kommen die luziferischen Einflüsse, in der Bibel dargestellt durch die Schlange. Dadurch kommt der Mensch dazu, nicht bloß instinktiv den Einströmungen des Jahve oder der Elohim zu folgen, sondern selber zu entscheiden über Gut und Böse. Aus einem Wesen, das bis dahin gelenkt und geleitet worden ist von den göttlich-geistigen Wesenheiten, ist der Mensch dadurch zu einem Wesen geworden, das selbst entscheiden konnte. Das wird auch in der Bibel ganz klar dargestellt, daß durch die Schlange, das heißt durch die luziferischen Wesenheiten, die Selbstentscheidung des Menschen herbeigeführt worden ist. Und dann tönen Ihnen, von Götterseite gesprochen, aus der Bibel die Worte entgegen: Der Mensch ist geworden wie einer von uns! – das heißt, von den Göttern. Oder wenn wir es radikal ausdrücken wollen: Der Mensch hat sich durch den luziferischen Einfluß etwas angeeignet, was sich bis dahin nur für Götter geziemt hat. Götter haben die Entscheidungen getroffen über Gut und Böse, nicht diejenigen Wesen, die von den Göttern abhängig waren." (GA 116/1961/02.02.1910/S.58 f.)

Wir haben durch Luzifer eigentlich erst zu uns selbst gefunden, sind durch ihn zu einem freien Wesen geworden. Das mußten wir durch den in unserem Astralleib sitzenden Tötungswunsch und die damit verbundenen egoistischen Kräfte erkaufen.

Weltinteresse

Den Egoismus, die egoistischen Kräfte darf man nicht moralisch bewerten. Sie sind vorhanden. Sie sind weder gut noch böse. Eine Sonnenblume, die ihren Blütenkopf der Sonne entgegenreckt, ist vielleicht unschuldig, aber nicht gut. Ein schwarzer Panther, der einen Menschen zerfleischt, ist nicht böse, denn er handelt seiner Natur gemäß.

Im ersten Ansatz verhält es sich mit den im Astralleib des Menschen wohnenden egoistischen Kräften genauso. Nun ist der Mensch allerdings weder Blume noch Tier. Er hat Verantwortung. Deshalb hat er auch Verantwortung für seine egoistischen Kräfte und was aus ihnen wird.

Was macht man nun mit dem Egoismus und seinen ihrer Natur nach zerstörerischen Kräften? Erstens muß man von ihnen wissen. Dann erschrickt man nicht mehr, wenn sie ihre ekelhafte oder grausame Wirkung entfalten. Zweitens muß man diese Kräfte schmieden, in die richtige Richtung lenken.

Das geschieht durch Interesse; durch Interesse an der Welt, an anderen Menschen, an politischen und wirtschaftlichen Geschehnissen auf der ganzen Welt. Wenn Terroristen Flugzeuge ins WTC jagen und Tausende umbringen, sollte dieses Geschehnis zum eigenen Interesse, zur eigenen Sache werden.

Genauso sollte es einen aber interessieren, daß in den letzten vier Jahren, von der Öffentlichkeit weitgehend unbemerkt, im Kongo durch Bürgerkriegswirren und die Interessen vieler gegeneinander kämpfender Staaten ca. 2 Mio. Menschen getötet worden sind. Es sollte uns interessieren, wenn wir über einen Teppich gehen, daß er wahrscheinlich von Kindern geknüpft worden ist, es sollte uns interessieren, wenn wir Jeans tragen, daß sie in Billiglohnländern hergestellt worden sind. Es sollte uns interessieren, daß, wenn wir in Schokolade beißen, die dazu nötigen Kakaobohnen wahrscheinlich von geraubten Kindersklaven gepflückt wurden und und und ...

„Was ist es denn überhaupt, was es dem Menschen möglich macht, zu den Dingen ringsherum eine Beziehung zu haben? Was dem Menschen eine Beziehung zu den Dingen ringsherum verschafft, ist dasjenige, was wir nennen können das Interesse an den Dingen. Mit diesem Wort Interesse ist etwas in moralischem Sinne ungeheuer Bedeutungsvolles ausgesprochen. Es ist viel wichtiger, daß man die moralische Bedeutung des Interesses ins Auge faßt, als daß man sich hingibt an tausend und abertausend schöne, wenn auch vielleicht nur scheinheilige, kleinliche Moralgrundsätze. Unsere moralischen Impulse werden in der Tat durch nichts besser geleitet, als wenn wir ein richtiges Interesse nehmen an den Dingen und Wesenheiten.“ (GA 155/1960/30.05.1912/ S.111)

Das Interesse an der Welt, an anderen Menschen darf aber nicht oberflächlicher Art sein, sondern muß bis in seelisch-geistige Schichten dringen. Und das Interesse muß so geartet sein, daß man eine Eigenwesenheit bleibt und sich nicht in Selbstaufgabe an andere verliert:

„Sehen Sie einmal, wie viele Menschen durch die Welt gehen, wie sie diesen oder jenen Menschen begegnen, aber im Grunde genommen die Menschen nicht kennenlernen, denn sie sind ganz in sich beschlossen, diese Menschen. Wie oft erfahren wir es, daß zwei Menschen seit längerer Zeit Freundschaft geschlossen haben und daß es dann plötzlich zu einem Bruche kommt. Das rührt daher, daß die Impulse zu der Freundschaft materialistischer Art waren, und nach längerer Zeit stellt sich dann erst für die Beteiligten heraus, daß sie die gegenseitigen unsympathischen Charaktereigenschaften bis jetzt nicht bemerkt hatten. Die wenigsten Menschen haben ein offenes Auge heute für das, was von Mensch zu Mensch spricht. Gerade das ist es aber, was die Theosophie bewirken soll: unseren Sinn dahin zu erweitern, daß wir ein offenes Auge und eine offene Seele bekommen für alles, was Menschliches um uns herum ist, damit wir nicht stumpf, sondern mit richtigem Interesse durch die Welt gehen.

Das andere Extrem vermeiden wir auch hier, indem wir unterscheiden zwischen dem wirklichen, richtigen Interesse und dem falschen, und dabei die richtige Mitte halten. Sich jedem Wesen, das sich darbietet, sogleich in die Arme werfen, ist leidenschaftliches Sichselbstverlieren an die Wesen und kein wirkliches Interesse. Wenn wir das tun, dann verlieren wir uns an die Welt. Durch den Stumpfsinn verliert die Welt uns, durch sinnlose Leidenschaftlichkeit, die sich benebelt in der Hingabe, verlieren wir uns an die Welt. Durch das gesunde Interesse stehen wir moralisch fest auf dem Standpunkt der Mitte, des Gleichgewichts." (ebd./S.113 f.)

Durch Interesse schmiedet man die egoistischen Kräfte des Astralleibes, man tötet sie nicht ab, man dämpft sie nicht, sondern man erweitert sie auf andere Wesen. Das Ziel ist es, den eigenen Egoismus so zu steigern, daß durch das aufgebrachte Interesse ein anderes Wesen bedeutender wird als man selbst. Handelt es sich bei den anderen Wesen um geistige Wesen, dann kann man sie erst schauen, wenn das Eigeninteresse in den Hintergrund tritt:

„Solange man mehr Interesse hat für sein eigenes Wesen als für das Wesen der Angeloi, so lange kann man nicht die Angeloi erkennen. Man muß sich also erziehen zuerst zu Welteninteressen und dann zu Interessen, die noch weitergehen, so daß einem andere bedeutungsvoller, wichtiger sein können als man selbst. In dem Augenblick, wo man versucht, sein Selbst weiterzubringen in den okkulten Erlebnissen, und einem doch dieses eigene Selbst wertvoller bleibt als die anderen Wesen, die man erkennen will, in dem Augenblick ist die Abirrung da. Und hier, wenn Sie diesen Gedankengang verfolgen, kommen Sie eigentlich zu einer wirklichen Vorstellung über das, was schwarze Magie ist; denn die schwarze Magie beginnt da, wo okkulte Tätigkeit hineingetragen wird in die Welt, ohne daß man in der Lage ist, zuerst seine Interessen zu Weltinteressen auszudehnen, ohne daß man andere Interessen mehr schätzen kann als seine eigenen Interessen. [...]

Die innerste Natur des astralischen Leibes ist der Egoismus; das Ideal muß aber sein, Egoist sein zu dürfen, weil die Weltinteressen die eigenen Interessen werden. Das Ideal muß sein, in das andere Wesen untertauchen zu dürfen, weil der Wille vorliegt, in den anderen Wesen nicht sich zu suchen mit seinen Interessen, sondern das andere Wesen bedeutungsvoller zu finden, als man sich selber findet.“ (GA 145/1976/ 27.03.1913/S.148 ff.)

Nun haben wir also einen Bogen von Osama bin Laden bis zur Schau eines Engels gezogen. Osama bin Laden, der mutmaßliche Strippenzieher des Anschlags auf das WTC, ist zum Massenmörder geworden, indem er die Tötungsabsicht, die im Astralleib des Menschen sitzt, nicht nur in seiner Erkenntnis, nicht nur in seiner Absicht, sondern in Taten ausgeführt hat. Die Basis dafür ist der Haß, die einseitige Weltsicht, ein in eine religiöse Hülle gegossener Gruppenegoismus.

Dieses barbarische Geschehnis kann und sollte für alle lebenden Menschen zu einem Aufwacherlebnis führen, indem wir darüber nachdenken, wie wir mit sämtlichen Menschen sowie der Natur und den geistigen Wesen zusammenhängen. Wir können uns von niemandem isolieren. Wir alle sind – ob wir es wollen oder nicht – miteinander verbunden. Und diese Erkenntnis kann unser Interesse entfachen, unsere wunderbaren egoistischen Kräfte erweitern, so daß die Welt uns mehr interessiert als unsere eigene Person.

195 – € 14,17